长三角地区老年大学教材编写协作委员会 ◎组编

LANGSONG YISHU JICHU

朗诵艺术基础

刘继红（蓝玫）◎主编

中国科学院老年人大学 ◎主编单位

上海教育出版社
SHANGHAI EDUCATIONAL PUBLISHING HOUSE

《朗诵艺术基础》
编委会成员

主　任：房　晖

主　编：刘继红（蓝玫）

编　委：孙汉锟　李　洁　王旭峰　鲍远明

　　　　许康洁　李树华　吴培良　王玉珍

　　　　余小平　李　唯　陈　勇　仲燕萍

　　　　朱多林　王稼伟

教研室成员

主　任：刘继红（蓝玫）

副主任：鲍远明　李树华

教研员：孙汉锟　李　洁　王旭峰　许康洁

总序

近年来,党和政府高度重视老年教育事业,制定了一系列宏观政策,投入了大量经费,使各地老年大学的校舍、教育设备、教学环境等硬件条件得到了很大的改善,使各地的老年人有了舒适、优雅的学习环境。相比之下,老年大学的教材建设、课程开发、教师队伍建设等方面的发展则相对滞后。为此,上海教育出版社积极响应国务院《老年教育发展规划(2016—2020年)》文件的号召,以共编、共用理念为指导,于2017年6月联络上海老年大学、南通市老年大学等10所老年大学发起成立"长三角地区老年大学教材编写协作委员会"(以下简称"协作委"),走上了合作开发老年大学教材的创新之路。

实践证明,共编、共用理念有其合理性和优越性。自成立以来,在主任单位上海老年大学和副主任单位南通市老年大学的领导下,在协作委秘书处和参与编写的常务理事单位的共同努力下,协作委开展了一系列选题研讨、编写工作。截至2020年9月,已正式出版了《智能手机实用教程》《手机摄影与微视频制作》《智能手机基础教程》《智能手机进阶教程》《开口说英语(上下册)》《轻松说英语(上册)》7种教材。共编、共用理念也得到了越来越多老年大学的认可。目前,协作委的成员单位从成立时的11家发展到了32家,这足以证明协作委是有生命力的。

在教材编写过程中,涌现了一批具有奉献精神的好作者。他们大多数也是老年人,不仅用自己的专业知识保证了教材质量,还克服种种困难,无私地为老年教育的发展奉献力量。协作委真诚地对他们的付出表示感谢!

朗诵艺术基础

协作委自成立以来坚持以较低的价格为老年学员提供优质的教材服务，累计为长三角地区及周边省市40多所老年大学提供了万余册智能手机教材、数千册微视频和英语口语教材，解决了老年大学教材需求的实际问题。事实证明，共编、共用是一条双赢的道路，不仅帮助参与编写的老年大学解决了优质教材短缺和出版经费不足的问题，还扩大了优质教材的辐射范围，使没有能力参与教材编写的老年大学获得了规范、科学的教材服务，让更多的老年学员受益。

随着《长江三角洲区域一体化发展规划纲要》等文件的正式出台，可以预见，协作委定能借着区域一体化发展的东风，为长三角地区乃至全国的老年教育建设提供更优质的教材服务，成为新时代老年教育内涵发展的高地。

长三角地区老年大学教材编写协作委员会
2022年3月

前言

朗诵既是一门源远流长的传统艺术,也是一门不断创新、具有鲜活生命力的现代艺术。这种绘声绘色的语言艺术是朗诵者把文字作品转化为有声语言的再创造、再表达的活动,具有博大精深的文学性、格高意远的艺术性、多姿多彩的表演性,深得老年朋友的喜爱。

什么是朗诵?朗,即声音清晰、响亮;诵,即背诵。朗诵就是用清晰、响亮的声音,结合各种艺术手段,来完整地表达作品思想感情的一种语言艺术。

古人云:"书读百遍,其义自见。"诵读可以帮助我们更快、更好地走进文学作品,在一遍遍诵读中加深记忆,增强对作品的感知,达到熟读成诵的境界。朗诵作为一种创作性的读书方式,既是有声语言的艺术化,也是对普通话声、韵、调和语流音变综合运用的一种形式。

朗诵能培养审美情趣,我们要用审美的眼光去发现汉语之美、人性之美、大自然之美,正所谓"女子善读,优雅清婉如兰似菊;男子长吟,气宇轩昂如竹似松"。医学上也有资料显示:人在大声朗读时,副交感神经会加强工作,使大脑放松、心情愉悦,这正是老年人所需要的生理和心理状态。通过朗诵,我们能学会把生活读成诗歌、读成散文,读出宽容友善、从容淡定。通过学习朗诵,老年人可以徜徉在老有所学、老有所养、老有所乐、老有所得的幸福中。

1988年,我读过一本苏联作家波·利亚森科写的《苏联功勋播音员》。书中写道:每一个朗诵者都可以说,或者几乎可以说同样的东西。只是各人有各人的特点。海的味道,松涛的响声,在不同人的心里,能引起不同的情绪和反应。这也会影响到朗诵。因此，朗诵的方法尽管一样，结果却不相同。根据作品内容，唤起朗诵愿望，认真理解主题，内心产生联想，提高个人心智，诵出心中遐想，是老年朋友提高朗诵水平和朗诵兴趣的重要内容。

当下的老年人是一个对祖国有着深厚感情、有过卓越贡献的特殊群体。相当一部分人具备崇高的道德修养和思想境界。他们在工作岗位上奋斗的时候冲锋在前，任劳任怨；童年时，他们赶上过三年自然灾害；上学时，又赶上过"文化大革命"；接着，就是上山下乡、计划生育、改革开放。他们在与国家同甘共苦的过程中磨炼出钢铁般的意志和高尚的情操。作为一名老年大学的朗诵学员，一名现代的咏诵者与优秀文化的传承者，如果能通过朗诵焕发久违了的青春，激发社会责任感，就能把爱党、爱祖国、吃苦耐劳、坚韧担当、顾全大局的风范继承、传播下去，从而形成一股推动社会主义精神文明建设的强大力量。

然而，老年人有老年人的特点，他们更喜欢在轻松愉悦的学习气氛中启迪心灵、增长知识。为了适应这一特点，满足老年朋友喜欢朗诵和提高语言表达能力的需要，我们总结了多年来在老年大学讲授朗诵课程的教学实践，归纳出一套深受老年学员欢迎的教学方法。为将这套方法传播开去，为更多的老年朋友们所用，我们编写了这本教材。本书从呼吸发声、理解作品到语言表达，阐述了一整套朗诵所需要的声、台、形、表等技能的基础内容，力争用有趣且简单易行的方法打开老年朋友乐于表达的心灵之窗，并按照老年朋友容易接受的方式来安排教学和练习，力求每堂课都生动活泼、趣味盎然，成为老年朋友们喜欢并着迷的课程。

蓝玫
2022 年 3 月

目录

第一章　朗诵概论

第一节　朗诵的概念　/1
第二节　朗诵与朗读的区别　/6
第三节　朗诵的基本要求　/8
第四节　朗诵前的准备　/9

第二章　朗诵的基础训练

第一节　气息控制　/12
第二节　共鸣腔调节　/24
第三节　吐字归音　/35
第四节　语音练习　/39

第三章　朗诵的表达技巧

第一节　朗诵表达的内部技巧　/74
第二节　朗诵表达的外部技巧　/87

第四章　舞台朗诵态势语

第一节　仪表语言　/98
第二节　表情语言　/106
第三节　手势语言　/109
第四节　身姿语言　/112

第五章　朗诵配乐

第一节　朗诵配乐的作用　/115
第二节　朗诵配乐的基本方法　/117
第三节　朗诵主题的类别及其配乐原则　/121

第六章　朗诵的舞台展现

第一节　舞台背景设计　/130
第二节　朗诵前音响设备的调音　/139
第三节　朗诵节目灯光与道具的应用　/146

第七章　朗诵节目主持人

第一节　节目主持人的能力要求　/151
第二节　串词的写作要点　/155
第三节　如何应对演出中的突发情况　/161
第四节　主持人的服饰穿搭　/164

第八章　作品朗诵训练

第一节　诗歌朗诵　/168
第二节　散文朗诵　/198
第三节　小说朗诵　/215
第四节　寓言故事朗诵　/227
第五节　电影台词片段朗诵（配音）　/234

第九章　微视频配音

第一节　微视频配音的相关知识　/246
第二节　微视频配音的技巧　/251
第三节　微视频配音的创作要求和实例　/256

后记　/268

第一章 朗诵概论

中国是一个诗的国度,有着非常多脍炙人口的经典诗歌篇章。诗歌本是抒情言志的文学体裁,当它转变成有声语言时,便成了一种语言艺术。而朗诵正是将静态的文学作品经过再创作后转化为有声语言的一种表演艺术。著名教育家叶圣陶先生曾经说过:"吟诵的时候,对于讨究所得的不仅理智地了解,而且亲切地体会,不知不觉之间,内容与理法化而为读者自己的东西了,这是最可贵的一种境界。"这也许正是许多老年朋友喜欢朗诵的原因之一。朗诵是集文字学、语言学、音韵学、发声学、形体学于一体的综合表演艺术,因此,每位朗诵者在学习朗诵的同时,也在培育自己的风度、气质、品德、修养。在练习吐字发声中,学会掌握呼吸、共鸣、声母、韵母、声调和语流音变;在理解作品中,学习运用情感、基调、语气、节奏、重音、停连;在朗诵的二度创作中,把握好感情色彩和感情分量;在舞台表演中,学习体验"声、台、形、表",以掌握传情达意的真谛,做一名优秀的朗诵者。

第一节 朗诵的概念

对有些老年朋友来说,朗诵不就是拿起一首诗歌,先小声读两遍,看看有没有生字,然后放大声音朗读吗?多简单的一件事啊!

其实,朗诵也真的不复杂,就是把躺着的文字用声音立起来。朗诵是一种再创作的表演艺术,是将静态的文学作品转化成有声语言的语言艺术。换言之,朗诵就是用清晰响亮的声音,结合各种语言表达手段,来完整地表达作品思想感情的一种再创作的艺术。张颂老师曾经说过:"把文学作品'念'一遍不过是照字出声，照本宣科，只完成了文字—声音的转换。把文字作品'朗诵'一遍，那就要进行一番创作了，因为文字作品的创作在先，朗诵的创作在后，所以说是'再创作'。"

说起诵诗的历史，可要追溯到三千多年前了。《诗经》中就有许多描写"诵诗"与"歌诗"的句子。如"吉甫作诵，穆如清风"（《大雅·烝民》）；又如"听言则对，诵言如醉"（《大雅·桑柔》）。《礼记·乐记》中把"金、石、土、木、丝、竹、匏、革"八种自然材质发出的声音彼此协和奏出称为乐，即所谓的"八音克谐"。而人声能统合八音。《尚书·舜典》中提出："诗言志，歌咏言，声依咏，律和声。八音克谐，无相夺伦，神人以和。"可见，歌诗、诵诗、言志诗是乐的内容。孟子也曾在《孟子·万章下》中曰："颂其诗，读其书，不知其人，可乎？是以论其世也，是尚友也。"到了唐宋时期，朗诵已经十分盛行。杜甫在《解闷十二首（其七）》中写道："陶冶性灵存底物，新诗改罢自长吟。"由此可见，古人对音韵的敏感力及美好声音的表达能力逐渐形成，而吟诵起来一定是高声、清朗的！

南宋文学家、史学家、爱国诗人陆游曾在《夜泊水村》中写道："一身报国有万死，双鬓向人无再青。"大意是：我虽有万死不辞的报国之志，却无奈双鬓斑白不能再转青。正是一代代中华儿女浴血奋战与文化传承，才有了我们今天咏诗诵读的课堂。与其说这是学习技能、满足兴趣、丰富人生的场所，更不如说是一种责任、一种担当、一种传承。作为一名老年大学的朗诵学员，一名现代的咏诵者与传承者，一定要在掌握朗诵技巧的同时，还能用心思考和理解以下几点。

一、朗诵是修身的体验

古人说："腹有诗书气自华。"三国时期伟大的政治家、军事家诸葛亮在《诫子书》中说：

夫君子之行，静以修身，俭以养德。

非淡泊无以明志，非宁静无以致远。

朗诵诗歌其实就是我们每个人用自己的情感去解读诗歌，与古代或现代作者对话，产生心灵上的共鸣。这是相互影响、相互培养、相互熏陶乃至相互学习的过程。对老年朋友而言，经过多年的沧桑、历练，尤其要懂得这是可贵的修炼身心的过程。所以，一旦认准了，就要坚持下去，要像郑燮在《竹石》中说的：

咬定青山不放松，立根原在破岩中。

千磨万击还坚劲，任尔东西南北风。

二、朗诵是智慧的探索

在灿若星河的文化经典海洋里，获取智慧之光，吸取丰富的精神营养，是每一位文艺老青年所向往的。而诵读经典作品，则是获取智慧和吸取精神营养最有效的方法之一。所谓经典作品，是集古圣先贤智慧之大成，是被历史实践证明了的文化精髓，并蕴含着亘古不变的普遍真理，是我们生存发展的智慧和力量源泉。这些经典作品包罗万象、博大精深，是中华优秀传统文化最宝贵的部分，闪耀着永恒的智慧光芒。明朝杨慎在《廿一史弹词》中说道：

滚滚长江东逝水，浪花淘尽英雄。是非成败转头空。青山依旧在，几度夕阳红。

白发渔樵江渚上，惯看秋月春风。一壶浊酒喜相逢。古今多少事，都付笑谈中。

这段咏史词的意思是：滚滚长江向东流，再回头，多少英雄像翻腾的浪花般消逝。争什么是与非、成功与失败，都是短暂的，不会长久。只有青山依然存在，依然日升日落。江上白发渔翁早已习惯四时的变化，和朋友难得见了面，痛快地畅饮一杯酒。古往今来的纷纷扰扰，都成为下酒闲谈的材料。有道是：江山永恒，人生短暂。

朗诵这首词，使我们深切感受到作者试图在历史长河的奔腾与沉淀中，通过折射出高远的意境和深邃的人生哲理来探索永恒的价值，激励志向，激发人生理想，在成败得失之间寻找深刻的人生哲理。一种历史兴衰之感，一种人生沉浮之慨，一种高洁的情操、旷达的胸怀油然而生。

三、朗诵是沟通的桥梁

诗意的生活是多少人追求的最理想的生活状态。海德格尔曾经说:"人生的本质是诗意的,人应该诗意地栖居在大地上。"老年大学的朗诵课堂正是这样富有诗意的地方。朗诵既是一门艺术,又是沟通作者与朗诵者心灵的桥梁。一个人的见闻决定着他的视野,一个人的心胸决定着他的作为。沟通既是一座桥梁,可以架接双方的思想;沟通又是一根纽带,可以系紧双方的心灵。有人便把沟通喻为火焰,借以融化矛盾的坚冰。古希腊演说家、政治家德摩斯梯尼因小时候口吃,登台演讲时,声音浑浊,发音不准,常常被人嘲笑,被对手压制,各方面都不占优势。为了演讲,为了正常与人沟通,他不气馁,不灰心,不放弃。为了克服障碍,他每天口含石子,面对大海和波涛朗诵。为了克服气短的毛病,他一边在陡峭的山路攀登,一边不停地吟诗;为了矫正演讲时爱耸肩的毛病,他在屋梁上悬挂两条绳索,在绳索上吊上两把尖刀,让自己站在两刀之间练习演讲。为了让自己断绝外出玩耍的念头,他把自己剃成"阴阳头",以便能安心躲起来练习演说……德摩斯梯尼不仅训练自己的发音,还研究古希腊的诗歌神话,背诵优秀的悲剧和喜剧,通过与作者的沟通来增加自己的学识。经过十多年的磨炼,德摩斯梯尼终于成为一位出色的演说家,他的著名政治演说为他建立了不朽的声誉。他的演说词结集出版,成为古代雄辩术的典范,打动了千千万万读者的心。正是这种勇于面对困难和磨难、披荆斩棘、面向未来的修为,才能够让我们在大量题材的朗诵中,在不断与古人和现代人的沟通中获取智慧,吸取精神营养。先辈们在《警世贤文》之《勤奋篇》中写道:

> 有田不耕仓廪虚,有书不读子孙愚。
>
> 宝剑锋从磨砺出,梅花香自苦寒来。
>
> 少壮不经勤学苦,老来方悔读书迟。
>
> 书到用时方恨少,事到经过才知难。
>
> 板凳要坐十年冷,文章不写一句空。
>
> 智慧源于勤奋,伟大出自平凡。
>
> 书山有路勤为径,学海无涯苦作舟。

少时不努力,老大徒伤悲。

欲求生富贵,须下死工夫。

所以,我们说朗诵是一种沟通,这种沟通既是与古人的对话、与诗人的对话,也是与自己心灵的对话。

四、朗诵使心态更健康

在人生这个色彩斑斓的大舞台上,每个人都在扮演着自己不同时期的角色。我们都是从少男少女到为夫为妻,如今又到了做长辈的年龄。不管到了人生的哪个阶段,活的就是一种心态,如若觉得快乐,幸福无处不在。不经意间,诗人就走进了我们的心田,在快乐中去寻找我们心中细腻的真挚情感。它也可以把你融入如诗如画的世外桃源,那里有太阳之光、山花烂漫、苍翠欲滴、波光粼粼……同时,我们还要懂得,如果生活给你撒下一片阴霾,就一定会在不远处还你一缕阳光。那么,我们就应该顺势把自己活成一束光,积极向上,乐观开朗,活泼并富有朝气。虽然老年朋友已不再年轻,但还是要在尘世中做最好的自己,真诚地读取善暖,微笑着回赠美好。要用发自肺腑的声音来重温一段历史,重温一份感动,因为每一首有正能量的诗篇都会给你的人生带来一次震动。通过品诗来揣摩诗句,通过朗诵来浮现意境。

"进德修业,成就智仁勇;含英咀华,体悟真善美。"通过雅言来传承上下五千年华夏文明,我们就会在经典浸润古今的大时代开启智慧之光。老年朋友可以用健康的心态、满腹的正能量来度过晚霞这段贵重的时光。正如李琦在《变老的时候》的开头所说:

变老的时候,一定要变好,

要变到所能达到的最好,

……

第二节　朗诵与朗读的区别

人们常说：心中有诗意，岁月不曾老。老年朋友也常常感悟：有诗和远方……生活就有梦想和期望。无论是朗诵还是朗读，都是以书面语言为表达内容，以口头语言为表达手段；都是把书面语言转化为口头语言的一种再创造；要求深入理解作品，字音正确、语句流利、语调语气和谐；用普通话充分表情达意。但朗诵和朗读两者同时存在着含义、选材、范围、形式等诸多的不同。

一、含义不同

朗，即声音清晰响亮。读，即看着文字念出声音。诵，即用高低抑扬的腔调念，或背诵，或称述。这样，我们可以对朗读和朗诵下一个定义。

朗读是指用清晰响亮的声音把文字念出来。

朗诵是指用清晰响亮的声音和高低抑扬的腔调，大声地把作品的感情表达出来。

具体来说，朗读是把书面语言转化为发音规范的有声语言的再创作活动，而朗诵则是一门独特的传情艺术。因为朗诵者在把文字作品转化为有声语言的再创作过程中，要把原文字作品用清晰响亮的声音、优美的体态、引人入胜的动作和饱满的激情深情地向听众或观众表达出来，以传达原文字作品的思想内容和情感，引起共鸣。

二、选材不同

朗读的选材十分广泛，如诗歌、散文、议论文、说明文以及各种文章、书信。而只有辞美、意美、脍炙人口的文学精品，才适合朗诵。

适合朗诵的文体，基本上都可以进行朗读，但适合朗读的文体，却不都适合朗诵，如"天气预报"。另外，朗诵的文体对朗诵者也有个性要求，如适合老年朋友朗诵的文体主要是诗歌。只有选择了适合自己的诗歌，朗诵起来才会更加投入，才会更容易找到感觉并产生相应的意境。

三、范围不同

由于选材不同，朗读和朗诵的应用范围也不尽相同。其中，朗读的应用范围相对广泛。朗读是一种语言宣教形式，比如：课堂上的教学，广播电视的播音，念信、读报、研稿、念脚本、念歌词……这些都是朗读的范畴。

而朗诵是一种艺术表演形式，更多的是用在舞台、文娱活动和诗会上，还可在各种口才展示、个性表达活动中使用。比如，老年朋友们很喜欢汪国真的《热爱生命》。这是一首蕴含励志色彩的抒情诗，因为这首诗可以使每一位朗诵者从各自的角度去理解和诠释成功、爱情、奋斗和未来等富有哲理的含义。所以，这样的选材只适合应用在艺术表演的场合。

四、形式不同

老一辈播音艺术家齐越曾说："朗读要用接近于生活中自然谈话的语言，不要要求用一种不同于谈话的不自然的声音朗读，就是说，不要拿腔拿调。"这正说明了朗读的语气及声音要接近自然化、本色化、生活化、口语化形式。一般比较平实、自然，音量均匀，吐字、节奏、停顿和声音高低对比可以根据表达需要而有所变化，但不宜变化太大。

朗诵则要求口语形式生动优美，力求做到脱稿成诵。面对听众或观众进行朗诵时，不仅要求声音悦耳动听，还要求朗诵者对声音的再现具有风格化、个性化甚至戏剧化的特点。阅历丰富的老年朋友可通过对作品的体会，来把握适合自己自如声区的音量（大小）、音区（高低）、节奏（快慢）等方面的变化，形成一种独特的艺术感染力，深入并撼动听众或观众的心灵。如果能真正做到酣畅淋漓地朗诵一首心摩意揣的诗，再与化妆配乐、舞台灯光、背景等交相辉映，那么这种双重感染力一定会奔流而下，一泻千里。

第三节　朗诵的基本要求

一、正确标准的普通话

标准的普通话，吐字归音到位是最基本的要求。要让大家听得懂、听得明白，就要做到语言规范，不读错别字，字头字尾处理清楚，不添字，不破句，吐字干净利落、清晰有力和自然流畅。

二、自然大方，声音洪亮

朗诵要练就适合自己的自如声区，低如小溪流水潺潺，高如江河巨浪滔滔，运用自如，气息流畅，还要表情得体，肢体语言自如，朴实无华，落落大方。

三、节奏停连变化得当

朗诵应有节奏变化，如慢中有快，快中有慢。一个大大的停顿是一种尽显此时无声胜有声的表达境界，某个片段的一气呵成也是一种一吐为快的表达方式。朗诵要根据内容，很好地把握抑扬顿挫、起伏跌宕的不同变化，来诠释一篇精彩的作品。

四、重音语气生动自如

对朗诵的句子而言，重音是根据内容和思想感情运动的状态要求而强调的词语。语气则是表达时的口气，是一种传达内心对人的行为动作的态度，是思想感情的灵魂所在。恰到好处地运用重音和语气，就能够用丰富鲜明的思想感情表达朗诵的作品,使其具有感染力。

五、基调把握相得益彰

基调就是作品的感情色彩和朗诵者感情分量的把握,也被称为作品的基本情调和朗诵者的具体态度。如何贴切、深刻、生动、细腻地表达作品内涵,需要朗诵者从作品的针对性和朗诵的目的性把握朗诵态度,从而引出基调。朗诵者要确切地揣摩作品的特点,使自己的传情达意与作品的内容相得益彰,把握好喜、怒、哀、乐等情感,从而使自己和听众或观众心理之间产生一种强烈的互动。

第四节 朗诵前的准备

既然朗诵是对作品的艺术再创造,就不是简单地照字读音,而是要求朗诵者用有声语言传达出原作品的精神实质和艺术美感。不仅要让大家了解作品的内容,还要使大家受到感染。要达到这样的目的,就要解决两个问题,即广义备稿和狭义备稿,这是语言表达的基础。

一、广义备稿

广义备稿是指长时期思想政治、道德情操、文化知识、审美品质、专业水准等方面的积淀和修养,是靠广泛涉猎、日积月累、读书行路、厚积薄发而形成的个人意志品质。具体来说,广义备稿就是每一位朗诵者不断提高自己素养的过程。中华文化是中华民族的血脉和共同的精神家园。我们徜徉在中华文化中,就要不断吸取知识和了解文化,要多读书。不仅要领悟和探讨儒家提倡的修身、齐家、治国、平天下,道家提倡的悟道、求道、体道、行道以及无为而无不为,佛家提倡的清心寡欲、功德圆满,《周易》提倡的"天行健,君子以

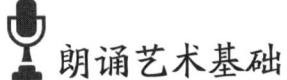
朗诵艺术基础

自强不息；地势坤，君子以厚德载物"等博大精深的思想，还要跟上时代步伐，学习时事政治。总体来说，一要提升文化素质，二要培养审美情趣，三要陶冶道德情操，四要汲取优秀的思想精华。这样，我们在提高朗诵水平的同时，还提升了自己的人文素养。

二、狭义备稿

狭义备稿是指对某一篇作品进行分析、理解、吃透的过程。那么，如果已经选好了一篇作品，应该如何去做呢？

一是浏览全篇。这是第一次阅读，不仅要了解大体意思，扫除生僻字，还要确定朗诵形式，是一个人朗诵还是两个人合诵。

二是划分层次。这个层次是指作品的布局和结构，要具体到自然段的归并与划分。把内容联系紧密的段落合并在一个大层次里，保证通篇脉络清晰。

三是确定主题。主题，即作品的中心思想，是作者通过作品反映出来的态度。朗诵者要真真切切地弄明白作品表现的目的，做到心中有目标，恰到好处地去朗诵。

四是联系背景。涉及两个要点：一是作品的创作背景，即作者是在什么情况下，因为什么而创作的这部作品，我们称之为"上情"；二是朗诵作品时的环境、时间、场合以及朗诵的理由是什么，就是为什么要朗诵这部作品，我们称之为"下情"。

五是找出重点。重点一般是直接表现主题、体现目的、抒发感情和感染听众的地方。经过划分层次、找到主题和了解环境后，作品的重点已经凸显出来了，但在重点段落的设计上一定要下功夫。一篇作品注定要有高潮、有让人感动的地方，因此要对重点语句加以设计，力求做到突出、准确，避免用力平均，通篇一个腔调。

六是确定基调。基调是朗诵者通过对作品认识感受后总结出来的。经过浏览全篇、划分层次、确定主题、联系背景、找出重点，对作品进行深入了解，这时基调就已经产生了。所以，基调要准确、贴切，并注意整体感觉，如高昂型、轻柔型、凝重型、平实型。

七是配乐道具。配乐朗诵就是文学、音乐、有声语言三位一体的艺术传播形式，这符合人们的审美心理。有的需要配合道具，带给听众或观众愉悦的收视之感。

以上都是狭义备稿的范畴。在备稿和朗诵中，每个人都有不同的习惯，就如同我们朗诵一篇作品，每一遍都与前一遍有不同的感觉，或者同样的作品，在不同的场合和不同的环境中，不同的听众或观众的感觉和感染力都不一样。因此，老年朋友要多加练习和调整，直至自己满意为止。

思考题

1. 怎样理解朗诵？
2. 朗诵与朗读的区别是什么？
3. 朗诵的基本要求有哪些？
4. 何为广义备稿和狭义备稿？

第二章 朗诵的基础训练

每一位学朗诵的朋友都想让自己的嗓子能发出温暖、有弹性、有磁性的好声音,然而这在很大程度上要靠后天训练来获得。只有掌握"声以气为本""气动则声发"等科学用气、发声的规律,掌握胸腹联合的呼吸方法以及偷气、补气、换气的技巧,才能使朗诵达到吐字清晰、位置准确、声音响亮、语音纯正、圆润并富有表现力的效果。为了更有效地进行发声练习,还需对人体的发声系统有所了解。

第一节 气息控制

"夫气者,音之帅也",声带能振动发声,声带振动唯一依靠的是气息(气流),所以气息是声音的源头。巧妙地运用气息,会使自己的声音铿锵有力、洪亮饱满。然而,气息的变化又关系到发音的响亮度、声音的清晰度、音色的圆润度、嗓音的持久性以及情绪的饱满和充沛等。有的老年朋友反映朗诵时经常会感觉气不够用,如果能很好地掌握控制气息的方法,不但能找到自己理想的自如声区,而且气息可以帮助自己游刃有余地把一篇作品朗诵好。

一、呼吸器官

人体的呼吸器官主要由肺、气管、胸腔、膈肌(横膈膜)组成,如图2-1所示。从图中可以看到,膈肌(横膈膜)以上是胸腔,肺位于胸腔的左右两侧,膈肌以下是腹腔。

1. 肺

肺在胸腔之中，是整个呼吸器官的核心，是吸入、呼出气息的总机关。人的肺形似风袋，左肺和右肺分列两旁，就像两块大海绵，具有非常好的弹性和伸展性。肺里有很多小肺泡，它们都具有一定的伸缩性，每一个肺泡都通过微支气管连通着支气管、气管和口鼻。肺的上端承接气管和口腔，气管与左右两肺的支气管相连，支气管又派生出若干个小支气管，每个小

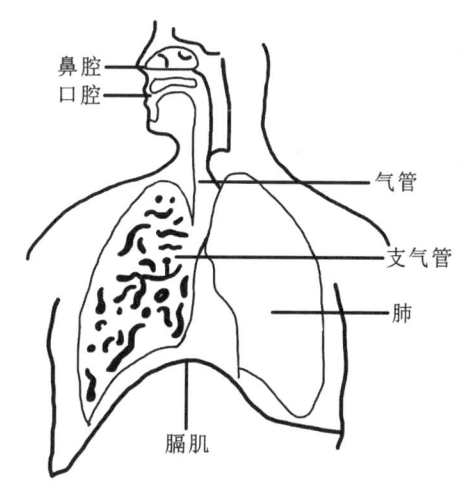

图 2-1 人体的呼吸器官

支气管又蔓生出无数个微支气管，最终通过肺泡布满全肺。吸气时，胸腔和肺扩大，肺泡内压下降，气体经口鼻、气管、支气管、小支气管及微支气管进入肺泡。呼气时，胸腔和肺缩小，肺泡内压升高，气体经微支气管、小支气管、支气管、气管、口鼻呼出。这种被呼出的气息就是发声的原动力。

2. 胸腔

由胸廓及周围的肌肉等组织构成的空腔称为胸腔。胸廓是由 12 个胸椎、12 对肋骨和肋软骨、1 块胸骨以及关节和韧带连接构成的骨架。胸廓的上部与颈相连，下部有膈肌（横膈膜），与腹腔隔开。心、肺等重要器官都在胸腔内。胸廓可以看成肺的外壳，肺虽然具有弹性和伸展性，但它没有肌肉，不能自主伸缩，所以肺的外壁紧紧地贴在胸廓内表面，并且随着胸廓的运动而运动。胸廓上面 10 对肋骨的前端通过软骨与胸骨连接，下面 2 对肋骨处于悬浮状态，后端均连接脊柱，胸廓中骨与骨之间有两层肌肉。吸气时，脊柱两侧的肋骨在负责吸气的肌肉收缩下向上向外扩张，增大了胸腔前后、左右的容量；呼气时，肋骨回缩到原位，胸腔缩小，负责吸气的肌肉舒张。

3. 膈肌

膈肌又称横膈膜，位于肺的下面，是一层可以上下运动、富有弹性的肌肉（弹性膜）。膈肌像个圆顶帽扣在那里，圆顶朝着上面的肺底，边缘和肋骨相连。膈肌犹如天然屏障，把胸腔与腹腔隔开。膈肌运动的作用主要是改变胸腔上下尺寸的大小，调控胸腔的容积。吸气时，膈肌收缩下降，压迫腹腔内的器官向下移动，使胸腔的容积在上下方向扩大。但膈肌属于不随意肌，不像手臂肌肉那样可以由意志来控制运动，它的运动主要通过腹肌的运动改变腹腔压力而间接实现，所以控制膈肌运动需要通过训练才能掌握。呼气时，膈肌逐渐上升并恢复原状，胸腔的容积缩小。

二、气息在发声中的作用

"气动则声发"，气息是情动于内和声发于外的过渡环节。著名京剧乐师陈彦衡在《说谭》中说："夫气者，音之帅也，气粗则音浮，气弱则音薄，气浊则音滞，气散则音竭。"在诗歌朗诵等有声语言表达中，气息不仅是发声的动力，还是重要的表达手段，是情动于声、情与声转换的必经桥梁。只有气随情动，声音才能活起来，才能随着感情的变化而变化。"情"要取其高，它是情感和内涵的依托；"声"要取其中，它是载体和形式；"气"要取其深，它是动力和基础。从这个意义上说，气息的控制和运用是"由情及声、由内及外"的贯穿性技巧。不懂得用气就不会有科学的发声，不但做不到正确的表达，而且找不到思想感情的运动状态。所以，任何语言的表达以及气息的控制和运用都是第一位的。气息的通、运、转、停、连、断、放、收都是专业的运用技巧，做到声要变，气先变，且符合稳劲、持久、自如等要求。

1. 稳劲

气息的稳劲有两层意思：一是"稳"，即气息的流动速度要稳定，不能忽快忽慢，更不能一下子把气放掉；二是"劲"，即要有力，气息没有力量，声音的铿锵有力就无从谈起。气息的稳劲是通过呼气时控制吸气的肌肉与呼气的肌肉对抗来实现的。这时，小腹处的丹田似乎有一股力量拉住膈肌，不让气息无控制地流走。

另外,汉语里有相当多的音节带有爆发的性质。由于朗诵要求把字发得清晰有力,如果对气息不加以控制,让气息过大、过快冲出,就很容易对声带造成过分的冲击、摩擦,甚至会出现发声前重后轻、蹦字儿等问题,给人以呼吸不畅、紧张的感觉。

2. 持久

朗诵时,为了把词语表达完整,常常需要一口气说出很多词句,这样就不能像生活中那么随意地呼吸了,要求呼吸的控制有持久性。有时,一篇很长的朗诵作品,如果没有持久的呼吸控制能力,就很难有质量地完成朗诵。

3. 自如

朗诵者要面对听众或观众,朗诵的内容有时气势磅礴,有时柔情似水,为了能使声音准确地表达朗诵内容丰富的情感变化,给听众或观众以贴切、愉快的感觉,就必须要有自如地控制气息变化力度的能力。

三、呼吸的原理与自然呼吸

1. 呼吸的原理

人的呼吸运动是在呼吸肌的控制下进行的。人体的呼吸肌主要包括肋间肌、膈肌、腹肌、胸锁乳突肌、背部肌群、胸部肌群等。这些肌肉中有些主司吸气,有些主司呼气。为了方便叙述,我们把主司吸气的那些肌肉合称为吸气肌肉群,把主司呼气的那些肌肉合称为呼气肌肉群。吸气肌肉群主要由膈肌、肋间外肌等组成。呼气肌肉群主要由肋间内肌、腹肌等组成。呼吸时,吸气肌肉群和呼气肌肉群各司其职。

吸气时,吸气肌肉群收缩,胸腔扩大,胸腔内部的气压减小,外部空气由呼吸道进入肺部,这时肺和胸腔扩张。胸腔扩得越大,吸入的空气就越多。此时,呼气肌肉群处于舒张状态。

呼气时,呼气肌肉群收缩,胸腔变小,肺部的气就会被挤出,然后通过呼吸道经口鼻排出体外。此时,一般情况下吸气肌肉群处于舒张状态。

朗诵时的呼吸要求做到气沉丹田，吸气到底。所谓气沉丹田，实际上是吸气时通过吸气肌肉群的收缩，尽可能将膈肌向下沉，以压缩腹腔和扩大胸腔，达到吸入更多空气和实现吸气到底的目的。

丹田原是道教内丹派修炼精气神的术语，不是人体的实体器官。一般认为丹田位于脐下小腹部，如图 2-2 所示。深长吸气时，由于膈肌下降、腹腔缩小、腹部参与吸气的肌肉收缩等原因，丹田区域会产生压迫感。

为了达到吸气到底的目的，吸气时口鼻应同时进气，并以口腔进气为主，要有一种气息流入丹田的感觉。其实，气息只能吸到肺的底部膈肌以上，无法进入腹腔。

完成一次呼吸，相关的呼吸器官和肌肉群的运动情况大体如下。

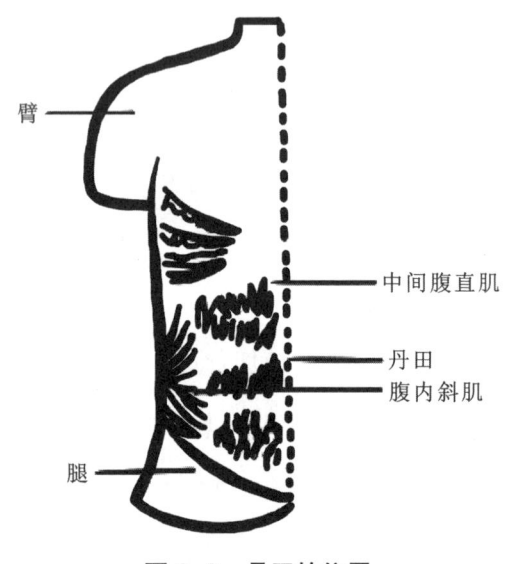

图 2-2　丹田的位置

吸气时，吸气肌肉群收缩，膈肌下降，小腹微收，感觉两肋向前后、左右、上下展开，从口鼻吸入的气息沿着呼吸道注入肺的下部，明显觉察到后腰部鼓胀，腰带渐紧，小腹脏器收紧。在腰部鼓胀的同时，参与吸气的腹肌会下压丹田，产生气沉丹田的感觉。

呼气时，腹肌中参与吸气的肌肉逐渐舒张，但吸气肌肉群仍在做功，目的是牵制膈肌与两肋，使其不能迅速弹回。呼气肌肉群收缩时会形成一种向上向外的冲力，这种冲力与维持膈肌向下向内的保持力相对抗。当保持力支撑不住呼气产生的冲力时，膈肌便会回升，胸廓和肋骨内缩，对肺形成挤压，将肺泡中的气体慢慢挤出来，通过微支气管、小支气管等排出体外，完成一次呼吸过程。

2. 自然呼吸

生活中，人们的呼吸属于自然呼吸。

（1）胸式呼吸

胸式呼吸又称浅呼吸。胸式呼吸的吸气量最小，因为这种呼吸只动员了一小部分吸气肌肉群参与呼吸，对扩大胸腔几乎不起作用。呼吸时，主要依靠提起胸骨来扩大胸腔的容积。由于没有膈肌的全力支持，胸腔不能得到充分扩张，从而无法最大限度地将气息融入肺泡中。

如果用胸式呼吸来发声，那么发出的声音往往是窄细的、轻飘的或僵持的。胸式呼吸的明显特征是呼吸时要抬肩，抬肩的目的是通过提起胸骨来扩大胸腔的容积。这样肩部就会有紧张感，甚至产生上半身被绳子捆绑的感觉。肩部的紧张还会带来颈部的紧张，使喉头负担加重，造成声音不能持久等问题，所以朗诵忌讳胸式呼吸。

（2）腹式呼吸

腹式呼吸又称深呼吸。它主要靠膈肌下降来扩大胸腔上下方向的尺寸，迫使腹部内脏向前向下移动。与胸式呼吸相比较，它具有气息量较大和深沉等优点，吸气时腹部放松外突是这种呼吸的显著标志。

如果用腹式呼吸来发声，由于呼吸时胸部肌肉群几乎不起作用，腹肌也没有充分调动起来支持发声，发出的声音是闷的、暗的、空的，对声音的调节也比较困难。因此，对于朗诵，腹式呼吸也不是最科学、最实用的呼吸方法。

四、胸腹联合呼吸法

1. 胸腹联合呼吸

胸腹联合呼吸是胸式呼吸、腹式呼吸两种呼吸方式的结合。胸腹联合呼吸时，胸腔借助吸气肌肉群的力量，使肋骨提高、扩展，撑大了胸腔的前后、左右空间，加上膈肌的收缩下降又增大了胸腔的上下空间，使胸腔的空间得到了全方位扩展，肺的容积也逐渐增大，这时的呼吸量最大、最强。

胸腹联合呼吸法是在胸腹联合呼吸的基础上建立起来的一种有意识控制呼吸的方法，是播音员、主持人、音乐工作者和有声语言表演者在工作时采用的呼吸法，是需要进行训练才能掌握的一项技能。这种呼吸方法采用吸气肌肉群和呼气肌肉群联合控制气息的技术，能使呼吸活动范围扩大、呼吸量的伸缩性扩大，为气息均衡、平稳地呼出提供了方法，因而能很好地操控发声，使发出的声音具有坚实、明亮的音色。

无论是播音员、主持人，还是朗诵者，科学的用声标准是：准确规范，清晰流畅；圆润集中，朴实明朗；刚柔并济，虚实结合；色彩丰富，变化自如。要想达到这样的标准，就要从正确的呼吸发声开始，所以掌握胸腹联合呼吸法是达到用声标准的关键。

2. 胸腹联合呼吸法的特点

胸腹联合呼吸法的突出特点是：在意识的控制下，气息下沉，两肋打开，膈肌下降，小腹收缩。

（1）气息下沉

气息下沉就是口鼻同时吸气，把气吸到肺的底部并贮存起来。

（2）两肋打开

吸气时，双肩、胸部自然放松，并从容地打开肋骨，使胸腔向左右方向充分扩展，扩大胸腔的左右空间。

（3）膈肌下降

在有目的、有意识收腹的同时，将膈肌压下去，使胸腔上下方向的空间扩展开来。

（4）小腹收缩

小腹收缩是指小腹的运动。吸气时，膈肌下降，后腹部脏器会下沉，腹肌中参与吸气的肌肉均向脐下三指处的丹田聚集，使小腹产生收缩的感觉。

丹田在人的脐下三指处，是小腹的中心位置。我国的声乐、曲艺等艺术领域都十分强调丹田气。所谓丹田气，并不是说通过丹田来产生气息或扩大气息量，而是靠它起顶气的作用，在帮助呼气肌肉群对膈肌造成压力的同时，增强呼气的力量。有些演员练功或演出时在腰部系上"板儿带"，就源于这个道理。

连续做胸腹联合呼吸时，一定要保持良好的精神状态以及胸部和肩部的松弛，切忌双肩较劲。正所谓"兴奋从容两肋开，不觉吸气气自来"。

练习胸腹联合呼吸法对老年朋友的身心健康非常有益。深吸一口气,使膈肌下降,把腹部脏器挤到下方,腹部会膨胀,然后慢慢呼气,这时您会体验到膈肌在有控制地上升。练习胸腹联合呼吸法不仅可以练习深呼吸,还可以吐出较多易停在肺的底部的二氧化碳,有益于健康。

胸腹联合呼吸法具有以下三个优点。

第一,胸腹联合呼吸法能全面调动发声器官的能动作用,不仅能稳定住两肋及膈肌的张力,还能在吸进足够的空气,促使气息容量扩大的同时,与小腹的收缩力形成均衡的对抗,使声音更有力度。

第二,胸腹联合呼吸法的呼吸范围较大,呼吸量的伸缩性较大,有利于根据朗诵作品的特点,从生理上控制呼吸,来满足朗诵时的发声需要,也为均衡气息和平衡呼气提供了较好的条件。

第三,胸腹联合呼吸法既有很强的力度和弹性,又有灵活性。掌握了这种方法,不仅能使朗诵的声音圆润、响亮、刚柔并济,还能保护嗓子,避免过强的气息冲击声带。

五、胸腹联合呼吸法的练习

1. 吸气练习

要领:气下沉,两肋开,膈肌降,小腹收。

吸气时,要全身放松,口鼻同时进气,吸气肌肉群收缩,膈肌下降,胸廓容积上下、左右、前后全面打开,沿着口鼻→咽→喉头→气管→支气管→小支气管→微支气管→肺泡的路径把空气吸到肺的底部。只有把气吸到肺的底部才叫吸得深,反之则为气短。有些学员朗诵时感觉气息不够用,一种可能是因为气吸得不够深,另一种可能是吸进去的气在呼出时控制得不够均衡。

要想实现"两肋开",首先要兴奋、从容,肩部要放松,努力将两肋打开,主要是下肋。两肋是否有效打开,可以通过自己的感觉来判断:如果感觉到胸腔左右扩展的幅度明显大于前后,后腰的扩展大于腹部,腰部发胀,腰带渐紧,胯下着力,这就说明两肋已成功打开。要想实现"两肋开",就要下很大功夫进行练习，要有意识地去体验膈肌下降，腰部渐紧，腹部参与吸气的肌肉向小腹丹田处收缩的感觉。一定要反复练习，反复感觉，才能有效实现"两肋开"。

"膈肌降"是指在有目的、有意识地收紧小腹的同时，最大幅度地将膈肌压下去。

"小腹收"是指腹部参与吸气的肌肉向小腹丹田处聚集和收缩。这个收腹不是要收缩胸廓下面的大腹，而是要收紧脐下的小腹。大腹在吸气时收缩会阻碍膈肌下降，影响吸气量。收腹时，腹壁要保持不凸不凹的状态。

吸气练习：可采取闻花、抬重物、半打哈欠等方法来体验和练习吸气。练习的目标是尽可能多地吸气。

（1）闻花

吸气练习中，常借用闻花动作来体验气息的深吸、自然、柔和。一股芬芳的花香飘来，闻到后顿感心旷神怡，自然会兴奋、贪婪地深吸。这就是所谓的"兴奋从容两肋开"。

体验闻花的动作会使我们感觉吸气吸得很深。练习时，要做到真闻，要产生愉悦的感觉，仿佛要把花香的全部精髓都吸入肺中。也可以通过闻香蕉、苹果等来进行练习。

（2）抬重物

抬重物的感觉如同倒拔垂杨柳一般，都必须把气吸得足够深，憋着一股劲儿，感觉后腰膨胀，腰带渐紧。此刻，腰部和腹部的感觉与胸腹联合呼吸法在吸气时最后一刻的感觉很相似。所以，通过抬重物的体验，可以找到胸腹联合呼吸法吸气时最后一刻的身体感觉。

（3）半打哈欠

人在打哈欠时胸部和喉头是完全放松的，嘴张得很大，大口吸入空气。半打哈欠要求只将嘴张开一半，主要用来体会口腔吸气最后一刻的感觉。半打哈欠时，腰部和腹部的感觉与胸腹联合呼吸法吸气时最后一刻的感觉很相似。

2. 呼气练习

要领：小腹不凸不凹，两肋回缩，膈肌上升，双向对抗。

有声语言表演者绝大多数是在呼气过程中发声，因此胸腹联合呼吸法的精髓也主要体现在对呼气的控制上。

呼气时，吸气肌肉群一开始不能松动，小腹仍要保持原来收缩的状态，以维持两肋的扩张，这时呼气肌肉群开始收缩。随着呼气的进行，当小腹因呼气产生的扩张力超过小腹维持收缩状态而需要的收缩力时，两肋才缓缓回缩，膈肌慢慢上升，气息从肺部透出，小腹参与吸气的肌肉逐渐放松。此时，气息一定要有所控制，让气流缓慢、均匀地呼出，声音就在呼气时发出。所以，胸腹联合呼吸法的呼气动作是在吸气肌肉群与呼气肌肉群力量互相对抗中完成的。这种对抗被形象地称作"明气"和"暗气"。向上向外的呼气运动称为"明气"，向下向内维持原来吸入气息的运动称为"暗气"，其中"明气"是发声时气息运动的主力，"暗气"是一种内在的保持力量。这两种力量方向相反，在相互联系和对抗中逐渐达到平衡，并贯穿于发声过程的始终。由于向上呼出的"明气"总是多于"暗气"，"暗气"始终处于且战且退的状态，因而这两种力量的较量结果形成了科学的气息运动，达到了使气息有控制地均匀施放的目的。

呼气练习：可采取吹灰、数数、数枣等方法进行练习。练习的目的是控制呼气，使气息有控制地平稳释放，并尽可能地延长释放时间。

（1）吹灰

试想一下，桌面上落满了灰尘，要把它们吹掉而又不至于让灰尘四处飞扬，就得用均匀、轻缓、有控制的气流去吹。如果用力过强，猛然一吹，灰尘虽然可以快速被吹掉，但这却不是练习呼气所要求的。我们还可以用吹小瓶口的方法来练习呼气，要力争吹出平稳的声响，并尽可能地延长吹气时间。

（2）数数

按胸腹联合呼吸法吸气后开始呼气，同时开始从容、缓慢、有节奏地数一、二、三、四、五、六、七、八、九、十、九、八、七、六、五、四、三、二、一……呼气时，想象保持吸气状态，控制住了两肋和膈肌，也就控制住了气息，使之平稳、均匀、持续、连贯地呼出。

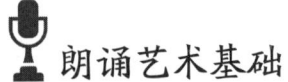

（3）数枣

按胸腹联合呼吸法吸气后开始呼气，同时开始背诵绕口令《数枣》。这时，脑海里一定要出现一棵枣树，而且数着每一颗枣时都要像真真切切地看到似的说出。

绕口令练习：

数　　枣

出东门，过大桥，大桥底下一树枣，青的多，红的少。拎着竿子去打枣，一个枣，两个枣，三个枣，四个枣，五个枣，六个枣，七个枣，八个枣，九个枣，十个枣；十个枣，九个枣，八个枣，七个枣，六个枣，五个枣，四个枣，三个枣，两个枣，一个枣。这是一段绕口令，一口气说完才算好。

3. 呼吸控制练习

呼吸是人的本能，日常生活中的呼吸属于自然呼吸，是在下意识的状态下"自动"完成的。这种日常生活中的呼吸获得的气息量不能满足朗诵这类艺术语言表达的需求。

掌握胸腹联合呼吸法需要进行严格的呼吸控制训练，且要求循序渐进、持之以恒，甚至要天天坚持训练，直至把这项技能转化为良好的习惯，把生活中的呼吸控制与朗诵时的呼吸控制统一起来，使胸腹联合呼吸法也能像自然呼吸那样，能在下意识的状态下"自动"完成。这样，才能在朗诵时做到呼吸的自如控制。

（1）膈肌弹发练习

锻炼膈肌是呼吸控制训练中的重要一环。膈肌的上下运动直接关系到胸腔容积的扩张程度。膈肌弹发练习是呼吸控制的内容之一。

膈肌弹发练习的第一步是练习膈肌的上下运动。方法如下：闭上嘴巴，用鼻吸气，因为用鼻孔吸入的空气会在鼻腔中加热、加湿，对喉头和声带有保护作用。吸气后，用小腹的力量强迫膈肌上下运动。这种力量来自小腹肌肉群的联动收缩，既不是小腹的一鼓一瘪，也不是整个大腹的收缩鼓胀。最初练习时，可用手有节奏地按压小腹，同时体会、感觉小腹与大腹临界处膈肌的上下活动。找到感觉后，便可通过小腹肌肉群的运动来让膈肌上下运动。这样的练习要反复、经常练习，以达到锻炼膈肌的目的。

膈肌弹发练习的第二步是控制膈肌向上运动，形成气息运动。方法如下：按胸腹联合呼吸法的要求，吸气后放松喉头，让口腔自然展开，舌面降到最低点，形态呈发"a"状，让膈肌慢慢向上运动，形成气息运动，冲击声带发出"a"声。由于是练习膈肌的弹发，"a"声不是连续地长发，而是一下一下、一声一声地发。我们也可通过发"hei"声来练习，也要一下一下地短促发声，这样的练习可为发一连串笑声打好用气基础。

膈肌的弹发还可以通过发"ha"声来练习，发声方法与发"hei"声相同。"喊操"也是练习膈肌弹发的好方法。练习时，用小腹控制膈肌弹动，有节奏地喊出"一二、一二……""一二三、一二三……""一二三四、一二三四……"等口令。

（2）四种呼吸方式的练习

四种呼吸方式分别是：慢吸慢呼、慢吸快呼、快吸快呼、快吸慢呼。这四种呼吸方式是呼吸控制的基本方式，在朗诵过程中都会用到，所以要反复练习，并熟练掌握。

初学者在开始练习时，应尽可能采用慢吸慢呼的训练方式，保证呼吸的基本正确，待掌握了胸腹联合式呼吸法后，则可进行快吸快呼或快吸慢呼的训练。这四种呼吸方式中，快吸慢呼较符合说话用声的实际状况，所以在平时大量的呼吸控制练习时，应当以快吸慢呼训练为主。

本书以最实用的快吸慢呼为例来介绍训练方法。训练中，要根据对呼吸的体验不断加大强度和难度，逐渐养成正确的呼吸控制习惯。

训练开始，先静坐三秒钟；然后用一秒钟吸气，控制两秒钟；接着从容地将气息分别用15秒、20秒、25秒、30秒、35秒、40秒均匀呼出，各重复四次。

绕口令练习：

一个葫芦两块瓢

一口气数不了二十四个葫芦四十八块瓢。一个葫芦两块瓢，两个葫芦四

块瓢,三个葫芦六块瓢,四个葫芦八块瓢,五个葫芦十块瓢,六个葫芦十二块瓢,七个葫芦十四块瓢,八个葫芦十六块瓢,九个葫芦十八块瓢,十个葫芦二十块瓢,十一个葫芦二十二块瓢,十二个葫芦二十四块瓢,十三个葫芦二十六块瓢,十四个葫芦二十八块瓢,十五个葫芦三十块瓢,十六个葫芦三十二块瓢,十七个葫芦三十四块瓢,十八个葫芦三十六块瓢,十九个葫芦三十八块瓢,二十个葫芦四十块瓢,二十一个葫芦四十二块瓢,二十二个葫芦四十四块瓢,二十三个葫芦四十六块瓢,二十四个葫芦四十八块瓢。

(3)喊人练习

喊人也是一种呼吸控制练习。其练习目标是吸气后控制呼气的气流,使发出的声音响亮,且传得更远。

练习时,可以假设在很远处有个熟悉的人,按照胸腹联合呼吸法吸气的要求吸足气,然后控制呼气的强度,喊出该人的名字,如"阿毛——""阿兰——""老张——",使发出的声音足够响亮,传得足够远。站在山顶,面对空寂的山谷练习喊人的效果特别好,因为回声能帮助你判断喊出的声音是否响亮,是否能传得足够远。

第二节　共鸣腔调节

物体在外力作用下会产生某一频率的振动,空气中物体的振动就会形成声音,并对周围其他物体产生影响,我们把对周围其他物体产生影响的物体振动频率称为"影响频率"。当邻近空间的某一物体的"固有振动频率"与"影响频率"一致时,这个物体也会产生振动,也会发出声音,这种现象就是共振。共振的结果是使两个物体发出的声音(声波)叠加在一起,使声波振动幅度增大。

在朗诵发声中,这种共振现象称为共鸣。语言艺术的吐字归音,要求做到"字正腔圆"。所谓字正,是指读的字音要准确;所谓腔圆,是指共鸣通畅,声音圆润。要实现"字正腔圆",朗诵时就要充分利用人体发音器官的共鸣腔。共鸣腔运用得好,朗诵时发出的声音不但扩大了音量,而且声音圆润饱满,否则就会出现声音发散、发扁、发尖、单薄甚至干瘪等现象。我们常说朗诵时声音要"立"起来,如果"立"不起来就好比朗诵没有了"筋骨",这里的筋骨是指共鸣腔的共鸣。坚持用科学方法调节共鸣腔,不但能使声音清晰洪亮,具有穿透力,而且能对声带起保护作用。

一、人体发声系统中的共鸣腔

人体的发声系统由动力系统(由呼吸器官构成)、构音系统(由喉头和声带构成)、扩音系统(由共鸣腔体构成)、成字系统(由咬字器官构成)四个子系统构成。其中,扩音系统是人体发声系统的一个重要组成部分。

人体发声系统中的共鸣腔位置如图2-3所示。根据共鸣发生的位置,发声系统中的共鸣现象主要有头腔共鸣、鼻腔共鸣、口腔共鸣和胸腔共鸣四种。语言发声所采用的共鸣方式以口腔共鸣为主,还有以胸腔共鸣为基础的声道共鸣。

人的声道好比一个近似直角的弯管,是由管子、腔体和阀门组成的空腔结构。空腔中的腔体有喉腔、咽腔、口腔、鼻腔、胸腔等,声带、唇、舌、软腭等相当于一个个小阀门,分布在空腔结构的不同部位。

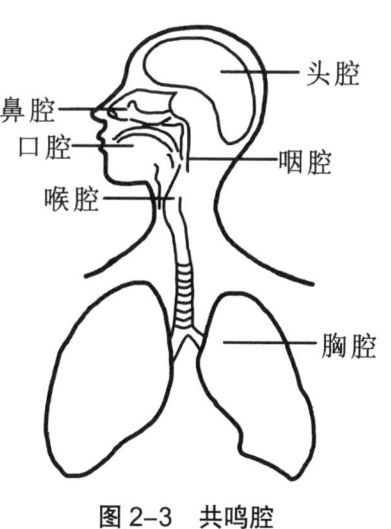

图2-3 共鸣腔

当如同风箱的肺被挤压时,气息就要通过微支气管、小支气管、支气管、气管等到达喉头。当气息经过声带这道阀门时,如果想要发声,就让声带振动;如果不想发声,就不让声带振动。喉部上面的咽腔、口腔、鼻腔分别由三道阀门控制,它们就是软腭、舌体和双唇。这三道阀门的开与关,既可把咽腔、口腔、鼻腔分开,也可把三个腔体连接起来,形成一个大的共振腔体。在大脑的控制下，三道阀门会协同工作，在发声时形成共鸣。

1. 口腔共鸣

朗诵用声都采用中声区，同演讲、话剧、相声、播音、配音、主持一样，属于"说"的艺术。而中声区主要形成于口腔中，从而决定了用声的共鸣重心在口腔上。因此，喉腔、咽腔、鼻腔和胸腔的共鸣都必须建立在良好的口腔共鸣的基础上，才能使发出的声音饱满圆润。

2. 胸腔共鸣

胸腔共鸣属于下腔共鸣。胸腔共鸣能产生许多"泛音"，即由声带振动产生的基音在共鸣腔里产生共鸣而获得的一种能使基音带有丰满特质的声音，叠加上泛音后的基音结实、有力、浑厚、响亮，还可使音量增大。有了胸腔共鸣参与发声，能更好地发挥每个朗诵者的自如声区。例如，一般女高音偏多，她们自然发声时会给人一种音色尖细的感觉，这是缺乏胸腔共鸣造成的。加强胸腔共鸣的训练，可使尖细的声音变得圆润、甜美。又如，男声朗诵者更需要用坚实、浑厚的音色来朗诵，但一些男高音自然发声时会给人一种声音单薄、无力的感觉，这也是缺乏胸腔共鸣造成的。加强胸腔共鸣的训练后，可使胸腔的空间及共鸣的能量增大，所产生的泛音能对自然发声的基音进行润饰，使声音厚实起来。但胸腔共鸣的运用一定要适当，过度运用会导致字音浑浊和声音沉闷。

二、共鸣控制训练

有效运用共鸣腔，掌握共鸣的控制方法，在气息的推动下不但能把共鸣腔共鸣增加了的音量传出体外，而且能美化音色。在产生共鸣的过程中，如何控制共鸣，使之对声带振动产生的原声进行润饰，使发出的声音圆润、优美、集中，关键在于口腔共鸣状态的改变、控制和调节。因此，需要了解口腔共鸣与哪些因素有关，用什么方法来改变和调控。归纳起来，口腔共鸣状态的改变、控制和调节需要掌握"四要素""三放松""二集中"。

1. 四要素

改变和调控口腔共鸣首先要掌握四要素，它们分别是提颧肌、打牙关、挺软腭、松下巴。

（1）提颧肌

颧肌是面部肌肉的一部分，起于头部颧骨的外侧，止于口角。颧肌是张口肌的一部分，随人的意志控制可收缩、放松。颧肌收缩时向外上方牵拉口角，形成笑容，如图2-4所示。

提颧肌是口腔共鸣训练要素之一。颧肌提起时，口腔前部有向上扩张的感觉，使口腔腔体形状发生改变，鼻孔略有扩大，上唇贴紧齿面。提颧肌不仅能提高声音的亮度和字音的清晰度，还能使声音具有活力和感染力。颧肌提起时，面部呈微笑状。提颧肌以颧肌收缩为主，面部的相关肌肉也参与活动。

提颧肌可以从微笑开始练习，要坚持每天练习，直到形成习惯。

图2-4 提颧肌时的面部表情

（2）打牙关

打牙关也是口腔共鸣训练要素之一。牙关是指上颌骨与下颌骨之间的关节，打牙关是打开牙关的简称。

有声语言表演者在发声时上下颌要充分打开，上下颌的打开程度对口腔空间的大小和形状有影响，因而会影响口腔共鸣的频率，对音色产生影响。因此，有声语言表演者要通过打牙关训练，学会控制上下颌的打开程度，这样才能使口腔共鸣适应发声的要求。

初学打牙关者可通过咬苹果、半打哈欠等动作来训练。训练时，要尽可能地打开口腔。不过，也要把握好自己的承受能力，防止颌骨脱臼。

（3）挺软腭

软腭位于口腔上硬腭的后部，用舌尖抵住上硬腭往后探，感觉到柔软的那个部位就是软腭。

挺软腭也是口腔共鸣训练要素之一。不说话时，软腭处于松软下垂状态。即使说话时，也很少有人有意识地将它挺起，因此大部分人的口腔容积较小，不利于共鸣的发生。挺软腭的目的就是扩大口腔容积，利用其共鸣来有效地增加声音的圆润度。挺软腭还可以避免发音时过多的气流冲入鼻腔后造成鼻音。

挺软腭可以用夸张吸气和半打哈欠来训练，因为在夸张吸气和半打哈欠时，软腭一般处于挺起状态。也可用口腔内肌肉用力情况来判断软腭是否挺起。如果以小舌头（腭垂）为中点，软腭挺起时两侧肌肉应用力向小舌头集中。

训练时，要尽量使软腭保持较长时间的挺起状态，适度保持这种状态发音，您就会听到与平时不同的声音效果。

（4）松下巴

松下巴也是口腔共鸣训练要素之一。初次训练时，可用手扶住下巴，先左右摇动下巴，放松肌肉；然后缓缓抬头，打开口腔；再缓缓低头，闭合口腔，以体会松下巴的感觉。松下巴是灵活、顺畅发声的必要条件。如果发声时下颌僵硬，就会引起喉部紧张，造成发音不畅，影响音色。

2. 三放松

改变和调控口腔共鸣还要掌握三放松：喉部放松、舌根放松和下巴放松。

（1）喉部放松

喉位于咽和气管之间，由软骨支架、肌肉、韧带和声带等组织构成。肺呼出的气流从喉部通过。不发声时，喉部的两条声带张开，声门处于打开状态。发声时，两条声带靠拢，声门闭合，只留出一条狭缝让气流通过，从而使声带振动，发出原始喉原音。这一原始喉原音经共鸣腔调节音量、音色，再经咬字器官控制后形成语音并从口腔发出。由此可知，喉原音和口腔发出的语音之间的关系是原料和成品的关系。喉原音的质量直接影响语音产品的质量。

朗诵发声时，两条声带不是紧密闭合的，而是轻松地相互靠拢。这种轻松靠拢由喉部放松来保证。只有在喉部放松的情况下，喉部肌肉才能自如、灵活地对声带进行控制，才能较好地和肺呼出的气流协调配合，发出悦耳的声音。朗诵时，如果喉部发紧，脖子上青筋绽露，就很难发出好听的声音。

喉部放松只是相对地放松，绝不是越松越好，因为喉部过松会使气息压力过小，致使声带发出的声音散、沙、暗，给人以有气无力的感觉。

喉部是否放松，可以通过发"气泡音"来判断。发气泡音时，身体要放松，先使声带完全闭合，用较强气息发 a 音；然后放松声带，减弱气息，均匀地用弹发的方式发出一连串 a 音。这时发出的声音像是从口腔里冒出的一个个气泡，类似漱口时口里含着水仰头发出"咕嘟、咕嘟"的声音。如果减小气息后，微弱的气息仍能使声带振动，这就说明喉部处于放松状态。因为喉部没有放松，处于紧张状态，气泡音是发不出来的。

（2）舌根放松

要想让喉部放松，首先要让舌头放松。放松舌头的关键是放松舌根。舌根即舌头的根部位置，与喉部相连接。舌根与喉部的关系可以用吞咽口水来体验，因为吞咽口水时，舌根就会向上抬起，这时喉结也会向上抬起。这说明舌根的运动会拉动喉部一起运动。由此可知，要放松喉部，先要放松舌根。

舌根是否放松，可以通过发声是否受阻碍来判断。如果舌根没有放松，舌头就觉得紧，舌根便会处于下压状态，这时喉部也会跟着往下压，就会使气息不通畅，使发出的声音不明亮、不自然、不清晰。

（3）下巴放松

要想让下巴放松，首先要打开口腔。咬字过程中的力量主要用于上腭，下巴不要主动去帮忙，不然舌根容易紧张，进而使口腔变扁，把字咬"死"。张开嘴巴时，下巴要自然向牙关方向内收，不要向前突出，更不要用力。下巴放松了，张大嘴巴时就会有自然落下的感觉。也可采用半打哈欠的动作来体验下巴放松的感觉。

3. 二集中

共鸣腔控制的目的就是使发出的声音圆润、优美、集中。其中，声音的圆润、优美与喉部放松和下巴放松有关，而声音的集中主要与唇、舌有关。要使声音集中，关键是咬字器官的力量要集中。咬字器官主要由唇、舌、齿构成。咬字器官的力量集中主要体现在唇和舌的力量集中上。

（1）唇的力量集中

唇的力量要集中到唇内缘的中央三分之一处。唇的力量不集中，就会造成发出的字音散而无力，字音含混不清。我们必须认识到双唇是发声的最后一道关口，唇的力量集中，双唇贴住上下齿，这样可以有效避免因双唇松弛而在唇齿间的腔体内造成不必要的湍流，使声音干净、明亮、集中。

唇的力量集中可以用以下几种方法进行练习。

第一种方法：双唇打响，也称为喷。练习时，双唇紧闭，将唇的力量集中于唇中央的三分之一处，唇齿相依，阻住气流，然后突然连续喷气出声，使双唇颤动，发出一连串的 p 音。

第二种方法：咧嘴，简称为咧。练习时，双唇闭紧，尽力向前噘起，然后嘴角用力，向两边伸展，做咧嘴动作，循环反复进行。

第三种方法：撇嘴，简称为撇。练习时，双唇闭紧，向前噘起，然后将噘起的双唇向左歪、向右歪、向上抬、向下压，循环反复进行。

第四种方法：绕唇，简称为绕。练习时，双唇闭紧，向前噘起，然后向左或向右做 360 度的转圈运动。

第五种方法：做一些与双唇力量集中有关的词语发音练习。如乒乓、碰壁、拍打、喷泉、本部、抨击、暗淡、反叛、散漫、计划、到达、妈妈、买卖、弥漫、出门、戏迷等。

（2）舌的力量集中

舌的力量要集中在舌的前后中纵线上，发音的过程中舌体要取收势。无论是发辅音还是发元音，舌的有关部位力量都要集中，成阻部位要呈点状接触而不是片状接触，这样发出的声音才能集中。普通话的发音中除了发双唇音 b、p、m 和唇齿音 f 外，都与舌的运动有关。

对舌的运动控制是吐字的重要环节。所以，加强舌的锻炼十分重要。舌部锻炼除了念绕口令外，还可以用口部操中的刮舌、顶舌、伸舌、绕舌、立舌、摆舌、转舌、弹舌等方法。

刮舌：张嘴，舌面抬起，舌尖顶住下齿，运动下腭，用上齿刮舌面。

顶舌：闭唇，上下齿松开，舌尖用力顶左右面腮，反复练习。

伸舌：舌体集中，伸出唇外，舌尖向前、向左右、向上下尽力伸展。

绕舌：闭唇，把舌尖伸到齿前唇后，顺时针和逆时针环绕360度，交替、反复练习。

立舌：舌尖向后贴住左侧槽牙齿背，然后沿齿背将舌推至门齿中缝处，用力使舌尖向右侧翻，再从右侧开始练习。

4. 共鸣腔练习

为了便于老年学员对共鸣腔的理解和运用，我们把图2-3所示的共鸣腔归并为三个腔体，即上腔、中腔、下腔。并以上、中、下三腔为目标来练习共鸣，最后以口腔共鸣为主，达到共鸣的三腔合一。

（1）上腔共鸣

上腔共鸣也称头腔共鸣或高腔共鸣，共鸣腔在软腭以上，包括鼻腔与鼻旁窦（额窦、上颌窦、蝶窦和筛窦）。上腔共鸣是由于空气振动和骨骼传导产生的，对高音的作用很大。上腔共鸣的要点如下。

第一，喉头要松弛稳定。在高音朗诵时，不要让喉头上提，因为在口腔中高音的声波传递方向应向上移动，此时的支点是后脖颈，喉头是松弛的。在低音朗诵时，不要让喉头下压，只有处于深呼吸的状态，喉头位置才自然、稳定、正确。

第二，软腭要上提，咽腔要打开。提软腭是发音的四要素之一，具有强迫声波沿着硬骨壁朝上冲向鼻窦并引起额窦、蝶窦等共振的作用。咽腔同时打开时产生的头腔共鸣，会让人有一种声音从眉心出来的感觉。

发a、i、u音时，可加点鼻腔共鸣，体会一下上腔共鸣。如ma、mi、mu、na、ni、nu。

词组练习：

中央　光明　接纳　头脑　妈妈

（2）中腔共鸣

中腔共鸣又称口腔共鸣或中部共鸣。共鸣发生在硬腭、软腭到喉头之间，包括喉腔、咽腔（统称为中腔）。前面提到朗诵中多采用中声区，这个中声区就形成于口腔中。所以，中声区的共鸣以口腔共鸣为主。

第一，发音时，鼻咽要关闭，吸气要深沉，呼气要均匀，喉头要始终平稳，防止产生鼻腔泄露。要严格按照规范的普通话语音（即标准的普通话声调）进行练习。

第二，口腔共鸣练习要遵循提颧肌、挺软腭、打牙关、松下巴的发音四要素原则。要想改变口腔共鸣的条件，发音时在双唇集中的前提下，要经常做嘴角上提、张口吸气、半打哈欠等动作，要让下巴、舌根、喉头放松，渐渐地就会感觉到口腔共鸣在加大。

词组练习：

平静　澎湃　冰雹　批评　拍照

（3）下腔共鸣

下腔共鸣也称胸腔共鸣或低腔共鸣。共鸣发生在喉头以下至胸部肋骨内，统称为下腔共鸣。胸部的振动点就是胸部支点，腹直肌和胸膈肌的结合部位犹如一个小音箱，是胸腔响点的产生之地。胸腔共鸣虽然不直接参与语音的制造，但它能使音量加大，尤其对低频声波作用明显，使声音听起来浑厚、洪亮、有力。

胸腔共鸣可以通过发声时用手抚摸胸腔来体验。先找到自己最舒服的发声位置，发声时用手按住胸腔上部，便可通过振动情况来体会上下贯通的共鸣状态。

发声时，除了用手抚摸胸腔能体会到胸部振动外，还可用两手轻轻按住两颊，也会有振动感。

通过发 a 音，直上、直下、滑动练习，用心感觉胸腔共鸣和声音的音色变化。

词组练习：

洪亮　宽广　晃荡　光芒　汪洋

百炼成钢　翻江倒海　鹏程万里　追悔莫及

（4）共鸣的三腔合一

根据声音特色和声区的划分，共鸣可分为头腔共鸣（即上腔共鸣）、口腔共鸣（即中腔共鸣）和胸腔共鸣（即下腔共鸣）。从原理上说，我们在朗诵时不可能单独地使用一个共鸣腔，朗诵过程中三个共鸣腔连成一个整体，根据所发声音的频率高低，三个共鸣腔协同工作。比如：唱高音时，以头腔共鸣为主，以口腔共鸣和胸腔共鸣为辅；唱低音时，以胸腔共鸣为主，以头腔共鸣和口腔共鸣为辅；唱中音时，以口腔共鸣为主，以头腔共鸣和胸腔共鸣为辅。

而朗诵以口腔共鸣为主，以头腔共鸣和胸腔共鸣为辅，因为口腔是语言的制造厂，音流要在这里通过，但是要想获得丰满、圆润的声音，头腔和胸腔是绝对不可缺少的两大共鸣元素。所以，只有三者形成统一完整的混合共鸣腔体，才能使声音清晰、圆润、饱满、洪亮，才能使声音既有穿透力又有弹性，既松弛又柔和。

绕口令练习：

树 醋 鹿 裤

山上五棵树，架上五壶醋，林中五只鹿，柜中五条裤。

伐了山上树，取下架上醋，捉住林中鹿，拿出柜中裤。

（5）共鸣练习总体要求

无论是口腔共鸣还是头腔共鸣和胸腔共鸣，练习时都要把软腭抬起来，使口腔内如同含了一颗枣那样，要让口腔里的枣能有竖立起来的空间。发声时，要记住和保持半打哈欠的感觉，使喉咙处于打开的基本状态。对初学者来说，保持这种半打哈欠状态时，往往会感到别扭。只有经过反复训练，养成了习惯，才能自然而然地形成一条畅通的共鸣管道，使唇、齿、舌、腭、喉能有机地配合起来，这样才能为声区调节和音色统一创造有利条件。

三、扩展音域的练习

1. 什么是音域

音域是指乐器或人的声音所发出的最低音到最高音的范围。人的声音，根据人的性别和声带的大小、形状、厚薄的不同，通常分为女高音、女中音、女低音、男高音、男中音、男低音。

未受过训练的人的声音音域通常比较小，如男高音和女高音的音域范围都为 $c_1—a_2$；经过扩展音域范围的训练后，男高音和女高音的音域范围可扩展到 c1—c3。扩展音域练习有助于共鸣腔的训练。

2. 扩展音域的目的

换音区也叫换声区，是指歌唱者从自然声区进入高音声区的一个过渡声区。因为当声音进入高音后，声带的闭合就会出现困难，影响气息的正常流动。这样就会导致有些人自然声区的音色饱满圆润，而进入高音声区后，声音就会显得刺耳、苍白，这就是换声区处理不当的问题。每一个歌唱者的换声区是不一样的，只有找到了自己的换声区，圆满解决换声区存在的问题，才能顺利扩展自己的音域。

扩展音域最根本的目的是要使歌唱者的音色从低音到高音统一起来，我们的朗诵也是如此。对于有些需要用低沉、深情的声调和情感来朗诵的文稿，有的老年朋友朗诵时的声音缺乏共鸣与弹性，只有到最后两句，声音挑高，才发出响亮的声音。整篇文稿的朗诵声音前后不搭调，音色不一致，听起来不舒服。所以，需要通过扩展音域范围来使朗诵者在高音声区和自然声区的音色一致。

3. 扩展音域的训练方法

（1）常规训练方法

扩展音域对呼吸和共鸣有着严格的要求，越是往高音或低音扩展，需要的气息控制力越强。我们可以先从扩展音域开始练习，如练习 a 音的扩展，可以先发 a 音，然后从 a 音向上扩展到其他音。这里所说的 a 音是一个自己能最舒服地发出的音域，然后在这个音域的基础上向上调高一个音进行练习，使自己的音域向高音区扩展。

应该从较弱的声音控制开始，一定要在保持正确呼吸状态的同时，注意腰、丹田和口腔的控制，逐渐加大到正常音量。加大音量后，这个高音也能清晰、明亮地发音了，便可再向上扩展一个音，如此这般，循序渐进。向下扩展也是如此，也是要找到自己能最舒服地发出的音域，然后向下调低一个音进行练习，同样要从弱的声音开始，这时要特别注意不能脖子用力，不能憋嗓子，不能压舌根，要力争用腰部力量进行控制。无论是向上扩展还是向下扩展，都应该以"说"的心态来引领发音。

（2）借用京剧练声法来扩展音域

除了采用常规训练方法外，还可以借用京剧的练声方法来扩展音域。

发上旋音：衣—啊—衣—。用京剧大笑"哈哈哈哈哈哈"来练习，体会发上旋音时气息的上下通畅。

用上旋音发"中国伟大"等音节、语句进行练习。所发出的声音由小到大，由大到高。然后，在自如声区发出由大到小、由小到低的下旋音。

第三节　吐字归音

吐字归音是一种建立在汉字音节结构基础上的发音方法，是汉语音节（汉字）的"出字"和"收音"技巧。

吐字归音是播音员、朗诵者等有声语言表演者的基本功。播音员、朗诵者等有声语言表演者发出的优美动听的声音已不是日常生活中的声音了，而是在日常生活中的声音基础上艺术化了的声音。要达到这样的艺术化，必须进行吐字归音训练，才能使发音得到改善，使语音具有魅力。

吐字归音训练强调对发音动作过程的控制，要把握出字、立字、归音的艺术创作过程，才能做到吐字发音准确清晰。因此，需要很好地掌握发音器官活动的部位和方法，因为不同的声音是在发声器官不同的部位和用不同的方法产生的。只有在正确使用发声器官的情况下，才能发出清晰、准确的好声音。不管一个人原来的声音基础如何，只要声带没有问题，通过训练都可使声音逐渐向好的方向发展，一步步地发出有质感的声音。有的老年学员刚入朗诵班时，他们的声音听起来不是很舒服，原因在于发声位置及吐字归音问题上。所以，要学好朗诵，就要认真掌握吐字归音的基本功。

一、吐字归音的基本要求

人们经常以字正腔圆为标准来衡量吐字发声的准确与否。字准、字纯、字真代表着"字正";集中、自如、圆润、灵活代表着"腔圆"。概括起来,对字的发音要求就是准确、清晰、集中、圆润、流畅、自如。

1. 准确

发音准确有两层含义:一是音素要准,二是字调要准。要做到发音准确,首先要对字音的组成有比较详细的了解,这也是普通话入门的基本标准,是必须做到的最低标准。所以,要准确地按照标准的普通话语音来规范、约束、匡正自己的吐字归音。

2. 清晰

发音清晰是指要把字音读清楚,让人听得明白,给人以细致、鲜明的感觉。一个人无论声音多么好听,如果吐字不清晰,口齿不清楚,就很难让人听清楚其所表达的意思。

3. 集中

发音集中是指所发字音要集中。字音集中,能使人全神贯注,这种颗粒饱满、集中的声音可以打动人心。

4. 圆润

发音圆润是指发出的字音具有丰富的泛音,这种泛音是由有效的共鸣产生的。悦耳动听的表达是对吐字的审美要求,吐字时应尽量做到饱满圆润。

5. 流畅

发音流畅是指吐字时要轻快流畅,表达时语流要顺畅无阻。如果吐字呆滞,听起来就会有种不自然、吃力的感觉。因为在口语表达中,人们从语流中获取字的信息,如果吐字呆滞、不流畅,语流也就失去了顺畅性,听起来就觉得不舒服。

6. 自如

发音自如是指咬字发音要自如。汉语中,一个音节的发音过程由咬字器官的肌肉松紧变化所控制,不同的字在发音方式上也存在着差异和某些特殊的要求以及语言表达方式上的变化等,要求朗诵者咬字发音必须灵活自如,才能使表达具有艺术感染力。

二、吐字归音的要领

吐字归音是我国传统说唱艺术总结出来的行之有效的咬字方法。吐字归音从汉语音节特点出发，把一个汉字音节的发音过程分为字头、字腹、字尾三个阶段，如图 2-5 所示。我们仅以头、腹、尾俱全的音节 diàn 为例，说明吐字归音的要求。

声母	韵头	韵腹	韵尾
声母	韵母		

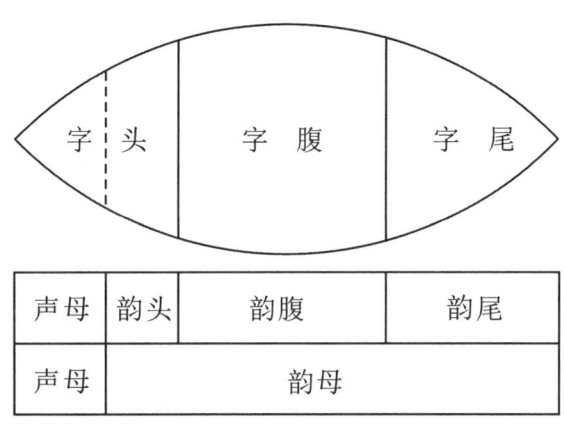

图 2-5　汉字音节的结构

1. 出字

出字是指字头（声母）和字颈（韵头）的发音过程，即咬字阶段。咬字要求干净利落、部位准确和弹发有力。说唱艺术把声母发音的开始称为叼字，老艺人说：“噙字如噙虎。”意思是，叼字如同大老虎叼着小老虎跳跃山涧一样，叼得紧了会把小老虎咬死，叼得松了小老虎会掉进山涧。这形象地说明了叼字要有巧劲。

出字是吐字归音过程中对字头的发音处理，要求字头出字有力。字头是一字之头，对它的处理影响整个音节的发音质量，只有出字有力，才能带动整个音节，使之响亮、清晰。

例如，diàn 的音节结构如图 2-6 所示。其中，di 是字头，只有把字头 di 发得有力，才能使整个音节响亮、清晰。要防止“吃字”，即吃掉了字头，造成出字无力。

声母	韵头	韵腹	韵尾
d	i	à	n
声母	韵母		

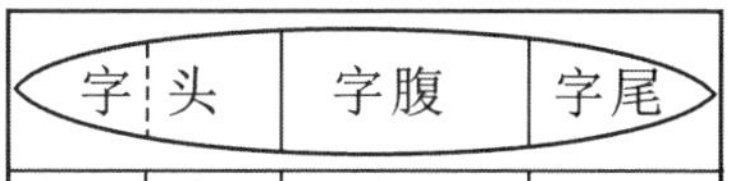

图 2-6　diàn 的音节结构

2. 立字

立字是指吐字归音过程中对字腹的发音处理。字腹就是韵腹，是韵母中的主要元音。韵腹发音就是立字，要求做到立字饱满。要达到饱满，口腔必须开大，声音必须最响亮、有力度，此时由共鸣而产生的泛音也最丰富，声音圆润。只有做到这种程度，这个字才算立了起来。

需要注意的是，字腹的发音是在滑动中完成的，即使是单元音韵母，其发音动作也要在本音位范围内进行微小移动，不可僵死不变。读复合元音韵母时，这种滑动应较为明显。

字腹在整个音节中地位突出，这是因为音节中的主要元音就在字腹，所以发音时要求开口度较大，声音比较响亮。同时，主要元音的发音应该完整、持续时间稍长，所以在听觉上给人的感觉也最突出。

音节的声调也体现在字腹上，并把声调符号直接标在韵腹的主要元音上，这样声调和字腹充分地结合在一起，便于在发声时形成抑扬顿挫、字润珠圆、颗粒饱满的理想语音状态。例如，diàn 的字腹是 à，与字头、字尾的发音比较，字腹的发音过程时间较长，出字后应该马上放松下巴，打开口腔，使嘴巴成发 a 的状态，防止出现"倒字"现象，即字腹发音出了毛病，字没有站住。

3. 归音

归音是指吐字归音过程中对字尾的发音处理。字尾在一个音节的发音过程中处于结束阶段，这时口腔渐闭，要做到字尾归音弱收到位。

弱收是指字尾的发音逐渐变弱、趋向停止的过程。到位是指韵尾的发音应归到要求到达的位置。在归音的过程中，舌位的动程要有鲜明的趋向，也要保持发音动作的完整，保持字音结束的趋向。

日常生活语言中最常见的现象是归音不到位。这是因为字尾元音多为开口度较小的元音，再加上所处的发音位置正处于渐弱阶段，所以归音不到位的现象普遍存在。但是播音、朗诵等有声语言表演发声中应强调积极的用声状态，尽管字尾发声在一个音节中相对来说比较轻、短，但也要在归音过程中让唇、舌位置到位，以防由于归音不到位而引起听众或观众的误解。

例如，diàn 的字尾 n，收音时应注意，不要改变口腔的大小，要用逐渐减弱的声波来收缩音尾，切忌"丢字"，即归音不到位，丢失了字尾。

第四节　语音练习

语言是人们用来表达意思、交流思想的工具，是由语音、词汇和语法构成的完整系统，汉语也不例外。中华人民共和国通用的现代标准汉语称为普通话。普通话的语音规定："以北京语音为标准音，以北方官话为基础方言。"朗诵表达要发挥普通话的优势，加强语音训练，增强语言的表现力。

要达到增强语言表现力的目的，我们必须熟悉汉语的语音结构，还必须对人的发音器官有所了解。有了这两项基础，再加上必要的练习，才能把普通话的优势发挥得淋漓尽致。

一、汉语的语音结构

1. 音节

音节是语言最自然的语音单位。一般来说，在汉语的普通话中，一个方块汉字就是一个音节。比如，"说"这个字就是一个音节，"话"这个字也是一个音节，而"说话"这个词由两个字构成，就是两个音节。

2. 音素

音素是根据音色划分出来的最小的语音单位。一个音节可以由一个到四个音素构成。依据音节里的发音动作来划分，一个动作形成一个音色，即构成一个音素。例如，汉语音节 ā，只有一个发音动作，也就只有一个音素。又如，mā 也是一个音节，但这个音节有两个发音动作，形成了两个音色，也就有两个音素，分别是 m 和 ā。再如，bǎo 这个音节有三个音素，tiān 这个音节有四个音素。

发音动作特点的不同构成了语音中的不同音素。当用拼音字母来表示汉

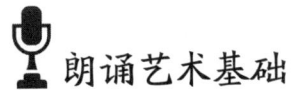

语音节中的音素时,一个音素有时需要用不止一个字母来表示,所以音素不同于拼音字母,不能理解为一个音素对应一个拼音字母。例如,汉字"应"的音节用拼音字母来表示的话为 yīng,使用了四个拼音字母,但它却只有 yī 和 ng 两个音素。

3. 元音和辅音

普通话中共有 32 个音素。根据发音时气流通过口腔是否受到阻碍,我们把 32 个音素分成元音和辅音两部分。

(1) 元音

元音也称为母音,是音素的一类。发音时,声带振动,气流呼出,不受任何阻碍,发音器官的各部分肌肉紧张均衡,气流比辅音微弱,声音响亮。普通话中共有 10 个元音,它们是:a、o、e、ê、i、u、ü、-i(前)、-i(后)、er。

(2) 辅音

辅音也称为子音,是音素的一类。发音时,气流在发音器官的某一部位受到一定的阻碍,造成阻碍部分的肌肉特别紧张,气流较强,突破阻碍而成音。普通话中共有 22 个辅音,它们是:b、p、m、f、d、t、n、l、g、k、h、j、q、x、zh、ch、sh、r、z、c、s、ng。除 ng 以外的 21 个辅音都可以充当声母。

4. 声母、韵母和声调

根据汉语语音韵学的传统习惯,我们把汉字的字音分为声母和韵母两部分,另外还有声调的区分。

(1) 声母

汉字字音起头的辅音称为声母。普通话中可做声母的辅音共有 21 个。它们分别是:b、p、m、f、d、t、n、l、g、k、h、j、q、x、zh、ch、sh、r、z、c、s。

(2) 韵母

一个汉字音节声母后面的部分称为韵母。普通话中共有 39 个韵母,其中 23 个由元音充当,16 个由元音加鼻辅音韵尾构成。按韵母的结构特点,可分为单韵母、复韵母、鼻韵母三类。

由单纯元音构成的韵母叫单韵母。普通话中有 10 个单韵母,它们分别是:

a、o、e、ê、i、u、ü、-i（前）、-i（后）、er。其中，er 是特殊元音韵母。

复韵母是由复合元音充当韵母。普通话中有 13 个复韵母，它们分别是：ai、ei、ao、ou、ia、ie、ua、uo、üe、iao、iou、uai、uei。

以鼻辅音 n 或 ng 作为韵尾的韵母叫鼻韵母。普通话中有 16 个鼻韵母。其中，把以 n 为韵尾的称为前鼻韵母，把以 ng 为韵尾的称为后鼻韵母。前鼻韵母：an、ian、uan、üan、en、in、uen、ün。后鼻韵母：ang、iang、uang、eng、ing、ueng、ong、iong。

（3）声调

音节中固有的，能区别意义的声音的高低、升降和曲直的变化称为声调。由于一个汉字就是一个音节，所以声调也称为字调。

声调主要由音节内部韵母中的主要元音音高变化构成。普通话声调分为阴平、阳平、上声、去声四种，分别用符号"ˉ""ˊ""ˇ""ˋ"来表示，声调符号就标注在韵母的主要元音上。如搭（dā）、达（dá）、打（dǎ）、大（dà）。不同的声调形成不同的读音，词义也各不相同。普通话的四个声调有时也常用第一声（阴平）、第二声（阳平）、第三声（上声）、第四声（去声）来表示。

声音的高低、升降变化的幅度称为调值。声音的高和低称为音高，它是由声音的振动频率引起的，所以调值的变化反映的是音高的变化幅度，常用五度标记法来表示，如图 2-7 所示。从图中可知，阴平起音音高在 5 度，发声过程保持音高不变；阳平起音音高为 3 度，上升到 5 度时收音；上声起音音高为 2 度，先降到 1 度后再升高到 4 度收音；去声起音音高为 5 度，下降到 1 度时收音。

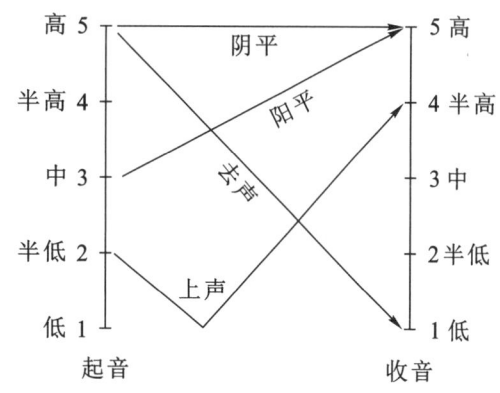

图 2-7　声音调值的五度标记法

5. 声母、韵母与元音、辅音的区别

声母、韵母与元音、辅音是有区别的，它们是从不同的角度分析音节的结果。声母、韵母是从字音的结构进行分析的结果。元音、辅音是从构成音节的最小单位——音素的性质进行分析的结果。辅音与声母、韵母都发生关系。例如,音节 shang 的声母是 sh,韵母是 ang,其中 sh 和 ng 都是辅音。所以,辅音的范围比声母大。元音只与韵母发生关系,不与声母发生关系。元音与韵母相比较,元音的范围比韵母小。例如,音素 ng 可做韵母成分,但不是元音。

二、人的发音器官

人的发音器官主要由口腔、鼻腔、喉头、声带、肺、气管和膈肌组成,如图 2-8 所示。

人的发音器官大体可分为动力区、声源区和调音区三部分。其中,肺、膈肌和气管构成了动力区。肺呼吸时形成的气流,在膈肌的推动下通过支气管、气管到达喉头,作用于声带,使之发生振动而产生声音。声带则构成了声源区。声带位于喉头的中间,由两片带状薄膜构成,两片声带之间的空隙叫作声门。声带在肌肉的控制下可放松或收紧,可打开或关闭。当气流通过声门时,便会使声带振动而发出声音。控制声带的松紧便可改变所发声音的高低,控制气流的大小便可控制声音的轻响。而口腔(包括唇、齿和舌头)、鼻腔、咽腔等则构成了调音区。从图 2-8 可知,口腔的后面是咽腔,咽头上通口腔、鼻腔,下接喉头。口腔和鼻腔被软腭和小舌分开。软腭和小舌上升时,鼻腔关闭,口腔畅通,这时发出的声音在口腔中共鸣。软腭和小舌下垂时,口腔成阻,气流只能从鼻腔中发出,这时发出的声音主要在鼻腔中共鸣,形成鼻音。如果口腔没有阻碍,气流从口腔和鼻腔同时呼出,发出的声音在口腔和鼻腔中同时共鸣。

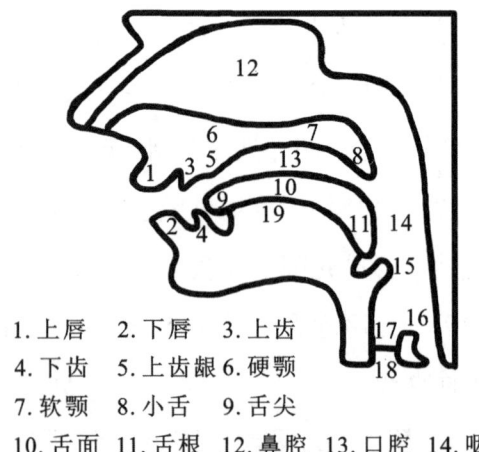

1. 上唇 2. 下唇 3. 上齿
4. 下齿 5. 上齿龈 6. 硬腭
7. 软腭 8. 小舌 9. 舌尖
10. 舌面 11. 舌根 12. 鼻腔 13. 口腔 14. 咽头
15. 喉盖 16. 食道 17. 气管 18. 声带 19. 舌叶

图 2-8 发音器官

三、声母的发音练习

声母是指一个汉字音节开头的辅音,也叫字头。接在声母后面的便是韵母,再加上声调,一个汉字音节就由声母、韵母和声调三部分组成。有些汉字音节没有声母,这样的音节叫作零声母音节。

所谓辅音,是指发音时气流在发音器官的某一部位会受到阻碍,然后气流再通过某种方式冲破阻碍而形成的声音。所以发辅音时,其发音过程有成阻、持阻和除阻三个过程。

成阻发生在辅音发音过程的开始阶段,此时发音器官从静止状态转为阻碍状态。例如,发双唇音 b 时,软腭上升,双唇紧闭,对气流形成了阻碍。

持阻发生在辅音发音过程的中间阶段,即发音过程中保持对气流的阻碍,是发音器官从开始成阻到最后除阻的中间过程。

除阻发生在辅音发音过程的最后阶段,是解除对气流的阻碍而发出声音的过程。

根据发音方法和成音过程,所发辅音可分为塞音、擦音、塞擦音、鼻音、边音,并有清浊和送气与否的差别。普通话中共有 21 个声母,按照发音部位可分为双唇音、唇齿音、舌尖音、舌根音、舌面音、平舌音、翘舌音。

1. 双唇音 b、p、m

由上下唇接触,使气流受阻而构成的声母称为双唇音。发双唇音时,舌面与硬腭前部成阻。

(1)发音要领

b:双唇闭拢,阻塞气流,力量集中在双唇中央,软腭上升,堵住鼻腔通道。除阻时,突然打开双唇,用力喷弹,形成爆破音。

p:过程和 b 一致,除阻时气流稍强。

m:发音时声带振动,成阻时双唇闭拢,气流由鼻孔出来,除阻时软腭下垂,鼻腔通道打开,舌头自然放平,形成鼻音。

(2)字的练习

巴 播 杯 班 帮 标 兵

朗诵艺术基础

趴 坡 潘 偏 拼 飘 批
妈 摸 埋 眉 蒙 猫 闷

（3）词的练习

标兵 本部 白布 辨别 帮办
批判 偏僻 乒乓 爬坡 澎湃
门面 盲目 明媚 牧民 面貌

（4）混合练习

奔跑 评比 闭幕 八面坡 民兵排

（5）绕口令练习

八 百 标 兵

八百标兵奔北坡，炮兵并排北边跑。
炮兵怕把标兵碰，标兵怕碰炮兵炮。

巴老爷芭蕉树

巴老爷有八十八棵芭蕉树，
来了八十八个把式要在巴老爷八十八棵芭蕉树下住。
巴老爷拔了八十八棵芭蕉树，
不让八十八个把式在八十八棵芭蕉树下住。
八十八个把式烧了八十八棵芭蕉树，
巴老爷在八十八棵芭蕉树边哭。

一 座 棚

一座棚傍峭壁旁，峰边喷泻瀑布长。
不怕暴雨瓢泼冰雹落，不怕寒风扑面雪飘扬。
并排分班翻山攀坡把宝找，聚宝盆里松柏飘香百宝藏。
背宝奔跑报矿炮劈山，篇篇捷报飞伴金凤凰。

2. 唇齿音 f

由上齿和下唇内缘接触形成窄缝，使气流受阻并从窄缝透出，摩擦成音而构成的声母称为唇齿音。发唇齿音时，上齿与下齿内缘成阻。

（1）发音要领

发 f 音时，上齿不要咬住下唇，要自然接触形成阻碍，避免力度过大产生杂音。

（2）字的练习

发　佛　非　分　仿　凤

（3）词的练习

方法　发放　奋发　反复　芬芳

（4）绕口令练习

红凤凰黄凤凰

粉红墙上画凤凰，凤凰画在粉红墙。

红凤凰、黄凤凰，粉红凤凰、花凤凰。

凤凰飞上粉红墙，粉红墙上飞凤凰。

化肥会挥发

黑化肥发灰，灰化肥发黑。

黑化肥发灰会挥发，灰化肥挥发会发黑。

黑化肥挥发发灰会花飞，灰化肥挥发发黑会飞花。

3. 舌尖音 d、t、n、l

舌尖音又称为舌尖中音。由舌尖抵住门齿、齿龈、硬腭而发出的辅音称为舌尖音。发舌尖音时，舌尖与上齿龈成阻。发音时，要注意舌尖的力度与弹卷力。

（1）发音要领

d：舌尖抵住门牙后的上牙床，猛然让舌尖离开，使气流冲出，但不用力送气，以下简称"不送气"。

t：发音部位与方法同发 d 音，但要用力送气，以下简称"送气"。

n：舌尖抵住门牙后的上牙床，气流经过鼻孔透出形成鼻音。

l：舌尖抵住门牙后的上牙床，气流由舌的两边透出。

（2）字的练习

得　刀　担　当　灯　多

它　特　踢　摊　通　脱

哪　奴　奶　闹　难　挪

拉　里　路　朗　利　落

（3）词的练习

担当　打倒　打点　答对　达到

贪图　铁塔　淘汰　团体　推托

男女　能耐　牛奶　泥泞　难能

流利　罗列　理论　留恋　沦落

（4）混合练习

打退　坦荡　锻炼　电流　电脑　调料

（5）绕口令练习

炖冻豆腐

会炖我的炖冻豆腐，来炖我的炖冻豆腐。

不会炖我的炖冻豆腐，就别炖我的炖冻豆腐。

要是混充会炖我的炖冻豆腐，弄坏了我的炖冻豆腐，

那就吃不成我的炖冻豆腐。

打 特 盗

调到敌岛打特盗，特盗太刁投短刀。

挡推顶打短刀掉，踢盗得刀盗打倒。

老农和老龙

老龙恼怒闹老农,老农恼怒闹老龙。

农怒龙恼农更怒,龙恼农怒龙怕农。

4. 舌根音 g、k、h

由舌根和软腭接触或接近,气流在这一部位受到阻碍,爆发后发出的辅音称为舌根音。发舌根音时,舌根与软腭、硬腭交接处成阻。

(1) 发音要领

g:舌根抵住软腭,猛然离开,气流冲出,但不送气。

k:发音部位和方法同发 g 音,但要送气。

h:舌根接近软腭,气流从中间摩擦而出。

(2) 字的练习

锅 钢 耕 公 干 哥

括 坑 空 看 宽 抠

哈 喝 罕 夯 轰 会

(3) 词的练习

改观 尴尬 感观 光顾 公告

刻苦 困苦 宽阔 空旷 亏空

荷花 很好 欢呼 航海 和缓

(4) 混合练习

挂画 狂欢 观看 豪客 过河

(5) 绕口令练习

哥挎瓜筐过宽沟

哥挎瓜筐过宽沟,赶快过沟看怪狗。

光看怪狗瓜筐扣,瓜滚筐空哥怪狗。

黄花和红花

华华有两朵黄花,红红有两朵红花。

华华要红花,红红要黄花。

华华送给红红一朵黄花,红红送给华华一朵红花。

5. 舌面音 j、q、x

由舌面和硬腭前部接触或接近,气流从中挤出、摩擦发出的辅音称为舌面音。其中,j、q 称为清塞擦音,x 称为清摩擦音。发舌面音时,舌面与硬腭前部成阻。

(1) 发音要领

j:舌尖抵住下牙背,舌面前部抬高与硬腭前部接触成阻,随气流流出,除阻时摩擦发声。发 j 时不送气。要注意舌面不能太靠前,避免发出"丝—丝—"音。

q:发音部位与方法同发 j 音,但发 q 时要送气。

x:舌面前部抵住硬腭前部后,气流从中间挤过摩擦发声。

(2) 字的练习

加　急　江　京　居　将

千　腔　青　亲　屈　求

瞎　香　须　雪　宣　校

(3) 词的练习

焦急　进军　解决　艰巨　积极

请求　欠缺　亲切　取钱　崎岖

详细　血型　形象　学校　喜讯

(4) 混合练习

坚强　郊区　起居　奇迹　向前

(5) 绕口令练习

蛐蛐吹大气

墙头高,墙头低,墙旮旯有对蛐蛐在那儿吹大气。

大蛐蛐说:"昨儿个我吃了两只花不楞登的大老虎。"

小蛐蛐说:"今儿个我吃了两只灰不溜丢的大毛驴。"

大蛐蛐说:"我在南山爪子一抬,踢倒了十棵大柳树。"

小蛐蛐说:"我在北海大嘴一张,吞了十条大鲸鱼。"

这两个蛐蛐正在吹大气，扑棱棱打东边飞来一只芦花大公鸡。你看这只公鸡有多愣，它"哆"的一声吃了那只小蛐蛐。大蛐蛐一看生了气，它龇龇牙捋捋须一伸腿。咳！它也喂了鸡！哈哈，看它还吹大气不吹大气。

七加一和七减一

　　七加一，七减一，加完减完等于几？

　　七加一，七减一，加完减完还是七。

6. 平舌音 z、c、s

　　平舌音也叫舌尖前音。由舌尖和上齿背接触或接近，使气流受阻后挤出所发的辅音称为平舌音。在专业的播音中也可用舌尖接触下齿背，舌叶与上齿龈接触或接近，使气流受阻后泄出来发 z、c、s 三个平舌音。发平舌音时，舌尖与下齿背成阻。

（1）发音要领

z：成阻时舌尖平伸，抵住上齿背，除阻时舌尖与上齿龈逐渐放松，气流从窄缝擦出。注意成阻面要小、集中。

c：发音过程和发 z 音一致，但在除阻时气流稍强。

s：舌尖平伸，接近上齿背，气流从舌尖与上齿背之间的窄缝中透出，摩擦成音。

（2）字的练习

　　脏　遭　责　增　资　宗

　　擦　操　策　参　凑　粗

　　三　桑　苏　虽　扫　四

（3）词的练习

　　自在　总则　最早　祖宗　造作

　　苍翠　草丛　猜测　层次　摧残

　　思索　色素　琐碎　松散　三色

（4）混合练习

总裁　紫菜　蚕丝　塑造　诉讼

（5）绕口令练习

四是四，十是十

四是四，十是十。

十四是十四，四十是四十。

十不能说成四，四也不能说成十。

假使说错了，就可能误事。

二人山前来比腿

山前有个崔粗腿，山后有个崔腿粗，二人山前来比腿。

不知是崔粗腿比崔腿粗的腿粗，还是崔腿粗比崔粗腿的腿粗。

子　词　丝

四十四个字和词，组成一首子词丝的绕口词。桃子、李子、梨子、栗子、橘子、柿子、槟子和榛子，栽满院子、村子和寨子。刀子、斧子、锯子、凿子、锤子、刨子和尺子，做桌子、椅子和箱子。名词、动词、数词、量词、代词、副词、助词、连词，造成语词、诗词和唱词。蚕丝、生丝、熟丝、缫丝、染丝、晒丝、纺丝、织丝，自制粗丝、细丝、人造丝。

7. 翘舌音 zh、ch、sh、r

翘舌音也称为舌尖后音。由舌尖和硬腭最前端接触或接近，使气流受阻后除阻发出的辅音称为翘舌音。发翘舌音时，舌尖与上齿龈及硬腭交接处成阻。发翘舌音时，如果舌尖比较靠后，就容易把翘舌音发成后卷舌音，这是许多初学普通话的学员容易出现的问题。所以，要着重练习舌尖翘至正确位置的动作。

（1）发音要领

zh：舌尖翘起并后移，与硬腭前部接触形成阻碍，然后舌尖缓缓离开，气流从窄缝中透出除阻,摩擦成音。

ch:发音过程与发 zh 音一致,但在除阻时气流稍强。

sh:舌尖后部抬起,与硬腭前部形成阻碍并保持一条窄缝,气流从窄缝中透出,摩擦成音。

r:发音部位和方法与发 sh 音相似,但摩擦感比 sh 稍弱,同时声带颤动。

(2)字的练习

扎 哲 摘 争 捉 追

搀 吹 窗 超 冲 春

筛 蛇 商 闪 上 顺

仍 忍 软 然 若 日

(3)词的练习

政治 正值 追逐 卓著 蜘蛛

超产 车床 拆除 冲出 抽搐

赏识 山水 闪烁 烧水 绅士

柔软 软弱 忍让 荣辱 容忍

(4)混合练习

支持 专长 池沼 耍人 认知

(5)绕口令练习

学 时 事

史老师,讲时事,常学时事长知识。

时事学习看报纸,报纸登的是时事。

常看报纸要多思,心里装着天下事。

知道不知道

知识从实践始,实践出真知。

知道就是知道,不知道就是不知道。

不要知道说不知道,也不要不知道装知道。

老老实实，实事求是，一定要做到不折不扣的真知道。

日 头 晒

日头热，晒人肉，晒得心里好难受。

晒人肉，好难受，晒得头上直冒油。

四、韵母的发音练习

1. 韵母的分类

普通话中 39 个韵母的分类方法有以下两种：一种是按韵母内部的组合成分分类，另一种是按韵母开头音素的发音口型分类。

（1）按韵母内部的组合成分分类

如果按韵母内部的组合成分来分类，39 个韵母可分为单韵母和复韵母两类。其中，复韵母又可分为二合韵母、三合韵母和鼻韵母三类，而鼻韵母又可细分为前鼻韵母和后鼻韵母。具体分类情况前文已详细介绍了，这里就不再赘述了。

汉字音节中韵母又可以分成韵头、韵腹、韵尾三部分，如图 2-5 所示。不是每一个字的音节中韵母都具有头、腹、尾三部分。从表 2-1 中可以看到，"鹅"字没有韵头和韵尾，"金"字没有韵头而有韵尾，"夸"字则有韵头而没有韵尾。一个汉字音节中的韵母绝对不能没有韵腹，因为韵腹是音节中的主干，是不可缺少的成分。

表 2-1　汉字音节中韵母的成分表

汉字音节	声母	韵母	韵头	韵腹	韵尾
鹅（é）		é		é	
金（jīn）	j	īn		ī	n
夸（kuā）	k	uā	u	ā	
吊（diào）	d	iào	i	à	o
腔（qiāng）	q	iāng	i	ā	ng

（2）按韵母开头音素的发音口型分类

韵母也可以按韵母开头音素的发音口型分成开口呼、齐齿呼、合口呼、撮口呼四类。《汉语拼音方案》中的韵母表就是按"四呼"进行排列的。

开口呼：没有韵头，韵腹又不是 i、u、ü 的韵母称为开口呼韵母。它们有：a、o、e、ê、-i（前）、-i（后）、er、ai、ei、ao、ou、an、en、ang、eng。

齐齿呼：韵头或韵腹是 i 的韵母称为齐齿呼韵母。它们有：i、ie、ia、iao、iou、ian、in、iang、ing、iong。

合口呼：韵头或韵腹是 u 的韵母称为合口呼韵母。它们有：u、ua、uo、uai、uei、uan、uen、uang、ueng、ong。

撮口呼：韵头或韵腹是 ü 的韵母称为撮口呼韵母。它们有：ü、üe、üan、ün。

2. 韵母的结构

韵腹：韵腹是韵母的核心部分。由元音充当，发音时开口度较大，音量较响。

韵头：韵头位于韵腹的前面。汉字音节的韵母中只有元音 i、u、ü 可以充当韵头。由于韵头介于汉字音节的声母和韵腹之间，所以又叫介音。

韵尾：韵尾处于韵腹的后面。汉字音节的韵母中可以充当韵尾的只有 i、u 两个元音和 n、ng 两个鼻辅音。

韵头、韵腹、韵尾也称字头、字腹、字尾。发音时，要咬紧字头（韵头），托住字腹（韵腹），收好字尾（韵尾）。

3. 单元音韵母的发音练习

单元音韵母的发音要控制好唇形和不同的舌位所形成的口腔共鸣。也就是说，口腔共鸣的不同取决于舌位的高低、前后和唇形的圆展形状。

（1）a

发音要领：口腔打开（半打哈欠状），舌尖轻抵下齿背，舌中部偏后稍隆起，下巴放松。

① 字的练习

啊　巴　妈　达　它　发

② 词的练习

拉萨　沙发　砝码　哈达　爸爸

③ 绕口令练习

张大妈，夏大妈

张大妈，夏大妈，你看咱村的好庄稼。

高的是玉米，矮的是芝麻。

开黄花、紫花的是棉花，圆溜溜的是西瓜。

谷穗长得像镰把，勾着想把地压塌。

张大妈，夏大妈，边看边乐不住地夸。

（2）o

发音要领：口腔半开，发音比 a 的口腔略窄，舌体后缩，舌根抬起，圆柱状送音，唇圆但不外撮。

① 字的练习

播　婆　墨　驳　破　佛

② 词的练习

泼墨　伯伯　磨破　默默　饽饽

③ 绕口令练习

菠萝和萝卜

打南坡走过来个老婆婆，两手托着俩笸箩。

左手托着的笸箩装着菠萝，右手托着的笸箩装着萝卜。

你说说，是她左手托着的笸箩装的菠萝多？

还是她右手托着的笸箩装的萝卜多？

说得对，送给你菠萝和萝卜；

说得不对，让你扛着笸箩上山坡。

（3）e

发音要领：要在发 o 音的基础上，让舌位抬得比发 o 音时略高，嘴唇向两边稍微展开，不是圆唇就发对 e 音了。

① 字的练习

河　车　哥　舌　热　瑟

② 词的练习

舍得　合格　特色　歌德　客车

③ 绕口令练习

鹅 过 河

坡上立着一只鹅，坡下就是一条河。

宽宽的河，肥肥的鹅。

鹅要过河，河要渡鹅。

不知是鹅过河，还是河渡鹅。

（4）ê

发音要领：口腔半开，舌尖抵住下齿背，嘴角略展，呈不圆唇状。发音时，舌前庭与硬腭相对应，声带振动。

在普通话中单独使用元音 ê 的机会很少，单个 ê 只用于叹词"欸"。ê 就是复韵母 ie、üe 中的 e。如果发不好这个单韵母，可以连着 i 发 ie，连着 ü 发 üe。

① 字的练习

节　月　雪　学　接　届

② 词的练习

贴切　劫略　略写　谢绝　协约

③ 绕口令练习

借刀切茄子

姐姐借刀切茄子，去把儿去叶儿斜切丝。

切好茄子烧茄子，炒茄子、蒸茄子，还有一碗焖茄子。

（5）i

发音要领：口腔开度较小，舌的高点偏前，嘴角展开，舌尖前伸下垂，轻抵下齿背，舌中部隆起，前舌面上升接近硬腭。发音时，口腔打开些，做到窄音宽发。

① 字的练习

衣　笔　西　莉　泥　起

② 词的练习

集体　地理　奇迹　起义　吉利

③ 绕口令练习

天上一个盆

天上一个盆,地上一个棚。

盆碰棚,棚倒了,盆碎了。

是棚赔盆,还是盆赔棚。

(6) u

发音要领:口腔开度较小,双唇呈圆形(如吹气状),稍向前突,舌头后缩,舌面后部上升接近软腭。

① 字的练习

醋　路　书　苦　谷　服

② 词的练习

突出　鼓舞　补助　部署　读书

③ 绕口令练习

镇 江 醋

镇江路,镇江醋,镇江名醋出此处。

买错出处买错醋,错买名醋味不足。

(7) ü

发音要领:口腔开度较小,唇形呈扁平形小孔,双唇聚拢,嘴角撮起,舌尖抵住下齿背,舌的高点比发 i 音稍稍靠后。

① 字的练习

曲　局　居　剧　语　徐

② 词的练习

序曲　语句　区域　豫剧　旅居

③ 绕口令练习

老徐和老许

老徐和老许,两人看曲剧。

曲剧观众多,剧场无虚席。

曲剧确有趣,娱乐受教育。

曲剧群众喜,群众喜曲剧。

(8) -i(前)

发音要领:嘴微张,与发 i 音相同,唇形呈扁平形,舌尖抵住下齿背,舌的后部挺起与上齿龈形成缝隙。发音时,声带振动,气流均匀通过。

-i(前)为特殊元音,称为前元音。-i(前)不能单独构成音节,只能出现在平舌音 z、c、s 的后面。

① 字的练习

资 字 四 思 子 词

② 词的练习

四次 自私 字词 自此 刺字

③ 绕口令练习

撕 字 纸

隔着窗户撕字纸,一次撕下横字纸,一次撕下竖字纸。

横竖两次撕了四十四张湿字纸。

是字纸你就撕字纸,不是字纸你就不要胡乱地撕一地纸。

(9) -i(后)

发音要领:嘴微张,唇略展,舌尖抬起与硬腭前端形成缝隙。发音时,声带振动,气流从缝隙中通过。

-i(后)也为特殊元音,称为后元音。-i(后)也不能单独构成音节,只能出现在翘舌音 zh、ch、sh、r 的后面。

① 字的练习

日 志 吃 事 时 史

② 词的练习

实质　支持　志士　实施　制止

③ 绕口令练习

知　之

知之为知之，不知为不知。

不以不知为知之，不以知之为不知，唯此才能求真知。

（10）er

发音要领：口腔半开，对着硬腭，舌尖向上卷起，发音时声带振动。

① 字的练习

儿　耳　二　尔　而　贰

② 词的练习

儿化　二胡　儿童　耳语　而且

③ 绕口令练习

尔

要说尔，专说尔。

马尔代夫，喀布尔，阿尔巴尼亚，卡塔尔，尼泊尔，贝尔格莱德，厄瓜多尔，尼日尔。

3. 复元音韵母的发音练习

普通话中汉字音节由复元音构成的韵母（简称复韵母）共有13个，分为二合复韵母和三合复韵母两类。二合复韵母由两个元音组成，共有9个，它们又分为前响二合复韵母和后响二合复韵母。其中，前响二合复韵母有4个，分别是 ai、ei、ao、ou；后响二合复韵母有5个，分别是 ia、ie、ua、uo、üe。二合复韵母的发音在两个元音间有过渡变化，唇形、舌位、口腔的开合度均处在变化中。三合复韵母由三个元音组成，共有4个，分别是 iao、iou、uai、uei。三合复韵母的发音在三个元音间过渡变化，唇形、舌位、前后口腔的开合都不断变化。

（1）前响二合复韵母 ai、ei、ao、ou

发音要领：前响二合复韵母中前一个元音是主要元音，发音时声音由较响到含混，舌位由低到高，口腔由开到闭，两个元音间过渡要清楚、准确、不拐弯。

① 字的练习

白 排 拜 麦 赛 来

杯 肥 内 非 累 贼

早 刀 高 赵 闹 毛

收 扣 走 搂 舟 抽

② 词的练习

彩排 开采 带来 摆开 海带

配备 北美 卑微 飞贼 妹妹

讨好 淘宝 报告 号召 烧烤

收购 欧洲 售后 走漏 抖擞

（2）后响二合复韵母 ia、ie、ua、uo、üe

发音要领：后响二合复韵母中后一个元音是主要元音，发音时声音由较含混到较响亮，舌位由高到低，口腔由闭到开，两个元音间过渡清楚、准确、不拐弯。

① 字的练习

家 下 压 嫁 恰 牙

接 鞋 别 贴 灭 铁

跨 瓜 花 抓 挂 话

过 火 做 国 妥 阔

月 决 雪 约 靴 缺

② 词的练习

假牙 夏家 加价 压价 恰恰

贴切 结业 爹爹 姐姐 结节

画画 花滑 挂画 刷牙 耍滑

硕果　错落　国货　蹉跎　做作

学业　雪月　血液　学姐　雀跃

（3）三合复韵母 iao、iou、uai、uei

发音要领：三合复韵母中中间的元音为主要元音，所以三合复韵母又称为中响复韵母。发音时，口腔由闭到开再到闭，声音由较含混到逐渐响亮又到含混。

① 字的练习

小　巧　表　笑　料　叫

牛　酒　有　秋　秀　优

帅　快　坏　怀　拐　摔

水　推　归　醉　吹　辉

② 词的练习

巧妙　萧条　叫嚣　教条　吊销

悠久　绣球　优秀　久留　旧友

怀揣　摔坏　乖乖　甩卖　衰败

回归　回味　醉鬼　荟萃　汇兑

③ 绕口令练习

胖娃娃和大花活蛤蟆

一个胖娃娃，画了三个大花活蛤蟆。

三个胖娃娃，画不出一个大花活蛤蟆。

画不出一个大花活蛤蟆的三个胖娃娃，

真不如画了三个大花活蛤蟆的一个胖娃娃。

一 葫 芦 酒

一葫芦酒，九两六。

一葫芦油，六两九。

六两九的油，要换九两六的酒。

九两六的酒，不换六两九的油。

4. 鼻韵母的发音练习

普通话中汉字音节带鼻音的韵母（简称鼻韵母）由一个或两个元音后面加上鼻辅音 n 或 ng 为韵尾构成。以此为依据，我们把以 n 为韵尾的称为前鼻韵母，把以 ng 为韵尾的称为后鼻韵母。

（1）前鼻韵母 an、ian、uan、üan、en、uen、in、ün

发音要领：前鼻韵母的发音先要发前面一个韵母的音，再上抬舌头，抵住上齿龈，一般是舌面前部与硬腭接触成阻，鼻子出气发音。发音过程中，发音器官的状态要从发元音向发鼻音过渡，口腔有逐渐闭合的过程。前鼻韵母韵头的发音比较轻、短，韵腹的发音清晰响亮，韵尾要归音于 n。但韵尾 n 的发音部位要比发单个声母 n 的位置略微靠后。

① 字的练习

岸　搬　潘　看　难　伞
炎　便　面　甜　坚　鲜
湾　碗　团　欢　管　酸
冤　远　泉　宣　选　眷
恩　奔　闷　深　朕　神
温　稳　问　春　孙　瞬
因　银　频　信　贫　尹
晕　运　训　陨　裙　旬

② 词的练习

办案　暗淡　胆寒　但凡　感染　盘缠
编年　变迁　艰险　免检　田间　演练
传唤　贯穿　换算　婉转　乱窜　端碗
涓涓　全权　渊源　源泉　圆圈　拳拳
本人　沉闷　恩人　根本　真笨　振奋
滚轮　混沌　温顺　论文　昆仑　问卷
濒临　尽心　拼音　信心　姻亲　金银

云云　军训　均匀　军运　芸芸　军勋

③ 绕口令练习

板凳宽，扁担长

板凳宽，扁担长。

扁担没有板凳宽，板凳没有扁担长。

扁担要绑在板凳上，板凳不让扁担绑在板凳上。

扁担偏要绑在板凳上，板凳偏不让扁担绑在板凳上。

你说最后扁担到底绑没绑在板凳上。

（2）后鼻韵母 ang、eng、iang、ing、ong、iong、uang、ueng

发音要领：后鼻韵母的发音先要根据第一个韵母来控制口型和舌位起音，然后舌根向后上方抬起与软腭接触成阻，使气流从鼻腔通过发音。发音时，口腔有逐渐打开的过程，韵尾要归音于 ng。

① 字的练习

肮　榜　胖　糖　唱　裳

绷　烹　逢　更　省　憎

秧　娘　两　匠　凉　疆

应　影　苹　庆　星　屏

冬　同　弄　总　供　彤

拥　琼　庸　穹　熊　胸

汪　光　况　壮　床　望

翁　瓮　蓊　嗡　蕹　塕

② 词的练习

帮忙　厂商　行当　上访　肮脏　蟑螂

成风　乘胜　更生　鹏程　征程　猛增

江洋　强项　枪响　亮相　奖项　良乡

冰晶　兵营　精英　命令　行星　影星

从容　冲动　洪钟　隆重　中共　弄懂

穷凶　雍容　用功　凶猛　雄风　英勇

狂妄　装潢　双亡　闯王　忘光　装筐

嗡嗡　瓮城　嗡子　老翁　酒瓮　渔翁

③ 绕口令练习

东洞庭和西洞庭

东洞庭，西洞庭。

洞庭山上一条藤，藤条顶上挂铜铃。

风吹藤动铜铃鸣，风停藤定铜铃静。

五、声调的发音练习

普通话中每个汉字音节都有自己特定的声调，所以汉字音节的声调也称为字调。在普通话朗诵中，声调居主导地位。有规则地选用不同声调的字组成句子，可以表现出音节的抑扬变化，这种抑扬顿挫、高低升降的音节变化可以体现普通话朗诵的韵律美。

发音要领：声调的发音练习主要是正确把握声调的调值变化。音节的四声声调可以根据发音时调值的变化分成高平调（阴平）、中升调（阳平）、降升调（上声）和全降调（去声）四种调类。根据图2-7所示的五度标记法对四声各自起音和收音时的调值进行标记，如表2-2所示。使用这种标记法有助于在练习声调发音时准确把握声调的调值变化。

表2-2　声调的调值变化标记方法

四声	符号	调类	调值标记	标记的含意
阴平	ˉ	高平调	55	起音5度，收音5度
阳平	´	中升调	35	起音3度，收音5度
上声	ˇ	降升调	214	起音2度，降到1度，再升到4度
去声	`	全降调	51	起音5度，收音1度

声调练习应在气息、声带、共鸣有一定控制的情况下进行，控制不当会在

朗诵艺术基础

个别声调上出现问题。例如，如果气息和声带配合不好，上声的调值会出现下行下不去，上行上不来的毛病。有些方言问题也会影响上行的正确发音。因此，下行时应逐渐放松，上行时应由松渐紧。声音在同一管道中行走，宽窄度应始终如一。再如，当去声音节做重音时，如果气息和声带配合不好，声音容易"劈"。如"全场震撼"中的"震撼"二字，"劈"的原因是气息控制得不好，或者说气息没有及时补上，声带也就无法与之配合。所以，去声字的发音一定要托好气口，控制得当，声音才能游刃有余地发出来。这里也要注意方言的出现，防止阴平声调起音调值不够高，阳平声调调值变化出现拐弯等问题的发生。要做好普通话四声的练习，应采取单音节字的练习和多音节词的练习相结合的方法。

（1）字的练习

阴平：方　高　江　欢　巴　烹

阳平：回　肥　团　奎　拔　朋

上声：友　好　广　演　把　捧

去声：胜　大　艺　赞　罢　碰

（2）词的练习（1：阴平；2：阳平；3：上声；4：去声）

11：	播音	磋商	低估	东风	12：	江南	加强	佳肴	生涯
13：	生产	凄惨	艰苦	枢纽	14：	播送	辜负	声调	高亢
21：	农村	南方	腾飞	元宵	22：	流传	红旗	滑翔	巡逻
23：	勤俭	平等	模板	民主	24：	原谅	询问	群众	局势
31：	北京	产生	处方	统一	32：	洗涤	凯旋	普及	取决
33：	土壤	广场	给养	表演	34：	改造	鼓励	访问	广阔
41：	进攻	迸发	特殊	认真	42：	鉴别	会谈	电台	报名
43：	伴侣	运转	淀粉	剧本	44：	庆贺	峭壁	悼念	炽烈

1234：光明磊落　花红柳绿　山明水秀　风调雨顺　兵强马壮

（3）绕口令练习

发音要领口诀

学好声韵辨四声，阴阳上去要分明，
部位方法须找准，开齐合撮属口型。
双唇班报必百波，舌尖当地斗点丁，
舌根高狗坑耕故，舌面积结教坚精。
翘舌主争真志照，平舌资则早在增，
擦音发翻飞分复，送气查柴产彻称。
合口呼午枯胡鼓，开口河坡哥安争，
撮口虚学寻徐剧，齐齿衣优摇业英。
前鼻恩因烟弯稳，后鼻昂迎中拥生，
咬紧字头归字尾，阴阳上去记变声。
循序渐进坚持练，不难达到纯和清。

六、语流音变的发音练习

朗诵或说话时，人们不是一个音节一个音节，即不是一个字一个字地读出来表达思想的，而是用连续发音的形式来形成句子以表达思想。通常人们把有声语言的这种运动状态称作语流。由于语流中某些音节受相邻音节等因素的影响，音节中的声母、韵母或声调的发音会发生变化，这种现象称为语流音变。

普通话中最典型的语流音变现象是轻声、儿化、变调（上声变调、去声变调和"一""不""七""八""啊"的变调）。

1. 轻声

我们说出的每句话中的每个字即每个音节都有其固有声调，但在朗诵时，某些音节失去了固有声调，被念得又轻又短，故称为轻声，也叫轻音。

由于语流中经轻声处理的音节发音时有音的强弱及长短的变化，轻声对某些词语或短语有区别词义和语义的作用。例如，"兄弟"原本是指哥俩，如果发音时"弟"字的声调被轻声处理了，那么"兄弟"一词的词义就变成了弟弟。又如，"东西"原本是指方向，如果"西"字的声调轻声处理了，那么"东西"一词的词义就变成了物件。

普通话中总是读轻声的字并不多。轻声现象只发生在语流中，而语流中读成轻声的字在单独朗读时仍应读原来的声调。语流中不是所有的字都能读成轻声，确定语流中哪些字可以读成轻声或应该读成轻声是有规律的，具体如下。

（1）的、地、得、着、过、了、们等助词应读轻声，如我的、同志们。

（2）吧、吗、呢、啊、哪、啦、呀、哇等语气词应读轻声，如来吧、去吗。

（3）子、儿、头、么等名词或代词的后缀应读轻声，如儿子、石头。

（4）上、下、里、边、面等方位词应读轻声，如家里、桌上。

（5）来、去等表示趋向的动词应读轻声，如回来、出去。

（6）重叠名词和动词的后一个音节以及夹在重叠动词中间的"一""不"等应该读轻声，如妈妈、跑一跑、去不去。

（7）作宾语的人称代词和动词的补语常读成轻声，如打你、说我。

（8）多位数字中的数位词"十、百、千、万"常读成轻声，如一万三千、六百三十八。

（9）个、头、条等量词常读成轻声，如两个人、五头牛。

（10）口语中某些常用的双音节词的第二音节常读成轻声，如姑娘、行李。

发音要领：轻声音节的音高要根据前面一个音节的声调来定，基本规则是：阴平、阳平声调后面的音节轻读时读3度；上声声调后面的音节轻读时读4度；去声声调后面的音节轻读时读1度。例如，同是一个音节"子"，由于前面音节的声调不同，轻读时"子"字音节的音高也不相同，如图2-9所示。

① 词语练习

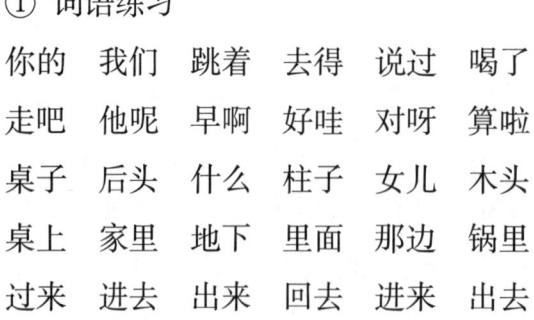

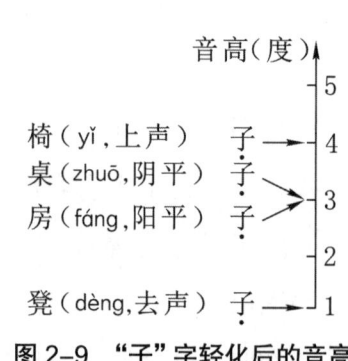

图2-9 "子"字轻化后的音高

姥姥　看看　说说　来不来　试一试　看不看

叫他　打开　关上　站住　盖上　揍他

一万　三千　八百　三十八　四十四　六千

五个人　三头驴　一条鱼　四个碗　一头热　一个人

商量　太阳　朋友　大夫　窗户　规矩

② 绕口令练习

头　字　歌

天上日头，嘴里舌头。

地上石头，桌上笔头。

床上枕头，树上枝头。

背上斧头，爬上山头。

喜上眉头，乐在心头。

2. 儿化

韵母er可以独立成为音节，最常见的就是ér。普通话中"儿"字常用在某些词语的后面，如大伙儿、小花儿。这样的词语在长期的口语，特别是北京话的表达中，位于词尾的"儿"字音节与前面的音节逐渐发生了连音现象，使儿字的音节失去了原有的独立性，被化入前一个音节中。实际发音时，"儿"的音节在只保留了r的卷舌动作，最终两个音节合并成了一个带r的音节，这种语音变化现象称为儿化。儿化后的音节，其韵母称为儿化韵，也就是这个字的韵母被儿化了。例如，"花儿"一词，原本有两个音节：huā ér，现在ér失去了独立性，被儿化到了前面的huā中，变成了一个音节huār，其韵母uār就是"花"的儿化韵。

普通话中的韵母除e、er以外都可以被儿化。《汉语拼音方案》中规定，在原韵母之后加写一个r即表示儿化。儿化不是单纯的语音变化，它有改变词性、词义和修饰等方面的作用。例如，"盖"是动词，而儿化后的"盖儿"就是名词了。又如，"头"的词义是脑袋，而儿化的"头儿"，其词义发生了变化，指的是领导等。再如，小孩儿、宝贝儿这样的儿化则带有感情色彩，具有修饰作用。

发音要领：儿化后的音节的韵母必须视为一个韵母来读，不能把儿化韵拆开来读。例如，"味儿"，应读成 wèir 不能读成 wèi er。在读儿化音节时，到最后的韵尾处，如果韵母的发音动作与儿化卷舌动作不冲突，只要把舌尖轻轻地卷起即可；如果与卷舌动作有冲突，就要在卷舌的同时变更原来韵母的音色。这种现象称为儿化音变，其规律如下。

（1）韵腹或韵尾是 a、o、e、ê、u 的韵母儿化，只要在原韵母后面加一个卷舌动作，原韵母的音色不变。例如，腊八（bā）儿、小说（shuō）儿。

（2）韵尾是 i 的韵母儿化，发音时要去除韵尾再加卷舌动作，并发生儿化音变。例如，小孩儿，"孩"（hái）的原韵母是 ái，儿化后"孩儿"（háir）的韵母变成了 áir，儿化音变后"孩儿"的发音变成了 hár。

（3）以 n 收尾的韵母儿化，发音时大多数是去掉 n 后加卷舌动作。例如，脸蛋儿，"蛋"（dàn）的原韵母为 àn，儿化后"蛋儿"（dànr）的韵母变成了 ànr，儿化音变后"蛋儿"的发音变成了 dàr。

（4）以 ng 收尾的韵母儿化，发音时韵尾 ng 要与前面的主要元音合成鼻化元音再加上卷舌动作。例如，帮忙儿，"忙"（máng）的原韵母是 áng，儿化后"忙儿"（mángr）的韵母变成了 ángr，儿化音变后"忙儿"的发音变成了 mánr。

（5）以 i、ü 收尾的韵母儿化，发音时在原音母后加 er。例如，小曲儿，"曲"（qǔ）的原韵母是 ü，儿化后"曲儿"（qǔr）的发音变成了 qǔer。

（6）以 -i（前）、-i（后）收尾的韵母儿化，发音时去掉 -i（前）、-i（后）后加 er。例如，树枝儿，"枝"（zhī）的韵母是 ī，儿化后"枝儿"（zhīr）的发音变成了 zher。

① 词语练习

腊八儿　粉末儿　山歌儿　树叶儿　眼珠儿　加油儿
一块儿　名牌儿　香味儿　窗台儿　宝贝儿　糖块儿
伙伴儿　窍门儿　小辫儿　干劲儿　拐弯儿　春卷儿

② 绕口令练习

小 马 驹 儿

枣红马，白头心儿，生了一头小马驹儿。

小马驹，灰灰灰儿，围着爷爷兜圈子儿。

小马驹儿呀，小马驹儿，快快长呀，快快长。

长上一身好力气儿，拉车种地送公粮，建设祖国新农村儿。

3. 变调

朗诵语言中音节和音节连续发音时，其中有些音节的声调发生了变化，这种现象叫作变调。变调现象主要有上声变调、去声变调和"一、不、七、八、啊"的变调。

（1）上声变调

上声变调的规律有以下几条：第一，两个上声音节相连，前一个音节的发音调值要从214变为34或35，如选举、首脑；第二，上声音节在阴平、阳平、去声音节前的发音调值要变为半上，即发音调值要从214变为211或21，如老师、旅行；第三，三个上声音节相连，如果前两个是双音节词，那么前两个音节的发音调值都要从原来的214变成35，如展览馆、管理组。

① 词语练习

产品　表演　水果　小姐　冷水　奖赏

首都　许多　祖国　主持　美丽　鼓励

演讲稿　手写体　洗脸水　勇敢者　纸老虎　古典舞

② 绕口令练习

松树与松鼠

松树住松鼠，松鼠爬上树。

鼠爬松树树住鼠，鼠住松树鼠爬树。

（2）去声变调

去声音节和去声音节相连时，第一个去声音节的发音调值要从原来的51变为53，如大会、互助、庆祝、梦境。

朗诵艺术基础

① 词语练习

扩大　电话　办事　放假　正确　快速

② 绕口令练习

青龙做农工

青龙洞中龙做梦，青龙做梦出龙洞，

做了千年万载梦，龙洞困龙在深洞。

自从来了新愚公，愚公捅开青龙洞，

青龙洞中涌出龙，龙去农田做农工。

（3）"一""不"变调

"一"和"不"在变调时有以下共同规则：第一，单念或在词语末尾处时读本调值，即"一"的调值为55，"不"的调值为51，如全国第一、行不；第二，在去声音节前的发音调值从原调值变为35，如一个、不会；第三，在非去声音节前的发音调值均为51，如一年、一起、不安；第四，在动词中间读轻声，如想一想、看不看。

① 词语练习

一亿　一道　一致　不必　不幸　不定

一般　一手　一连　不好　不听　不仅

练一练　写一写　读一读　要不要　走不走　去不去

② 绕口令练习

一 字 歌

一二三，三二一，一二三四五六七，七六五四三二一。

一个姑娘来摘李，一个小伙来摘梨，一个小孩来摘栗。

三个人一齐出大力，收完李子、栗子、梨，一起拉到市上去赶集。

不 怕 不 会

不怕不会，就怕不学。

一回不会，再来一回。

一天一回，不信不会。

（4）"七""八"的变调

"七"和"八"在去声前的发音要从原来调值变成35，如七个、八个。在广播语言中，"七""八"的发音可以不变调。

① 词语练习

七上　八下　七面　八面　七位　八位

② 绕口令练习

七巷漆匠和西巷锡匠

七巷一个漆匠，西巷一个锡匠。

七巷漆匠用了西巷锡匠的锡，西巷锡匠拿了七巷漆匠的漆。

七巷漆匠气西巷锡匠用了漆，西巷锡匠讥七巷漆匠拿了锡。

（5）语气词"啊"的变调

语气词"啊"一般单独使用或在句子的结尾处使用。单独使用时，"啊"发ā音。放在句子结尾处使用时，由于受前面一个音节末尾音素的影响，会顺势产生音变的现象，其变音规则如下。

① "啊"的前面音节收尾音素是 a、o（ao、iao 除外）、e、ê、i、ü 时，"啊"的读音要变成 ya，如快往上爬啊、去唱歌啊。

② "啊"的前面音节收尾音素是 u、ao、iao 时，"啊"的读音要变成 wa，如一本好书啊、不知道啊。

③ "啊"的前面音节收尾音素是 n 时，"啊"的读音要变成 na，如不简单啊、音真准啊。

④ "啊"的前面音节收尾音素是 ng 时，"啊"的读音要变成 nga，如天真冷啊、真清啊。

⑤ "啊"的前面音节收尾音素是 -i（前）时，"啊"的读音要变成 za，如谁写的字啊、哪个公司啊。

⑥ "啊"的前面音节收尾音素是 -i（后）时，"啊"的读音要变成 ra，如大家吃啊、她是个好老师啊。

朗诵艺术基础

绕口令练习：

菜市场货物真丰富

菜市场的货物真丰富，鸡啊（yā）、鸭啊（yā）、鱼啊（yā）、肉啊（wā）、盐啊（nā）、酱油啊（wā）、醋啊（wā）……生的熟的应有尽有。

可爱的孩子

这些孩子啊（za），真可爱啊（yā）！你看啊（nā），他们多高兴啊（nga）！又是作诗啊（rā），又是吟诵啊（nga），又是画画啊（yā），又是剪纸啊（rā）……啊！他们多幸福啊（wā）！

1. 人的呼吸器官的主要组成部分有哪些？
2. 简述胸腹联合呼吸法的呼吸要领。
3. 如何处理吐字归音中的字头、字腹、字尾？
4. 如何理解汉语语音中的声、韵、调？

 第三章
朗诵的表达技巧

朗诵是一门极富魅力的有声语言表达艺术。将文字语言转化成有声语言，不是简单的"见字出声"，而是要通过声音表现出文字语言所描述的场景与抒发的情感，要把文字作品中作者的所见、所闻、所思、所感传达给听众或观众。所以，朗诵的语言艺术创作活动不能脱离文字作品，要用再创作的有声语言传达出文字作品的思想情感和艺术美感。

朗诵时，一方面要深入透彻地把握好作品的内容；另一方面要合理地运用各种技巧，准确、生动、鲜明地表达作品的内在含义，使听众或观众在感情上受到感染。由于朗诵的艺术创作是"传情"的过程，熟悉和理解作品是"传情"的必要前提。如何落实"传情"还需要具体的手段，这种"传情"手段被称为朗诵技巧。

朗诵技巧是朗诵活动中传情达意、实现朗诵目的的必要手段；是以正确的思想活动和朗诵状态，使声音清新明亮，增强语言感染力，更加恰当地表达作品内容而使用的各种技巧、技能和方法。

朗诵技巧涉及的内容很多，包括基调、语气、语速、语调、重音、节奏、停连、情景再现、对象感、内在语等。这些技巧中有些用来使朗诵者理解、感受作品，进而对作品产生思想感情，并通过逻辑感受和形象感受，使思想感情处于运动状态。这种再创作的过程使得朗诵语言更具感染力，同时，也对朗诵语言表达时技巧的使用起指导和补充作用。这些技巧被称为内部技巧，包括情景再现、对象感和内在语等。有些技巧用来处理语句、语调的变化，使朗诵时能更贴切地表达思想感情。这些技巧被称为外部技巧，包括语速、语调、重音、节奏、停连等。

无论是内部技巧还是外部技巧，每项技巧下又包含着诸多内容。仅以外

部技巧中的"语调"来说，就包含着升调、降调、平调、曲调等，而不同的语调对于不同的语句又可表现出不同的语气。例如：叙述和说明以及表示庄重、深思、冷淡、悲痛、追忆等思想感情的语句，语气用"平调"；表示号召、呼唤、命令、疑问、反诘、惊异等思想情感的语句，语气多用升调；表示肯定、坚决、感叹、恳求、赞扬、祝愿等思想情感的语句，语气则经常用降调；表示夸张、怀疑、反语、双关、讽刺、强调等思想情感的语句，语气则用曲调。萧伯纳指出："文学艺术，不管它在语法上如何精确，也不能把语调表达出来，因为说一个'是'字有五十种方法，说一个'不是'有五百种方法，可是写下来的只有一个字。"萧伯纳的这种说法虽然略显夸张，但却道出了口语表达中"语调"这种特殊表现手段的重要性，也道出了朗诵时口语表达的复杂性。所以，在朗诵创作的过程中要根据作品表达的需要，灵活应用内部技巧和外部技巧，这样才能把作品完美地表达出来。

第一节　朗诵表达的内部技巧

朗诵表达的内部技巧主要包括情景再现、内在语、对象感等。内部技巧有两层含义：一是指形象感受的运用，即朗诵者在文字作品形象性词语的刺激下，感受和再现客观世界的种种事物，使表现情、景、事、理、人等的文字符号在朗诵者内心形成生动、可感的形象，并在朗诵者内心鲜活地跳动起来；二是逻辑思维感受的运用，即朗诵者在朗诵时对作品的概念、推理、判断、论证以及全篇的思想发展脉络、层次、语句之间的内在联系等的理解在头脑里形成总体感受。

一篇好的文章，其语言不可能是似是而非的，其语言脉络一定是清晰的，不可能是模棱两可的。所以，朗诵者一定要懂得将文字作品中的主次、递进、并列、转折等在逻辑感受过程中转化为自己的思路，从而形成内心的语流，并确定朗诵状态，以增强朗诵有声语言的征服力。

一、情景再现

所谓情景再现,就是在符合作品文字事实的前提下,以作品内容提供的材料为原型,使作品中的人物、事件、情节、场面、景物、情绪等在朗诵者的脑海里不断浮现,同时引发相应的态度、感情,并形成连贯的活动画面。

在情景再现中,有三个问题必须注意。

第一,要以文字作品所要达到的目的为前提,始终为主题服务,不要弄成情景再现的展览。

第二,要以文字作品为依据,通过情景再现,使文字语言的生命力在有声语言中得到提升。同时,朗诵者的生活经验及自身的素养也要融入对文稿的理解中,这就是我们所说的艺术再创造。

第三,要以情为主,情景交融。

例如:"小草偷偷地从土里钻出来,嫩嫩的,绿绿的。园子里,田野里,瞧去,一大片一大片满是的。坐着,躺着,打两个滚,踢几脚球,赛几趟跑,捉几回迷藏。风轻悄悄的,草软绵绵的。"这是来自朱自清的散文《春》的片段。对于这样一段文字,朗诵者如何来实现情景再现呢?

这段文字作品仅用几句话就勾勒出人们盼望、喜爱春天的动人景象。第一个特写镜头是春草,"小草偷偷地从土里钻出来,嫩嫩的,绿绿的"。这时,朗诵者的头脑里一定会展现出嫩绿草地的画面。接着,作者描绘出春草的嫩绿、绵软等对人的诱惑力,人们在草地上"坐着,躺着,打两个滚,踢几脚球,赛几趟跑,捉几回迷藏"。不知此时大家有没有回想起自己的童年?再现童年时和小伙伴们在公园草坪上尽情玩耍的情景?如果有,此时的情景再现会有另外一种特殊的感悟。这里的绿茵已经不是单纯的自然景物,而是成了人生特殊拥有的生活伴侣,这时的景物又变成了情物。这无疑会在朗诵者的脑海中勾画出一幅自己在美丽的春天尽性游玩的春之声韵图景。

由此看出,情景再现大致要经历四个步骤。

第一步:理清头绪,感知于外。将作品的开头、结尾、高潮及起承转合关系理清楚,同时要把人、场、景以及重要的情节、细节和要说出的道理弄明白。

第二步：设身处地，受之于心。将作品中所描述的一切都视为自己的亲身经历，将此情此景以及和自己心灵碰撞、震撼的语句都在头脑中形成真实、生动的画面，交织于心，并妥帖地表达出这种反应与感想。

第三步：触景生情，身临其境。这一步是情景再现的核心。作品写情于景、借景抒情，我们就要触景生情、以情动人，产生"我就在"的感觉，借助画面进行联想，积极调动正能量的情感反应。

第四步：现身说法，吾在其中。经历了前三步之后，相信朗诵者的内心一定会产生强烈的表达愿望，希望把自己脑海里的活动画面和与之相对应的情感丝丝入扣地通过朗诵一吐为快，使听众或观众真实地感受到这种情景再现。

二、内在语

人们在语言交流、有声语言表演中，有时因为语言习惯、性格、性别、场合、环境以及说话人的身份、地位等因素，出于礼貌策略的需要，会把那些不能直接表达、不便直接表达和不能完全表达的语意用委婉、含蓄、隐晦、含糊的手法表达出来，这种话里有话或隐藏在文字作品字里行间的语意就是内在语。内在语也就是人们常说的"弦外之音"。

比如，一位邻居说："你晚上弹的钢琴好好听啊，我在家都能听到。"其实，这句话的话外音即内在语是"你弄的声音太大了，影响我休息了"。

朗诵是有声语言表演形式之一，它所要表达的内在语来自文字作品，即文字作品中没有直接表露、不便表露、不能表露或不能完全表露出来的语句关系和语句本质。内在语是朗诵时语句目的的重要内容，也是一个朗诵者在艺术创作过程中，让思想感情处于运动状态，从而更深刻地表达文字作品内涵的重要方面。

要使朗诵表达更加深刻，就要努力挖掘文字作品背后更深层次的意思，把握好语句表达的目的，掌握好内在语揭示语句本质和语言链条的两大功能，使朗诵语言更富有深刻的内涵和生命的活力。

1. 内在语表达的意义和作用

有人说,把文字作品中的内在语表达出来是朗诵者的心理活动,是朗诵者的主观意识与思维感情运动的反映。文字作品中的内在语并不是朗诵时直接用有声语言表达出来,但它对有声语言的表达起引发、深化的作用。

朗诵艺术与戏剧艺术一样,都属于表演艺术,内在语就是表演艺术中的潜台词。在朗诵艺术、戏剧表演中,演员要用潜台词来支配自己的语言和形体动作。戏剧大师斯坦尼斯拉夫斯基曾经说过:"只有当人们借自己的经验从内部赋予所要表现的作品的潜台词以生命的时候,在这部作品里,同时也在演员自己心里,才显露出作品所要表达的精神实质,创作的意义就在潜台词上。"从这个意义上说,朗诵者要在确立朗诵态度的同时,还要挖掘能帮助理解作品内容的内在语,并从这些内在语中受到启发,达到使听者从中受到教育的目的。朗诵艺术和带有角色化的戏剧从表演性质上说是有本质区别的,但从有声语言的共性上说,都是要表达出语言的精神实质和语言的关联结构。只有不断挖掘和运用作品的潜台词即内在语,才能使有声语言更富有生命力和创造力。

(1)内在语有承上启下的作用

诗词语言常以清新、平淡、绚丽、含蓄、简洁为特点,从语言衔接和语句结构来看,段落、层次间常常没有明显的承上启下的词语,小层次间也往往省略了衔接转化的关联词,使得语句结构的逻辑关系不明显。朗诵者如果不明确隐含的关联词,搞不清楚诗句中各词语间的关系,朗诵时的语气就有可能把握得不准确、不鲜明、不生动、不感人,更做不到以事醒人、以理服人的表达。

诗词语言中的内在语隐含在诗句中,可以帮助朗诵者搞清楚语句之间的关系,有利于朗诵者找准朗诵的语气,也有利于听者理解并受到教育和启迪。

(2)内在语的表达要体现语句的目的性

每一篇文字作品、每一行诗句所内含的具体思想感情总比写出来的文字要深广得多。对朗诵者来说,任何时候都不大可能把所有要朗诵的语句、诗句中包含的具体内容和思想感情表达殆尽。即使是同样的朗诵语句或诗句,针对不同的语言环境、不同的语言目的,朗诵者会表达出不同的含义和不同的感情色彩。也就是说,确定一句话的本质意义,需要从具体的语言环境中准确把握语句目的,这时需要挖掘出语句更深层次的意思。例如,高尔基的《海燕》中"乌云遮不住太阳,——是的,遮不住的!"这句话的内在语是:无产阶级革命者取得胜利的信念是坚定不移的!准确把握每一句语句或诗句的内在语,就能准确把握语句目的和朗诵的态度倾向,就能做到准确、鲜明、生动、富有感情地表达出每一句语句或诗句的精神实质。

(3)内在语是驾驭朗诵表达语气的依据

内在语是朗诵者准确使用表达语气及驾驭语气的依据。因为朗诵的艺术创作以语句为基本表意单位,要通过语气把语句的思想感情准确地表达出来。

语气包括内在的、具有一定思想感情的和外在的、具有一定声音形式的两方面。这两方面又恰恰由内在语决定。比如,很平常的一句话"你多好啊!",它的内在语可以是羡慕的,也可以是讽刺的。同是一句话,由于内在语不同,表达的语气就不一样,寓意也截然相反。可以说,有什么样的内在语就有什么样的表达语气。所以,朗诵者需要通过对文字作品本质的挖掘和把握,建立起鲜明的语句结构关系,找到贴切的表达方式和恰当的语气,以展示自己独特的表达思想感情的技巧和风格。

(4)把握内在语是朗诵者创作能力的体现

朗诵是一种创造性的语言艺术活动。其创造性既不单是把文字作品转化成有声语言,也不单是把思维成果简单地转化成有声语言,而是要通过朗诵者对文字作品的理解、感受,挖掘并表达出文字作品表面所没有的东西。具体来说,就是文字作品中想表露而又不便表露、无法表露、没有直接表露或全部表露的内涵,要通过朗诵者创造性的劳动,即在对作品内容深刻的理解和独特的具体感受的基础上,用自己独特的个性技巧诠释、表达出来,使得同一个作品,由于不同的理解和感受而挖掘出不同的内在语,产生不同的朗诵效果。所以,朗诵者能否准确、鲜明、深刻而又独特地确定和把握内在语,是检验朗诵者朗诵水平、语言功力高低的一个重要标志。由于不同的朗诵者对作品的理解不同、技巧运用不同，其朗诵演绎的效果也各不相同。

总之，把握内在语要建立在对文稿通篇理解和感受的基础上，注重对文稿的重点、难点、目的、落脚点、关节点和语句的本质进行准确揣摩和把控。一位优秀的朗诵者，一定要在朗诵中使内在语的概括表述精确可感、鲜明简洁、有说服力，从而打动、感染听众。

2. 内在语表述的分类

我们已经知道，文字作品中的内在语具有揭示语言本质和语言链条的作用。那么，朗诵者表述内在语的目的就是让听众在具体的语言环境中，理解文字作品深层次的内在含义、态度和情感。朗诵者要在理解文字作品思想内容的基础上，训练把握内在语的表述能力，使自己的思想感情运动起来，而不是为了表述而表述。

内在语的把握和概括力求精确、鲜明、简洁和有说服力。特别是经常出现段落、层次有明显转换而又不好衔接的地方，或需要赋予语言以动作感、形象感的地方，或需要引发听众注意、思考的地方，都需要运用内在语的衔接、铺垫、过渡、转换手法来表述，这能帮助朗诵者找到自然贴切的朗诵语气，使朗诵产生一气呵成、浑然一体的效果。

根据内在语的表述特点，我们把它分为六种基本类型，具体如下。

（1）发语性内在语

发语性内在语是朗诵诗歌等文稿时，在层次、段落或语句之间加上适当的语句作为开头，在我们内心发出来，并与文稿原来开头的词语自然地衔接，将其诵出。特别是广播电视播音员在呼台号之前，这种发语性内在语被广为运用。

例1：（各位听众，我们这里是）中央人民广播电台！

例2：（年轻的朋友们，俗话说：）少壮不努力，老大徒伤悲。

例3：（朋友们，您知道吗？）在祖国的西南边陲，有一座边防哨所……

以上例句均属在朗诵发声之前的发语性内在语。

（2）寓意性内在语

寓意性内在语是蕴含在语句深层次的内在含义，是作品文字的弦外之音，是结合上下文和语言环境挖掘出来的语句本质和语句目的。

朗诵者在表述寓意性内在语时既要注意把握感情色彩和感情分量，也要把握语气分寸上的细微差别。例如，电影《平原游击队》里的老人愤怒地向鬼子汉奸说："皇军好，皇军不杀人，不抢粮食，不烧房子！"这里的寓意性内在语就是人们常说的指桑骂槐，是老人在痛骂鬼子。

（3）关联性内在语

关联性内在语是指那些在作品中没有用文字表示出来的语句关系，可以说是言外之意。具体来说，就是那些为体现语句、语法意义和逻辑关系的隐含性关联词或短语。

关联性内在语一般用于语句、段落、层次之间或之前。通过挖掘，可以找到隐含在语句间的关联词或短语，使用这些找到的关联词或短语，可使作品的语句关系更加清晰。例如："我在这头，（可是）母亲在那头。"这里，我们挖掘找到的关联词"可是"就是关联性内在语，它是隐含在作品中的关联词，利用它可使朗诵者理清文稿语句之间的关系。

（4）提示性内在语

提示性内在语用于语句、段落、层次之间，也是为了解决上下语气衔接的问题。例如："清晨，我邀请儿时的伙伴到紫竹院去玩，远远地就闻到了一阵清香（啊，荷花！），我们赶紧向荷花池奔去。"提示性内在语不是以关联词或短语的形式出现，而是用丰富多彩的内容来揭示语句的本质，使语句之间的逻辑关系更加紧密。提示性内在语在语气表达上也更注重灵动性，更具有活力。

（5）回味性内在语

回味性内在语通常设置在段落、层次或全文结尾处，用来提示朗诵者进行语气转换，引导听众回味、思考、想象、憧憬等，给人以意犹未尽、无限遐想的感觉。例如："春天像小姑娘，花枝招展的，笑着，走着。春天像健壮的青年，有铁一般的胳膊和腰脚，领着我们上前去。（多么催人奋进的春天）"最后这句回味性内在语具有无限遐想的意味。

（6）反语性内在语

反语性内在语是一种语句表层含义与深层含义对立的内在语，即语言本质反映了语句表层含义与深层含义的对立或对比。例如："中国人死都不怕，还怕困难吗?（显然，也不怕）"

三、对象感

对象感是指朗诵者无论是在台下坐满听众的舞台上，还是在独自一人的播音室中，都必须设想和感觉到听众对象的存在，意识到听众对象的心理需求、愿望、喜怒哀乐等情绪反应，并由此调节自己的思想感情，使自己的思想感情在朗诵过程中始终处于运动状态。即便是在独自一人的播音室中，也要做到"目中无人，心中有人"。朗诵者不仅要在感情上与他们产生互动，还要关注朗诵本身。朗诵者在关注谁，关注什么？哪怕是自己说给自己听，也是一种对象感。那么，在朗诵中如何获取对象感？

如果是在播音室播音，朗诵者可以通过对听众数量进行设想来获得对象感。比如，你可以设想录音话筒前有几十、几百个听众在听着你的朗诵。有了这样的对象感，你就不会觉得自己在播音室里自言自语，就会产生表演的欲望，可以有效地避免朗诵语气平淡呆板、没有起伏、语速过快或过慢等问题。

无论是在播音室播音还是在实际舞台上面对观众或听众朗诵，朗诵者都要努力感受到观众或听众存在的反应，与他们形成交流。比如，朗诵者朗诵"我骄傲，我是中国人"时，此时，朗诵者应该感受到观众或听众对象的心理反应：你们也一定骄傲，因为我们都是中国人。这种感受与交流不是朗诵者与观众或听众之间的语言交流，它只是朗诵者感受到的主观表象、意象，与客观事实不能等同起来。

朗诵者要获得对象感，还必须努力了解朗诵的交流对象是谁，以及他们的具体情况。朗诵的交流对象可分为以下几类。

朗诵艺术基础

1. 交流对象是现场的观众

记得有人曾说过：文字是无声无像的。而有这样一种艺术，它赋予了文字以声音和形象，让静止的文字流动、燃烧，那就是朗诵。朗诵使朗诵者在观众的视觉与听觉之间架起了一座桥梁。在观众面前朗诵，其交流的对象就是现场的观众。在这样的交流中，朗诵者获取的对象感能让其产生非常强烈的表达愿望。

例如，在《黄河大合唱》的朗诵词中有这样的语句："朋友，你到过黄河吗？你渡过黄河吗？你还记得河上的船夫拼着性命和惊涛骇浪搏战的情景吗？"这段朗诵词是完全说给现场观众的，朗诵者直接与观众交流，交流对象是现场的观众。

2. 交流对象是对诵（合诵）者

朗诵的形式一般包括独诵、对诵、合诵三种。合诵是三人或三人以上参加的集体诗朗诵或大型诗朗诵。对诵一般是两个人参加的朗诵。例如，欧震的《胜利后的重逢》，这首诗歌的交流对象就是两个朗诵者。

> 江儿，江儿，你在哪儿？娘看你来了。
>
> 娘，我听见你的脚步声了。
>
> ……

这是一段让人声泪俱下的对白朗诵。1942年，在大泽山区的反"扫荡"中，年仅24岁的胶东青年抗日先锋队总队部教导主任林江壮烈牺牲。1949年冬至，林江的母亲从老家文登辗转来到栖霞，看望长眠在英灵山的儿子。

3. 交流对象是作品的作者

朗诵既是一门艺术，也是沟通作者与读者心灵的桥梁。古今中外的名诗名篇、长短诗行，哪位作者的作品不蕴含着深深的创作意图？为了完美地表达作品内容，朗诵者必须与作者进行交流。朗诵者只有抓住了作者的创作思想、创作构思、创作目的，才能和作者息息相通，才能在比较完美地表达作者创作意图的前提下，进行朗诵艺术语言的二度创作，从而较好地完成作品的表达。朗诵者与作者的交流不是与作者直接交流，而是要大量阅读作者的作品和了解作者的经历。

比如,诗歌《我爱这土地》,作者艾青对苍老、衰弱、正在备受苦难的祖国感到万分悲哀,他用忧郁的目光扫视着周围,寂寞、贫困的旷野的载体——"土地"便进入了作者的脑海。在诗歌里,作者的歌喉虽然嘶哑但却宽厚,虽然悲哀但却博大,虽然古朴但却苍劲有力。极富思想情感的一连串呐喊,道出了"土地是孕育万物的基础"的心声。作者对土地的这份热爱与眷恋是每一位朗诵者在朗诵《我爱这土地》之前一定要知晓的,这样才能把对祖国大地母亲深深的爱表达出来。

4. 交流对象是朗诵者自己的内心

朗诵者的内心独白或者自言自语也是一种交流,其交流对象不是别人,而是朗诵者自己的内心。内心独白在文学上是指人的内心活动,通过人物的内心表独白来揭示人物隐秘的内心世界,充分展示人物的思想性格及精神风貌。

例如,舒婷的《致橡树》,诗人就是以"橡树"为对象,通过拟人化的艺术手法,用木棉树的内心独白诠释了崇高的爱情和圣洁的情操。整首诗是自己说给自己听的,这就是内心独白,是朗诵者与自己内心的交流。

四、朗诵状态

中国传媒大学张颂教授曾认为,朗诵者在朗诵过程中必须获得并保持正确的状态。状态是指朗诵者在朗诵过程中表现出来的形态,包括心理状态和生理状态,其中心理状态是主导方面。如果朗诵状态不正确,或过分紧张,张口结舌;或过分懈怠,无精打采;或激动万分,千头万绪;或追求技巧,三心二意;或腔调固定,色彩单一等,这些都将阻碍朗诵者全部准备工作的正常发挥,会使朗诵者对作品的理解、感受、构思、设计等无法得到实现。可见,朗诵状态是否正确决定着朗诵的成败。所以,朗诵者一定要掌握正确的朗诵状态。

1. 积极主动,信心百倍

要做到正确的朗诵状态,首先要确保精神状态正确。朗诵中,为了传递作品内容，不仅要以情感人，还要以事省人，以理服人。朗诵者要从作品内容中提炼出深刻、丰富的内涵，在设身处地感受的同时，还要积极主动地设法使听众在多方面获得教益和美感的享受，从而产生信心百倍的诵读态度。比如，朗诵柳宗元的《江雪》：

> 千山鸟飞绝，万径人踪灭。
>
> 孤舟蓑笠翁，独钓寒江雪。

朗诵者首先要清楚、鲜明地体会到这是一幅江乡雪景图，山山是雪，路路皆白。朗诵者不仅要用声音设法使听众感受到冰天雪地的寒江，没有行人，没有飞鸟，只有一位老翁独处孤舟、默然垂钓的景象，还要让听众能细腻地品味到意境幽僻、情调凄寂。朗诵者用声音表达的洁、静、寒的画面蕴含着一种遗世独立、峻洁清冷的艺术魅力，激发出朗诵愿望和激情，凝聚成的声韵刚劲有力。

2. 全神贯注，进入作品

全神贯注是指朗诵者的精神要高度集中，即要全力以赴，排除干扰，把全部精力贯注于朗诵中，倾注在作品上。进入作品是指要把作品的内容、语言化为自己的理解和感受，在思维和心理活动中去主动探寻语言本质及逻辑关系，并根据寓情于景，设身处地地加强形象感受，引发思想感情进入运动状态。

3. 情随心动，有感而发

朗诵一篇作品首先要进行备稿。备稿时，要做到情随心动，有感而发。首先要见字生情，既要看到文字，又要看到内涵；既要再现情景，又要调动情感。但是，朗诵者在准备稿件时的这种感受和状态既不能保证在朗诵过程中也能同样发挥出来，又不能保证以相同程度的思想感情和运动状态形之于声地激情朗诵。也就是说，如果不能在朗诵时把对文稿的深刻理解和具体感受再一次唤起，不能再形之于声、情随心动，做到动脑、动心，不能句句情动于衷、有感而发，那么再充分的准备、品味也会付诸东流。

这里关键是要掌握第二次唤起，因为第二次唤起和第一次唤起一样，甚至要比第一次唤起更深刻、更丰满。如果能把第一次唤起的星星之火在第二次唤起中形成燎原之势，那么朗诵者的朗诵状态才能说是进入了佳境。例如，毛泽东于1961创作的《卜算子·咏梅》：

> 风雨送春归，飞雪迎春到。
>
> 已是悬崖百丈冰，犹有花枝俏。
>
> 俏也不争春，只把春来报。
>
> 待到山花烂漫时，她在丛中笑。

词的上阕主要写梅花傲寒开放的优美身姿，写梅花的美丽、积极与坚贞，勇敢地迎接挑战，展示自己的俊俏。朗诵时的第二次唤起要处理好这个"俏"字，这不仅是诗人眼中的梅花形象，也是诗人自己和共产党员的形象，所以这是喜悦者、自信者的形象。这种形象的唤起激发了表达愿望，形成了朗诵状态。词的下阕又把梅花的形象向纵深引导，展现了梅花的精神风貌，表现了梅花坚强不屈、不畏寒冷的精神，像是一名报春的使者，为我们送来春的信息。而当寒冬逝去，春光遍野时，梅花却独自隐逸在万花丛中，发出欣慰的欢笑。朗诵时，要深化梅花的形象，把它设想为一名共产主义战士，这样才能诵出其内涵。同时，要做到情、声、气自如结合，运用抑扬顿挫的技巧，真正做到情随心动，有感而发，使作品"活"起来。

4. 速看慢诵，由己达人

朗读时，人的行为过程遵循看、想、诵的顺序，也是朗诵者在朗诵时按照作品的文字序列所进行的边看、边想、边诵的过程。

朗诵时，看、想、诵三者之间的关系既不能颠倒顺序，也不能省略、忽略某一个环节，这样才能使朗诵者在朗诵时保持正确的状态，才能使听众真正领悟作品的内容和意义。

朗读时的看、想、诵要做到速看、速想和慢诵。速看是指看文稿上的文字速度要快；速想是指要把看到的文字含义、读音瞬间反映在脑海里；慢诵是指把看到的文字从容地就字出声。

朗诵时，看、想、诵其实是顺着文稿的顺序一波一波进行的。当第一波看、想、诵处于从容地就字出声阶段时，我们的眼睛已经在看下一波文字了，脑海

朗诵艺术基础

里瞬间反映出来的也是第二波看到的文字的含义和读音，嘴巴也已经准备好在第一波就字出声完成后，对第二波文字就字出声了。朗诵过程就是在边看、边想、边诵的循环过程中完成的。

朗诵过程中的看、想、诵是一种纵横交错、要求达到表里合一的复杂思维过程和行为过程。从纵向来说，朗诵者在文稿上看到的每一个字都有字形、字音、字义；从横向来说，字与字又要连成词和句，对这些纵横交错的字、词、句的理解和深化就是思维过程。对朗诵者来说，要把这些内化的理解用有声语言外化地表达出来，这就是行为过程，必须做到表里合一。朗诵过程中，朗诵者的思维过程和行为过程既交叉又重叠，既有先后关系又可齐头并进。

例如，我国现代著名作家臧克家为纪念鲁迅先生逝世13周年而创作的诗歌《有的人》中有这么一句话："他活着为了多数人更好地活。"我们在朗诵时并不是先看一遍，然后诵一遍，而是按照看、想、诵的顺序一波一波推进。当看到"他活着"时，脑子里瞬间就得到了这些字的含义、读音，并在嘴巴里诵出了它们。在朗诵它们时，又在看"为了多数人"，在朗诵"为了多数人"时，又在看"更好地活"。

朗诵一篇作品都要经过备稿这一环节，备稿过程也就是对作品进行理解、感受的过程。朗诵时，我们要把备稿过程中对作品的理解和感受尽可能淋漓尽致地表达出来，使朗诵的一切准备工作得到很好的发挥。例如，备稿时针对"他活着"这句话，不但要感受到"鲁迅"的高大形象，而且要理解鲁迅先生"俯首甘为孺子牛"的革命精神。只有在备稿时对作品有了深刻的理解和感受，才能在朗诵时做到心中有数，对作品的重点、层次、主题、背景、目的、基调做到有效把握，才能实现看中有想，想中有诵，诵中有看。这三股绳交缠在一起，获得形象感受和逻辑感受，进而情动于衷，声形于外，达到表里合一，牵动着朗诵时的有声语言走向预定目标，进而打动听众的心，实现由己达人的目的。

第二节 朗诵表达的外部技巧

朗诵时用来表达思想情感的方法称为朗诵表达的外部技巧。外部技巧主要包括停连、重音、语气、节奏等。如何把朗诵者对作品的思想感情表达出来，必须灵活地应用各种外部技巧。这里主要是指如何处理好朗诵语句语调的变化。正确的思想感情的运动状态，为朗诵时语言表达和外部技巧的应用提供了内心依据，使外部技巧的应用更好地为有内容、有目的的思想感情的表达服务。

一、停连

停连是指朗诵过程中的停顿与连接。具体来说，停就是朗诵中声音的中断，连就是声音的连接。朗诵过程中声音有停顿、有连接，才能更好地传情达意。

在朗诵中，那些为表情达意所需要的声音中断就是停顿；那些不中断、不停止，特别是文稿中设有标点符号，但表达时由于感情运动的需要而被忽略且一气呵成的声音就是连接。

停连是朗诵中很重要的外部技巧，主要有以下四方面的需要和作用：其一，朗诵者在朗诵时生理上需要停连；其二，句子结构本身需要停连；其三，为了充分表达思想感情的运动状态需要停连；其四，为了帮助听众加深理解作品的含义，给听众以领略、思考、理解、接受的时间需要停连。

关于停连，古时候就流传着一个笑话。一天，一位吝啬的富家翁准备请一位私塾先生教自己的子女读书，当问到伙食标准有何要求时，私塾先生便写下了"无鸡鸭也可无鱼肉也可唯蔬菜不可少不得半文钱"的字条。于是，这位富家翁将其理解为"无鸡鸭也可，无鱼肉也可，唯蔬菜不可少，不得半文钱"，便请了这位私塾先生。但在教书的第一天，私塾先生看到席上只有一碟蔬菜时，当即勃然大怒，手里拿着纸条找到富家翁评理说：明明是说好的"无鸡，鸭也

可；无鱼，肉也可；唯蔬菜不可，少不得半文钱"，你怎么不信守诺言呢？

通过这个笑话可以看出，不同的停连会造成不同的语意，所以在朗诵中要研究停连的合理使用和正确使用，不可随意停连。

表示停连的符号有以下五个。

停顿号：∧，用于有标点符号或无标点符号的地方。如果用在有标点处，表示停顿的时间就要再长些。

挫号：▲，通常用在句子中没有标点符号的地方。停顿的时间很短，不换气，表示把词或短句分开。

间歇号：⌒，一般用于层次、段落之间，表示需要较长时间的停顿，可换气。

连接号：⌒或⌣，表示缩短停顿时间，需要连起来读，一般仅限用于有标点符号的地方。

延长号：～～，表示声音延长，可以用于任何词语、词组、句子、段落之后。

1. 停顿

停顿是口头语言的重要组成部分。试想一下：如果一个人说话没有停顿，听者会不会晕掉？朗诵作品时经常会使用停顿，它是朗诵时表情达意的一种有效方法。停顿有各种不同的用途，作用和性质也各不相同，常见的有区分性停顿、呼应性停顿、并列性停顿、强调性停顿、心理性停顿等。

（1）区分性停顿

一首诗歌，为了让听众能听懂、听清楚，需要通过停顿来区分语句之间的语法关系及感情色彩的突显性等，使语意表达更清晰，这样的停顿称为区分性停顿。例如："冬天∧过去了，微风∧悄悄送来了春天。"这句话中"冬天""微风"后面的停顿即为区分性停顿。

（2）呼应性停顿

在朗诵的备稿过程中，不但要弄清作品中相呼应的句子，而且要进一步弄清谁是"呼"，谁是"应"，有多少个呼应关系的停顿。例如："现在播放∧沈宏的微型小说《走出沙漠》。"在这里，"播放"是"呼"，"沈宏的微型小说《走出沙漠》"是"应"。

（3）并列性停顿

作品中属于同等位置、同等关系、同等样式的词语之间需要有停顿，这类停顿被称为并列性停顿。例如："我们分担∧寒潮、风雷、霹雳；我们共享∧雾霭、流岚、虹霓。"这里的"我们分担""我们共享"是并列关系。同理，我们所分担的内容、所共享的内容也是并列关系。

（4）强调性停顿

为了使作品的朗诵生动、感人，朗诵时想要着重强调某个词、某句话而在它们的前面、后面或前后所加的停顿就是强调性停顿。例如："那一世，转山转水转佛塔，不为修来世，只为∧途中与你相见。"为了强调"只为"，所以在"只为"的后面加了强调性停顿。

（5）心理性停顿

心理性停顿是指朗诵时为了表达心理情绪而设置的停顿。朗诵者对心理性停顿的把握需要建立在对作品的整体理解基础上，因此必须在备稿时找到文稿中需要心理性停顿的位置，在理解文稿所描述的人物心理状态的基础上，还要找到与表达这种心理状态相匹配的语气、语调等。例如："为什么我的眼里常含泪水？因为我对这土地∧爱得深沉。"朗诵这一句话时，在"因为我对这土地"后面停顿一下，可以表达出诗人对祖国满腔挚爱的心理状态。

2. 连接

文稿中有标点符号的地方表示需要停顿，但在朗诵时，为了表达感情的需要而在这些标点符号处不中断、不停止，将它们连起来读，这种现象被称为连接。连接符号一般用于有标点符号的地方，表示此处需要一气呵成地读。连接符号也可用于无标点符号的地方，表示此处需要在语速上进行处理。

（1）直连

直连是指在原文稿中有标点符号处直接连接起来读。直连的应用以顿号最为典型。由于原文稿中用顿号断开的地方内容关系紧密，所以在应用直连时可不用换气，直接连读。例如："大地⌒山川⌒树木⌒花草，都沐浴在灿烂的阳光下……"这里原文"大地、山川、树木、花草"中间用顿号的地方不要中断，要连起来读。

（2）曲连

原文中没有标点符号，但在朗诵时此处内容又需要与其他内容有所区分，朗诵出一种似停非停、声断意连、环环紧扣的感觉，这时需要应用曲连的技巧。曲连适用于一句话、一段文字之间的连接。例如："桃树⌒杏树⌒梨树，你不让我⌒我不让你，都开满了花赶趟儿。"

总之，在停连技巧的应用方面，老年学员们要掌握以下四点。

一是落停，是指朗诵完相对完整的一段文字后所作的停顿。落停的停顿时间相对较长，句尾要顺势而落，多见于一句话、一个层次、一篇文章的结束处，声音呈落式下滑，气息与落收同时完成。

二是扬停，是指朗诵时一段文字的意思还未朗诵完而在中间所作的停顿。扬停的停顿时间相对较短，停顿时声停意不停、气不断，声音停之前稍有上扬或持平，听罢便知还有下文。

三是直连，常用于需要持续抒发感情和内容联系紧密的地方，经常与扬停配合使用，顺势而下，连接迅速，不露痕迹。

四是曲连，连接处有一定空隙，但又环环相连，迂回向前，经常与落停配合使用。

二、重音

说话或朗诵时，那些需要着重强调、最能体现语句目的、最能表达思想感情的词语或短语就是重音。突出重音的方法有重读、轻读和拖长等。

同样一句话，需要着重强调的词语或短语在不同的语境（语言环境）下是不相同的。也就是说，同一句话在不同的语境中有不同的重音。例如：

我是老年大学的学生（语境：回答"谁是老年大学的学生"）；

我是老年大学的学生（语境：回答"你是不是老年大学的学生"）；

我是老年大学的学生（语境：回答"你是教师还是学生"）；

我是老年大学的学生（语境：回答"你是哪所大学的学生"）。

根据老年人学习朗诵的特点和重音在语句中的位置,我们把重音简要归纳为以下几种类型。

1. 并列性重音

朗诵时,为了使朗诵的条理清晰、语气通畅,根据需要可将作品中有并列关系的段落和语句中的某些词语、词组或短语确定为重音。因为这些词语、词组或短语存在于有并列关系的段落和语句中,所以各段落和语句中被确定的重音就是并列性重音。例如:"树叶儿由它撩拨;杨柳顺着它弯腰;花儿草儿都随它俯仰……"根据需要,这三句并列性语句中可确定为重音的词有两组:第一组是"树叶儿、杨柳、花儿草儿";第二组是"撩拨、弯腰、俯仰"。一旦其中一组被确定为重音,就确定了它们之间的关系是并列性重音。对于并列性重音,发音时语气要强调突出。

2. 对比性重音

对于文稿中有对比内容的文字,为了达到对比的目的、渲染对比的氛围、突出对比的反差和表达对比的感情,朗诵时要把作品中表示对立、对照等关系的对比词语用具有对比性的重音表达出来,使其特征突出、形象鲜明,这种具有对比性的重音就是对比性重音。例如,"谦虚使人进步,骄傲使人落后"是一句有对比内容的语句。我们可以把"谦虚""进步""骄傲""落后"都确定为重音,但一定要有主次之分,即确定的两组重音要有对比性。

3. 呼应性重音

呼应性重音是指作品中一呼一应或一呼多应的重音表达方式,是揭示上下文呼应关系的一种有力方法。朗诵时,应用呼应性重音不仅能揭示上下文的呼应关系,还能使朗诵表达层次清楚、结构完整。例如:"他是谁呢?他就是我们尊敬的田校长。"当将这句话中的"谁"和"田校长"设置为重音后,它们之间的关系便是呼应性重音,一呼一应使句子层次清楚、结构完整。

4. 递进性重音

作者在写作文稿时,内容的发展总是一步步深入、层层推进,因而在文稿中便会产生递进关系的语句结构。朗诵时,把这种有递进关系的对象描述、说理分析等内容用递进性重音表达出来,能使朗诵效果具有观点清楚、表述深刻等特点。递进性重音总是向着一个方向发展,后一个重音总是要比前一个重音揭示更新、更深、更多的含义或事物。例如:"燕子去了,有再来的时候;杨柳枯了,有再青的时候;桃花谢了,有再开的时候。"这里的"燕子、杨柳、桃子"和"去了……再来;枯了……再青;谢了……再开"是具有递进性结构的语句。朗诵时,如果将它们设置为重音,它们之间的关系便是递进性重音。

5. 强调性重音

朗诵时,为了突出作品中重要的、关键的词语而设置的重音就是强调性重音。特别是句子里某些具有感情色彩的词语或词组,在朗诵时用读得较轻或较重的技巧即强调性重音表达出来,能使朗诵表达色彩鲜明、突出重点。

同样一句话,强调性重音的位置不同,强调的重点就不同。例如:

我请你合诵(重音位置:"我"。强调的重点:请"你"合诵的人是我,不是别人);

我请你合诵(重音位置:"你"。强调的重点:不请别人);

我请你合诵(重音位置:"请"。强调的重点:怎么样,给个面子吧);

我请你合诵(重音位置:"合诵"。强调的重点:不是请你合唱)。

6. 比喻性重音

作者在写作文稿时,经常会采用比喻的修辞手法来增强内容的形象性、可感性等。朗诵时,为了更加形象地表达内容,朗诵者常将作品中与内容关联度密切、重点突出的比喻性词语设置为重音,以达到强调的目的,这类重音便是比喻性重音。例如:"在铅灰色的天穹下,在迷漫的雪雾中,辣椒就像一把燃烧的火炬,照耀着前程。"当朗诵者把"燃烧的火炬"设置为重音时,它就是比喻性重音。

朗诵时,声音的高低强弱、快慢停连、虚实转换都是重音的表达方法。对老年朗诵学员来说,应重点掌握以下三种重音表达方法。

一是重音重读:即用加重语气的方式来表达重音。重音重读时,不仅要根据文稿内容把握好感情的浓度和凝聚点,还要加强口腔的控制,提高每个音节的饱和度、清晰度。例如:"我是中国人,我那黄河一样粗犷的声音,不光响在联合国的大厦里,大声发表着中国的议论,也响在奥林匹克的赛场上,大声高喊着'中国得分'!"在朗诵这句话时,朗诵者要根据文稿语意的递进,控制好感情表达的浓度,做到语意愈递进,感情愈强烈,最后凝聚在"得分"二字上,使感情色彩达到制高点。

二是重音拉长音:即对重音音节进行适当延长来表达重音。重音拉长音既适用于鼓动性、号召性语句的表达,也适用于表达强烈的感情。例如:"让暴风雨来得更猛烈些吧!"朗诵时,要将重音"更猛烈些吧"的表达时间拖长。

三是重音轻吐:即将重音的音高降低至轻吐来表达重音。重音轻吐适用于表达复杂细腻的思想感情,表达时可降低音高,将重音轻而有力地吐出。这样的表达方式有时比增加音高、加大音量来表达重音的效果更好。例如:"江上渔火二三,他们在干什么?在捕鱼吧?或者,虾?他们也会有撒空网的时候吗?世路︿艰辛啊!"这句话的重音是"艰辛啊",但要在间歇停顿之后作重音轻吐处理。

三、语气

语气是指朗诵时朗诵者在思想感情运动状态支配下语句表达的声音形式。朗诵过程实际上也是语气应用和表达的过程,所以语气在朗诵中占有非常重要的位置。

朗诵时要处理好语气,就要先弄明白情、气、声三者的关系。它们的关系是:以情带气,以气传声。

1. 语气的声音形式

由于文稿中每句语句的感情色彩和感情分量都不相同,朗诵时表达不同的语句所用的声音形式也千变万化,归纳起来大致有五种声音形式。

一是波峰形式:即表达语句时声音呈现由低到高再到低的态势。例如:"世界上没有花的国家是没有的。"

二是波谷形式:即表达语句时中间的句腹部分声音下降,呈现由高到低再到高的态势。例如："当教师的都想让自己的学生多学一点知识。"

三是上山形式：即表达语句时声音从句首开始逐渐上行，呈现由低到高的态势。例如："我骄傲，我是中国人。"

四是下山形式：即表达语句时句首的声音高起，呈现由高到低的态势。例如："站久了，也累了。"

五是半起形式：即表达语句时句首的声音低起，句腹上扬到一半，呈现由低到中高延伸的态势。例如："这到底是什么幻景呢？"

2. 语气的感情色彩

语气有着具体的喜、怒、哀、乐等思想感情色彩。

喜悦时：语气表现为气满声高、兴奋不已等。例如："盼望着，盼望着，东风来了，春天的脚步近了。"

悲伤时：语气表现为气缓声沉、欲言又止等。例如："唉！这太惨了。"

赞美时：语气表现为气平声柔、语流舒缓等。例如："这才是伟大的爱情，坚贞就在这里。"

陶醉时：语气表现为气舒声平、出语轻软等。例如："那河畔的金柳，是夕阳中的新娘。"

焦急时：语气表现为气短声促、语速连珠等。例如："不好了！不好了！月亮掉到井里了。"

愤恨时：语气表现为气足声硬、气粗声重等。例如："老天若不随人意，不会作天莫作天！"

语气所含种类繁多，还有一种表态语气，也是我们应该经常练习的。表态语气就是自己对自己的说话内容所表示的某种态度。例如：

他已经竭尽全力了（表示肯定的态度）；

这样的说法恐怕让人难以置信（表示不肯定的态度）；

我不希望看到这样的未来（表示委婉的态度）；

你认为这个方案可行吗（表示商量的态度）；

这种做法是完全错误的（表示否定的态度）。

通过肯定、不确定、强调、委婉、商量、否定等语气，朗诵者可向听众表达自己的某种态度，从而与听众产生共鸣，达到朗诵的目的和净化心灵的作用。

四、节奏

我们平时说话都是有节奏的，该快的时候快，该慢的时候慢，听起来很动人。但朗诵不仅有节奏快慢的问题，还有由于作品思想内涵的波澜起伏，需要选用抑扬顿挫、轻重缓急等形式来表达的问题。

1. 节奏的基本概念

节奏是由整篇文稿生发出来的朗诵者思想感情的波澜起伏而形成的抑扬顿挫、轻重缓急的声音形式。朗诵的节奏以思想感情运动为依据，其外部形式表现为语流的抑扬顿挫、轻重缓急。朗诵的节奏不是随便确定的，它生发于文稿，受文稿的主题统领，受朗诵基调的制约。

2. 朗诵节奏的类型

（1）轻快型

朗诵的轻快型节奏具有语速轻快、多扬少抑、多轻少重等特点。朗诵时，声轻意浓不着力，时而有跳越感，向听众传递着欢快、轻松、诙谐、愉悦等情怀。

例如："一会儿，天空出现一匹马，马头向南，马尾向西。马是跪着的，像等人骑上它的背，它才站起来似的。过了两三秒钟，那匹马大起来了，腿伸开了，脖子也长了，尾巴可不见了。看的人正在寻找马尾巴，那匹马就变模糊了。"这是萧红《火烧云》中的片段，朗诵时要多扬少抑，声音不要着力，轻松愉快地进行诠释。

（2）高亢型

朗诵的高亢型节奏表现为语势明亮高亢，语速偏快，具有峰峰紧连、扬而又扬、势不可遏、一潮高过一潮等特点。朗诵时，向听众传递着昂扬、积极、亢奋、向上等情怀。

例如："林平之急提马鞭向半空中抽去，劲力到处，波的一声响，将那野鸡打了下来，五色羽毛四散飞舞。"这是金庸《笑傲江湖》中的片段，朗诵时声音要随情景而动，明亮、高昂地传递情感。

（3）紧张型

朗诵的紧张型节奏表现为语速较快，多扬少抑，多重少轻，具有顿挫短暂、声音强劲有力等特点。朗诵时，向听众传递着气促、紧张、急迫、强劲等情怀。

例如："火力点里的敌人把机枪对准黄继光，子弹像冰雹一样射过来。黄继光肩上腿上都负了伤。他用尽全身的力气，更加顽强地向前爬，还有20米，10米……近了，更近了。"这是《黄继光》中的片段，朗诵时基本语气和转换处理都要急促、紧张而有力。

（4）舒缓型

朗诵的舒缓型节奏表现为语速轻缓、明朗，语势平稳、轻柔、不着力，气流长而声清。朗诵时，向听众传递着美丽、幽静、深情、舒展等情怀。

例如："小时候，乡愁是一枚小小的邮票，我在这头，母亲在那头。长大后，乡愁是一张窄窄的船票，我在这头，新娘在那头。"这是余光中《乡愁》中的句子，朗诵时节奏、语速都要较为舒缓，要用轻柔、不着力的声音来描绘诗人思念亲人、思念故乡的款款深情，抒发幽静舒展的情怀。

（5）低沉型

朗诵的低沉型节奏表现为语速较缓，句尾落点多显沉重，语势多为落潮类。朗诵时，向听众传递着声暗、声沉、缓慢、低沉等情怀。

例如："母亲去世后，我便常站在河边，幻想着能从小河里看到母亲。她是从小河走向那个世界的，那轻轻的流水声多像母亲温柔的语声，那缓缓拍打堤岸的河水多像母亲温柔的手。"这是马如琴《小河》中的片段，它把我们带到了作者对母亲的依恋与痛苦的思念中，所以，朗诵时声音的节奏一定要缓慢，情感色彩要偏暗、偏沉，处于沉缓状态。

（6）凝重型

朗诵的凝重型节奏表现为语势沉稳，具有多抑少扬、多重少轻、顿挫较多、音强而着力等特点。朗诵时，向听众传递着平稳、沉缓、庄重、悲伤等情怀。

例如："灵车队，万众心相随，哭别总理心欲碎，八亿神州泪纷飞。红旗低垂，新华门前洒满泪。日理万机的总理啊，您今晚几时回？"《十里长街送总理》打动了无数人的心，朗诵这篇作品时语势要沉缓，悲伤色彩浓重，顿挫应用得较多且时间较长，以此来表现庄重、肃穆的气氛和悲痛的情感。

一篇作品的朗诵节奏既相对稳定，又富有变化性。一般情况下，一篇作品的朗诵节奏不会从头到尾一成不变，要有主导节奏和辅助节奏之分。根据作品情节的需要，节奏之间的转换也有许多不同的方法，常用的有欲扬先抑，欲抑先扬；欲快先慢，欲慢先快；欲重先轻，欲轻先重；欲停先连，欲连先停等。

总之，诗歌朗诵具有很大的表演性，需要我们灵活应用内部技巧和外部技巧，投入真情，反复吟诵，方能传达出诗歌的感染力，用诗歌特有的魅力打动听众。

思考题

1. 朗诵表达的内部技巧是什么？
2. 怎样理解情景再现？
3. 朗诵表达的外部技巧是什么？
4. 朗诵时停连、节奏的变化有何意义？
5. 重音和语气在作品中起的作用是什么？

第四章
舞台朗诵态势语

　　大幕开启,灿烂辉煌的灯光骤然铺满了舞台,这时出场的朗诵者被映照得通体透亮,满眼光辉,观众席里几十、几百或几千双眼睛齐刷刷地看向朗诵者。除了现场观众外,还包括摄像机后面的观众。在舞台上,朗诵者要和每一位现场观众交流,力争要让每一位观众都能看到他的形象,听到他的声音。朗诵者具有穿透力、颗粒状的声音打满全场,控制着全场的氛围,让观众的情绪随着自己的声音起伏或激昂,或兴奋,或悲伤。

　　舞台朗诵不仅要有充满激情的声音和具有煽动性、戏剧性的外在表演,还要有服饰、表情、手势、身姿及音乐等的配合,才能使舞台朗诵富有感染力。

第一节　仪表语言

　　朗诵者在舞台上的仪表应当是庄重的、典雅的、质朴的、从容的、轻松的和大气的。

一、服饰

　　仪表语言也称服饰语言,指的是朗诵者的着装。因为朗诵不仅是听觉艺术,还是视觉艺术。观众的整体视觉源于舞台美术、多媒体应用等,中心则是朗诵者。所以,朗诵者的着装很重要,它能有意无意地传递感情上的信息,这就要求朗诵者的服饰做到基本上的得体、大方,适合朗诵者的身份,适合朗诵的内容和环境以及观众的审美视觉。

1. 服饰要端庄大方

服饰是朗诵者外在形象的重要组成部分。莎士比亚曾说过:"服装往往可以表现人格。"端庄大方是朗诵者在服饰选择上的出发点和基本点,它体现着中华民族传统的审美观念。

女士上台朗诵可着职业套装、旗袍、民族服装、中式上衣配长裙或长裤、连衣裙装等,少穿或尽量不穿休闲装、牛仔裤等。切忌穿过露、过透、过短和过紧的服装。不要过于惊艳、妖娆,尽量以端庄得体为主。

男士上台朗诵要选择比较正规的服装,如西装、中山装、民族服装,或者西裤搭配白、蓝等净色衬衫,打领带。同时,也要尽量避免穿着休闲装、牛仔裤等上台朗诵。

2. 服饰要符合朗诵的内容

培根曾说:"美不在部分而在整体。"朗诵的整体除了鲜明的主题和丰富的内容外,还包括朗诵者的着装。朗诵者的着装受朗诵内容的制约。比如,在清明节期间举行祭奠英烈的诗会上,男士应选择庄重一点的套装,女士应选择颜色协调统一的裙装。

3. 要重视服装色彩的选择

色彩、款式、材质称为服装三要素,其中色彩为第一要素。因为服装的色彩会在第一时间对人的眼球产生快速、强烈、深刻的刺激,并给人们留下深刻的印象。所以,服装的色彩被人称为"服装之第一可视物"。

朗诵者上台朗诵时要重视服装色彩的选择,衣着颜色不仅要与朗诵主题、内容相协调,还要考虑舞台的整体效果和服装颜色所传递的信息。例如:穿着红色服装给人的视觉印象是热烈而夸张的;白色服装给人以耀眼、膨胀的感觉;蓝色服装给人以平和、镇定的感觉;黑色服装给人以深沉、收缩的感觉等。

(1)颜色类别及象征意义

人们对色彩的感觉是一种心理效应,它来自色彩的光刺激而引起的生理、心理反应。例如,人类对色彩的冷暖感觉就是一种心理反应。人在红色环境中脉搏会加快,甚至血压会有所升高,这就是一种生理反应;红色能让人兴奋、激动甚至冲动，这也是一种心理反应。

根据不同的色彩引起人的不同生理、心理反应，色彩学将色彩分成暖色、冷色、中性色。其中，波长长的红色、橙色和黄色等称为暖色，波长短的紫色、蓝色等称为冷色，黑色、白色、灰色称为中性色。

日常生活中，不同的颜色有不同的象征意义，如暖色象征着太阳、火焰、热情和警示等，冷色象征着森林、大海、蓝天和冰雪等。

色彩的属性通常用色相、明度、纯度来表示，它们被称为色彩三要素。色相、明度、纯度都具有相对独立性，全部色彩的变化均可用这三种属性来界定、区别和把握。

色相是色彩最明显的特征，用来表示人眼对某一色彩的颜色感觉，即某一波长的色彩光引起的人眼特定的视觉感受。每种颜色都有自己独特的色相而区别于其他颜色。

明度是指色彩的明亮程度。对物体的色彩来说，明度又称为亮度，它用来表示物体色彩的明暗程度。明度具有较强的对比性，它的明暗关系只有在对比中才能显现出来。高明度的色系看起来温馨、柔和、亮丽、梦幻，具有醒目、刺激、活跃、强烈等感觉。低明度的色系看起来稳重、成熟、古典、深邃，具有庄重、肃穆等感觉。在无彩色系中，明度最高的是白色，最低的是黑色，中间的为各种深浅的灰色。

纯度也称为饱和度，用来表示色彩的纯净程度和鲜艳度。如果一种色彩中所含该色彩的色素成分越多，该色彩的纯度就越高，反之纯度就越低。如果一种色彩中包含的白色、黑色、灰色成分越少，该色彩的纯度就越高，反之纯度就越低。黑、白、灰属无彩色系，没有纯度。

（2）服装色彩选择需注意的问题

第一，服装色彩具有表明身份特点的象征性意义，所以选择服装色彩除了要受社会道德、文化、风尚的制约外，还要能体现各自的社会地位及精神面貌，即既要反映时代与社会风貌，又要注意与自己的身份相匹配。

第二，服装色彩属于装饰色彩的范畴，其装饰对象是人。人的个性千差万别，因此选择服装色彩要以人的形象为依据，要用比较抽象的手法，表达出某种装扮情趣。以流行色彩来显示服装的时髦性已成为人们的审美观念，但选择几种色彩却有讲究。一幅装饰画可以用许多色彩来装饰，而服装色彩的选择却以尽量少为原则。为了取得简洁、流畅的整体效果，一套服装一般选择三四种色彩足矣。

第三，不同色彩、不同类型的服装都有其不同的穿着目的和相应的着装环境。所以，选择服装色彩和服装类型不仅要与舞台上下的人文环境相适应，还要与季节气候相适应。通常春夏季适合穿明快、鲜艳的颜色，而秋冬季则适合穿中性、深暗、暖调的颜色。

第四，选择服装的色彩还要与朗诵者的年龄、性别、职业、性格、肤色、体型相适应。老年人对色彩的要求通常是稳重、含蓄、漂亮、高雅。色彩搭配要做到与人的个性相协调，这不仅显示色彩运用得当，还会使人的精神面貌显得更年轻、健康。简洁、明快、质朴体现着老年人稳重、内敛的性格，所以选择的色彩明度要偏高一些。身材偏胖的人应该选择颜色较深的冷色调服装，而身材偏瘦的人应该选择颜色较浅的暖色调服装。

第五，服装的色彩要达到总体和谐。毋庸置疑，杂乱的色彩和噪声同样会使人产生烦躁的感觉。而色彩的整体和谐要依靠色彩的巧妙组合来实现。色彩作为服装的一个重要因素，并不是孤立存在的，它与款式的形体、线条以及面料的肌理、花形有着密不可分的关系。所以选择服装时，除了要考虑主色调是否符合朗诵主题、年龄等因素外，还要考虑服装上各种色彩的面积、位置、秩序的总体协调效果是否合适，否则，选用的色彩只能给人一种凑合无关联的视觉印象，也就无从谈及趣味与情调的表达了。

要想取得服装色彩整体美的效果，主色调的选择至关重要。服装的主色调就是服装的主体色彩，它占据着服装的大部分面积，其他辅助色彩只起点缀的作用。辅助色彩的数量以不超过三种为宜，面积、比例、色彩三要素不能破坏色彩的视觉重点，以实现视觉平衡。

4. 要巧佩饰物

饰物包括服饰和首饰两大类。用来装饰人体的物品统称为服饰，通常包括服装、鞋子、帽子、袜子、手套、围巾、领带、配饰、包、伞、眼镜等。首饰原指男女戴在头上的装饰品，后来专指妇女的头饰、耳环、项链、戒指、手镯等，现指用各种贵金属、宝玉石等材料制成的与服装相配套、起装饰作用的饰品。

佩戴饰物的目的是提升人的气质，增加美感，起锦上添花的作用。但是，佩戴饰物有许多讲究，某些饰物有约定俗成的意义，不能随意佩戴。因此，朗诵者上台朗诵佩戴饰物要注意以下事项。

第一，戒指是最常见的饰物，现代社会中戒指常与恋爱、婚姻联系在一起。戒指的佩戴已经形成了约定俗成的意义：戴在食指上，表示无偶或寻求恋爱对象；戴在中指上，表示已在恋爱中；戴在无名指上；表示已经订婚或结婚；戴在小拇指上，表示独身或者终身不嫁或不娶。朗诵者上台朗诵时无须佩戴戒指，更不能佩戴款式比较夸张的戒指，以免朗诵时分散观众的注意力。

第二，服饰是常用的饰物，上台朗诵时可以根据不同的朗诵内容、不同的季节、不同的服装巧妙地选择服饰作为点缀，在达到高雅、美丽、适当、得体的同时，还必须符合礼仪规范。奇装异服、珠光宝气的打扮都不适合上台朗诵。

选择服饰还要与朗诵者的体型、发型、脸型、肤色和谐统一。佩戴的饰物数量宜少不宜多，颜色要与服装色调相协调，形状不宜过大、过于夸张，也不宜过亮，以免反光，结构不宜太复杂，以免分散观众的注意力。

第三，舞台上允许佩戴眼镜。上台佩戴眼镜有三种不同的情况：一是有近视、老花眼疾的人需要矫正视力；二是脸型有缺陷的人需要戴眼镜来装饰和遮掩；三是为了形象需要而戴眼镜。由于舞台上光线很强，眼镜的镜片常会产生反光现象，会给录像、照相带来不利影响。对有近视、老花眼的朗诵者来说，如果能把朗诵稿背诵出来，便可不戴眼镜上台朗诵。对于为了装饰和形象而戴眼镜的朗诵者，建议佩戴无镜片的眼镜框上台朗诵。

二、化妆

苏轼有诗曰："欲把西湖比西子，浓妆淡抹总相宜。"一位资深的化妆师曾说：化妆的最高境界可以用两个字来形容，那就是"自然"。

朗诵者仪表语言所说的化妆，是指用人工修饰的方法对朗诵者的面部进行修饰。因为人的皮肤在舞台灯光的照射下会显得苍白无神，所以化妆对提升朗诵者的精气神有重要作用。

化妆的目的是塑造理想的、自然优美的舞台人物形象。人的长相是天生的，即使长相很好的人，其面容也难免会有微小的缺陷，适当的化妆可以弥补这些缺陷。但是，朗诵化妆不同于戏剧化妆那样夸张，朗诵化妆只是在本人的形象基础上进行适当的美化修饰，矫正某些缺陷，突出个人的气质。

1. 修饰肤色

朗诵者在舞台上的肤色应呈现出润透、明亮、健康。我们虽然都是黄色皮肤，但细分起来肤色又有偏暗、偏红、偏黑、偏白的个性差异，因此需要对走上舞台的朗诵者进行皮肤修饰。特别是集体诗朗诵，舞台上同性别的朗诵者肤色要基本上保持一致，这样才能显得整齐。

（1）清洁皮肤

化妆前首先要认真仔细地对面部、颈部等处皮肤进行清洗，确保皮肤具有良好的光洁度和湿润度，否则妆面会浮在不洁净或粗糙的皮肤表层，这将无法产生妆容的美感。

（2）滋润皮肤

清洗面部、颈部等处皮肤后，皮肤会发干，这时应该用爽肤水轻按和轻轻拍打面部、颈部，有人把这个环节称作唤醒皮肤。对老年朗诵者来说，皮肤需要多增加些水分，所以需要再加一层润肤液，以增加皮肤的湿润度。

（3）打底色

打底色也叫打粉底，可以起修正肤色、矫正不理想脸型和遮盖瑕疵等作用。打底色是开始进行正式化妆的第一步，也是最重要的一步。在粉底的色号与质地的选择上，要尽量接近个人肤质和肤色，并且一定要打均匀。这一化妆环节需要的时间稍长些。打底色也有很多的技巧，如在打好的底色基础上，鼻梁等部位要打高光（使用白色粉或高光粉），侧脸即腮线之下的部位要打暗影（使用比底色深一点的暗影粉，如土黄色或棕色等），以提升轮廓，打造立体感。

2. 修饰面部

修饰面部也就是面部化妆。通过对眉型、唇型、脸型、鼻型的修饰与矫正，以获得较好的视觉形象。

（1）画眉毛

画眉毛最好从眉毛浓密的中间部位画起，眉头处应当淡一点。从眉峰到眼角画出一条流线型的眉毛，要求达到两头淡，中间深，上虚下实。然后，用刷子轻轻地梳理眉毛，使其呈现自然状态。女士眉毛可稍作夸张修饰，男士眉毛要有自然感。

（2）涂眼影

第一步：根据自己的服装色彩来选择眼影的颜色，一般常选用浅棕色。先用眼影刷蘸取适量眼影在上眼睑整个眼窝处均匀涂抹，涂抹手法是从后往前晕染。

第二步：用眼影刷蘸取少量深棕色眼影，涂抹在眼窝最深处，利用不同层次的棕色眼影叠加来打造眼睛的深邃感，衬托出鼻梁的线条。

第三步：用眼影刷蘸取适量浅金色眼影，涂抹在上眼睑中间部位，这样不仅能涂出深浅颜色的层次感，还能起提亮作用，让整个眼妆看起来更加有特色。

第四步：用棕色、黑色或咖色的眼线笔在眼睫毛根部位置描画一条细细的上眼睫线和下眼睫线。

如果使用深色或冷色眼影粉，可以在上眼睑紧靠眼睫线的上方用晕染手法涂抹，这样可使化妆后的眼睛看起来大而有神韵。

（3）贴假睫毛

许多喜欢朗诵的女性老年朋友上台前喜欢给自己贴一副假睫毛。假睫毛与睫毛膏相比，能够产生更强烈的装饰效果。贴假睫毛的基本方法如下。

第一步：用镊子夹起假睫毛在自己的眼睫毛根部比一下，用小剪刀把假睫毛的长度剪到和自己的睫毛一样长。

第二步：由于自己的眼睫毛没有假睫毛翘，为了贴上假睫毛后效果自然逼真，所以在贴假睫毛之前要先用睫毛夹把自己的眼睫毛夹得卷翘起来，然后再涂上睫毛膏，帮助固定真睫毛向上翘的弧度。

第三步：拿起准备好的假睫毛，根部朝上涂睫毛胶。涂睫毛胶时，应该从中间开始向两边涂，在眼头、眼尾处要涂得厚一点，以防脱落。

第四步：睫毛胶涂好后要空等10—15秒，待睫毛胶呈现半干状态后用镊子夹住假睫毛的中部，把它贴在真睫毛正上方靠近真睫毛根部的眼皮上，要注意不要让假睫毛根部的胶水碰到真睫毛。

第五步：假睫毛贴上后要用手指托着它，在胶水完全干之前修正弧度。不要把假睫毛抬得过高，以免和真睫毛明显分层；也不要压得太低，以免让眼睛看起来变小了。调整满意后，再将假睫毛托30秒，使胶水完全固定。

（4）涂口红

口红具有保护嘴唇、增加面部美感和修正嘴唇轮廓等作用，是爱美女性常备的化妆品之一。涂口红也是朗诵者上台朗诵必须进行的化妆程序之一。但是，如果涂口红的方法不正确，不仅起不了美化作用，还会给嘴唇造成伤害。涂口红的基本方法如下。

第一步：如果唇部干裂有死皮，要先用小棉棒蘸取热水涂抹在嘴唇上，使死皮软化并轻轻擦除死皮。

第二步：在嘴唇上涂一层润唇膏，这不仅能将嘴唇皮肤的水分保留住，还能将嘴唇的皮肤与口红隔离开，既能保护嘴唇皮肤，又能使口红效果更好。

第三步：用唇笔描轮廓，修饰唇型。

第四步：选择自己喜欢的口红颜色涂抹嘴唇，先从嘴唇中央内侧开始涂抹，由内向外、由深到浅地逐渐晕染开，然后再涂抹嘴唇中央。

3. 设计发型

除了化妆外，发型是观众最先看到的形象之一。发型设计得好，不仅能显露脸部、头部的优点，遮盖缺点，还能使朗诵者具有良好的自我感觉，让观众耳目一新，提高朗诵者的整体形象。

朗诵者上台朗诵时，其发型（除了特定造型外）既不同于话剧等戏剧角色的扮演，也不同于一般的生活发型，需要根据朗诵的内容，结合个人气质、性别、脸型、年龄、体态等来设计。基本要求是：自然大方，有个性。对女性来说，长发、短发、直发、卷发、辫子、盘发等均可。对男性来说，应以短发分头、后背、寸头为主。男女朗诵者的头发颜色应以自然色和黑色为主，不建议把头发染成夸张的颜色。

第二节 表情语言

美国心理学家艾伯特·梅拉别恩曾经通过许多实验总结出一个公式：信息的效果 =7% 的文字 +38% 的音调 +55% 的面部表情。公式中的面部表情其实就是表情语言。

表情语言在人类的语言表达中具有激发感情、渲染效果、直击内心、突出重点、肯定与否定等强化作用。

一部舞台朗诵作品中，眼神、表情的运用和处理是朗诵者感情表达及二度创作能否感染观众的重要一环。所以，朗诵者一定要重视表情语言。

一、眼神

眼神是指眼睛的神态。俗话说，眼睛是心灵的窗户，目光是心灵的语言，内心世界的各种活动都能通过眼睛表现出来。表情的核心内容就是眼神。

戏剧表演者的眼神要与自己相关角色的眼神接触，演讲者的眼神一般要与观众接触。而朗诵者的眼神既要与观众接触，以实现与观众的心灵交流，加强朗诵的表达效果，又要根据朗诵的内容将目光凝视于某个方向。其实，这是在与自己的内心交流。朗诵诗歌时，朗诵者常常沉浸在诗歌表达的意境中，其眼神往往流露出朗诵者对诗意深深的冥想。朗诵者要想与观众进行思想感情的交流，除了要借助声音的表达外，最主要依靠的就是眼神的运用。

1. 通过与观众的眼神接触向观众传递感情

朗诵者如果想要把自己发自内心的感情传递给观众，可通过与观众的眼神接触来实现。通常情况下，观众的眼睛接触到什么样的目光，就会产生什么样的反应。

例如，当朗诵阿紫《读中国》中的"读中国，你会发自肺腑地向着东方喊，我爱你，中国"时，当观众接触到朗诵者自豪、兴奋、热烈的目光时，便会从朗诵者的眼神中感受到生长在伟大中国的无比自豪与感动，就会随之豪情满怀，情绪激荡。同样，如果观众接触到朗诵者和蔼的目光时，便会产生亲切、关爱和关怀感。

2. 朗诵中最常用的眼神是平视目光

朗诵的眼神表达有俯视、平视、仰视、斜视、侧扫视和环视等。朗诵时，要根据内容来正确选择眼神的运用，用得最多的是平视。平视就是目光前视并与适量的环视相结合。应用平视目光时，朗诵者眼睛的视线可或近或远地注视前方和环视周围，或用询问的眼神与某一位观众的眼神接触，也可用亲切友好的目光寻求观众的理解与支持。

例如，当朗诵杜牧《清明》中的"借问酒家何处有"时，朗诵者的目光就可与某一观众接触，把询问的眼神传递给观众，但停留的时间不宜过长，表达清楚后，眼神就要顺势离开。

3. 要善于用眼神变化来表达丰富的情感

人的眼神能透露出不少信息，眼睛可以淋漓尽致地表达人的喜、怒、哀、乐等情绪，甚至流露出语言难以表达的微妙感情。朗诵时，要善于根据朗诵内容的变化来改变自己的眼神，配合声音的变化，及时用眼神向观众传递情感。

例如：朗诵到喜悦兴奋的地方，就要睁大眼睛，让眼神散发出心悦的光芒；朗诵到忧愁哀伤的地方，目光应该朝下或处于深深的凝视状态，使眼神流露出忧伤的情绪；朗诵到愤怒怨恨的地方，可睁大眼睛，眼神固定，让眼神散发出震撼、咄咄逼人的目光；朗诵到轻松愉悦的地方，则可以舒眉展眼，让眼神充满令人喜悦、舒服、愉快、欢畅的光芒。

然而，眼神的这些变化活动需要和脸部的表情协调一致，需要和有声语言协调一致，还需要和整体的思想感情运动状态协调一致。只有全部协调一致，才容易被观众理解，才能有效地把朗诵者眼睛的神韵烘托出来。

二、表情

表情即面部表情，是指通过眼部肌肉、面部肌肉和口部肌肉的变化所表现出来的各种情绪状态。面部表情是一种十分重要的非语言交流手段。表演艺术家会通过面部表情的变化来表现人物内心的情绪和情感，栩栩如生地展现人物的精神风貌。

眼睛是心灵的窗户，面部表情则是心灵的大门。对朗诵者来说，也要善于用面部表情来表达作品的情感内容，要根据作品中喜、怒、哀、乐的内容变化调节面部表情，把自己内心细腻的情感准确、贴切地表达出来，以影响和感染观众，达到紧扣主题、弘扬主旋律的目的。

1. 面部表情要自然真诚

只有自然、真诚的面部表情，才能给人以朴实、动人、真挚的感觉。如果是做作的表情，则会使人感到虚假、不舒服。

例如，徐志摩《雪花的快乐》中的"假若我是一朵雪花，翩翩的在半空里潇洒"，朗诵这两句时，朗诵者的面部表情应当是真诚的、自然的、质朴的，面部表情应向观众释放出这样的情感：假如我是一朵雪花，我愿在半空中翩翩起舞，尽情地展现身姿，就算即将跌进冰冷的山谷，融化在寂静的大地，也不放过飞舞时的一分一秒。

2. 要防止眼神无光的木讷表情

对于朗诵者眼神无光的木讷表情，有人猜测是由于心理紧张，表面却要迫使自己显得沉稳造成的。这种表情不仅会影响朗诵的感染力和震撼力，还会影响观众的接受情绪，使朗诵者在观众心目中的形象大打折扣，影响朗诵的整体效果。

例如，当朗诵崔墨卿《中国梦》中的"十三亿中国人民还有一个共同的梦，国强民富天下太平人寿年丰"时,如果用眼神无光的木讷表情,是断然表达不出这种既有号召力、感染力,又有震撼力的诗句情感的!

3. 切忌矫揉造作和故作姿态

矫揉造作用来形容演员眉飞色舞、表情过于丰富、故意做作和不自然的动作。故作姿态是指人们假装出来的自以为具有某种艺术效果的姿势、腔调的反常动作。舞台上如果朗诵者的表情是矫揉造作、故作姿态的,不但会使观众觉得朗诵者是虚情假意的,还会使观众产生反感,甚至影响朗诵的艺术效果。所以,朗诵者在舞台上要切忌矫揉造作和故作姿态。朗诵者应该按照本书前面章节多次强调的"提颧肌,打牙关,挺软腭,松下巴"语言表达四要素,保持微笑、兴奋、积极的状态,通过眉宇、嘴角、鼻翼和面部肌肉的活动,用准确、妥帖的面部表情来表达朗诵的内容。

第三节 手势语言

通过头、眼、颈、手、肘、臂、身、胯、足等人体部位的协调活动来传达人物的思想,形象地借以表情达意的人际沟通方式称为肢体语言。手势语言则是肢体语言的一种,是通过手、臂、肘、腕、掌、指的各种协调动作来表达某种物体、思想、心理活动和情感活动的人际沟通方式。肢体语言和手势语言是演员的必修课程,也是朗诵者应该了解和掌握的技能和技巧。

相同的肢体动作、手势在不同的民族、国家、语言、文化背景下传达的意思可能不尽相同。因此,朗诵者在借助肢体语言和手势语言来表情达意时,一定要注意场合,要了解观众的民族背景、文化背景等因素,避免使用不当的肢体动作和手势。

一、朗诵手势的特点

朗诵手势是朗诵者在运动着的思想感情支配下,用以表达某种物体或心理活动的形象性动作。有专家研究发现，在说话、演讲、朗诵时做些适当的手势，有助于思考、表达和记忆。朗诵者在舞台上手势运用得当，不仅能增强朗诵的可视性，还能帮助朗诵者更好地运用情感，加深观众的印象，并引起他们的强烈反响。只要从作品的内容出发，运用自然、精准、朴实、贴切的手势动作，就会使朗诵锦上添花。

朗诵时的手势动作必须根据朗诵的内容进行设计，手势动作要与朗诵内容紧密配合，切忌生搬硬套，也不可采取不合时宜、幅度过大或过小甚至多余的动作，这会使朗诵的效果受到影响。朗诵的手势设计应注意以下几点。

第一，要根据朗诵的内容确定是采用单手手势（一只手的动作）还是双手手势（双手同时的动作）来配合内心情感的表达。

第二，朗诵手势的动作要少而精，要适度、自然、优美、和谐。手势动作的幅度也要适当小一些。如果朗诵的场面和空间很大，观众也很多，手势动作就要体现大气。

第三，在舞台上，朗诵者的身体不能经常移动。除了特殊情况外，手臂不要挥得太高、太远。

二、朗诵手势的活动范围

既然朗诵手势的动作要少而精，那么它的活动范围一般也不会很大，以在胸前的动作居多。朗诵手势既要精准、恰当，动作的区间也要十分明确，这样才能引起观众的联想，启发思维。

朗诵手势根据其活动范围可分为上、中、下三个区间，具体如下。

1. 上区手势

手势活动范围在肩部以上的称为上区手势，常用来表达积极、亢奋、向上的情感，其手势动作让人感觉很有气势。

例如，李白《蜀道难》中"蜀道之难，难于上青天"的

图 4-1 上区手势

诗句,表意是这蜀道难行,比上天还难。这句诗道出了自古秦蜀之间被高山峻岭阻挡的险境。朗诵此诗句时,可采用单手手势并举过头,如图4-1所示,手势动作是将食指和中指错落提起指向天空,无名指和小指自然垂下。铿锵有力的有声语言和手势动作相结合,气势可震撼全场。

2. 中区手势

手势活动范围在肩部到腹部之间的称为中区手势。中区手势利用率较高,通常在客观、冷静地叙述一件事情或讲述一个道理时使用。

图4-2 中区手势

例如,海子《面朝大海,春暖花开》中的诗句"从明天起,和每一个亲人通信,告诉他们我的幸福",朗诵这样的诗句选用中区手势比较合适,如图4-2所示。

3. 下区手势

手势活动范围在腹部以下的称为下区手势,如图4-3所示,多用来表示鄙视、厌恶、不悦、决裂、批判等。

图4-3 下区手势

例如,臧克家《有的人》中,通过两种人的对照,对"俯首甘为孺子牛"的人倾注了无限深情,表达了崇高的敬意,而对那些骑在人民头上作威作福的人,则用"他活着别人就不能活的人,他的下场可以看到"的诗句来揭示这些人必定会被人民推翻,人民一定能看到他们灭亡下场的哲理。朗诵这些诗句时,朗诵者可以做出往下劈的手势,以表达对这些人的鄙视和厌恶。

三、朗诵手势的运用原则

朗诵者的手势从来就不是单独运用的,手势的一举一动都要和声音、姿态、表情,特别是朗诵的内容紧密配合。

向内、向前、向上的手势,意味着肯定、赞同、号召、鼓励、希望、充满信心等,是积极的手势;向外、向下的手势,意味着否定、拒绝、制止、批判、摒弃、愤怒等，是消极的手势。

例如：同时举起两只手掌，掌心向内，做向内召唤的动作，并配合相应的"积极"表情，表示请大家注意我，向我这里靠拢；掌心向外，往外推，并配合相应的"消极"表情，则意味着拒绝、回避、不认可、不理睬等。

总之，朗诵者的手势一定要遵循宜少不宜多、宜简不宜繁的原则。根据朗诵的文本内容，寻找自己的内在情感，随着现场的整体气氛自然地表现出来。手势的部位、方向、幅度、力度等都要与朗诵者的声音、面部表情、眼神、身体的姿态等相适宜。

第四节　身姿语言

美国心理学家爱德华·霍尔曾说过："无声语言所显示的意义要比有声语言多得多。"身姿语言是无声语言的一种，对朗诵来说，这种无声语言是指朗诵者身体躯干的姿态和运动所发出的信息。

朗诵者身体躯干的姿态主要是行姿和站姿，躯干的运动主要是手势。对朗诵者身姿最基本要求是庄重但不故作姿态，神态上自信但不盛气凌人，形态上潇洒利索、端庄稳健、自然得体。

一、行姿

行姿就是走路的姿态，它向人们传递一个人行走时的动态美。俗话说：站如松，坐如钟，行如风。所谓行如风，就是指人行走时像风行水上，有一种轻快、沉稳的自然美。

朗诵者的行姿主要体现在上下舞台时，要求有自然、轻盈、稳健、敏捷和不凡的优雅风度，步履不别扭、不笨拙、不迟钝，要体现出稳重自信。

而上下舞台的走路姿势往往会被朗诵者忽视。许多朗诵者认为，朗诵的过程就是从开口朗诵到说完最后一句为止。其实，朗诵的全过程是从迈上舞台的第一步开始,直到走下舞台的最后一步结束。我们时常看到朗诵者在上下舞台时因走路姿势不雅观,甚至故意搞怪而引起观众哄笑的现象,其实这会严重影响朗诵创作的整体效果。

朗诵者要以饱满的精神,全神贯注、生气勃勃地走上舞台,才能够一出场便吸引住观众,感染观众的情绪。要求做到以下几点。

第一,朗诵者上场要保持体态挺拔、轻松大方、步伐稳健有力。要挺胸、抬头,步幅适当。平时要加强训练,训练时做到头正、肩平、躯挺、步直、步幅适度和步速平稳。

第二,如果女士穿着裙装或旗袍上场,行走时两脚的轨迹应成一条直线,即行走时两脚内侧在一条直线上,两膝内侧相碰,步幅不宜太大。如果穿着裤装上场,两脚可走成两条平行直线。行走时,要挺胸、收腹、提臀、展肩,更需要头正、颈直、收下颌。

第三,男士上下场时的行走轨迹应该是两条平行直线,即行走时两脚的内侧应是在两条直线上。

第四,要避免不雅的步态给人留下不好的印象。不雅的步态是指左右摇晃、左顾右盼、弯腰驼背、前倾后仰、缩脖摆胯、连蹦带跳、手舞足蹈、鞋底蹭地、脚步带响、八字脚、小碎步等,这些都是朗诵者舞台上行姿的大忌。

二、站姿

站姿是指朗诵者在舞台上的站立姿势,它向人们传递一个人站立时的静态美。所谓站如松,是指站立时要像青松那样挺拔端正。朗诵者在舞台上站立要求做到后背挺直,胸部略向前上方挺起,要保持腰部的直立,两肩放松,重心放在脚掌的脚弓上。要做到挺胸收腹,精神饱满,气息下沉,腿部绷直,重心稳定,保持轻松、大方、自信。

朗诵者在舞台上要有好的站姿,需要加强平时的自我训练,训练时要做到头正、肩平、躯挺和腿并。男士可双脚平行分开,但幅度不要太大,不能超过肩宽,也可以站成小V字形。女士则可站成小丁字形或小V字形。

朗诵艺术基础

朗诵者在舞台上要避免出现错误的站姿。错误的站姿主要有以下几种表现。

第一，虽然做到了两脚并拢，昂首挺胸，但是整个人却显得很僵硬、呆板，给人以不舒服、不自然、很紧张的感觉。

第二，两脚呈"稍息"的姿势，有的一只脚还在不停地抖动，或一只手插在裤兜里，给人以不稳重、不尊重、不严肃的感觉。

第三，站在舞台上不停地晃动身体、塌腰、挺肚、耸肩，给人以懒散的感觉。

总之，朗诵者在舞台上的站姿一定要精神饱满、重心平稳、挺胸抬头、两肩平齐、收腹立腰、双脚略开、腿绷直竖，既要做到挺拔，又要不显得过于僵硬。

在朗诵过程中，随着情感的变化，朗诵者可以根据朗诵作品内容的需要做些挺立、前倾、后仰、左右晃动等动作，甚至来回走动几步以示徘徊、犹豫等，但身姿的变化不宜太多、太大，以免影响观众的接受和表情达意的效果。

思考题

1. 仪表语言指的是什么？
2. 表情语言就是指表情吗？
3. 手势语言的活动范围有哪些？
4. 身姿语言的站姿、行姿应该怎样规范？

第五章 朗诵配乐

美国诗人亨利·沃兹沃斯·朗费罗说:"音乐是人类的通用语言。"音乐和朗诵都能表达人的思想情感,只是形式不同而已。音乐通过旋律、节奏、和声等形式来表达思想感情,而朗诵则以声情并茂的有声语言来表达思想感情。当优秀的作品、真情的朗诵和美妙的音乐水乳交融时,可以使听众进入一个特定的、神奇的意境,直抵心灵,产生共鸣。在音乐旋律的激发下,朗诵者的情感容易被唤醒,使得朗诵表达更生动、更立体、更鲜活、更精彩,还能让听众更好地体会朗诵作品的思想内涵。好的配乐能起到深化朗诵主题、增强美感、触动情感、增添联想、渲染情境的艺术效果。

第一节 朗诵配乐的作用

朗诵配乐是由文学、音乐和有声语言有效融合在一起的艺术传递模式。语言艺术的朗诵和听觉艺术的音乐有机结合,能提高朗诵的意境,加深主题的渲染与呈现,为朗诵作品锦上添花。因此,朗诵配乐对朗诵效果起着至关重要的作用。

一、深化朗诵主题,提高表达意境

任何朗诵作品都是有主题的。主题是指作者在写作时结合自己的感受对素材进行加工、提炼后产生的思想和情感,它渗透、贯穿于作者所写的作品中。朗诵者声情并茂地应用各种技能、技巧来营造意境,目的就是让听众听懂、理解作品的主题，并能使听众产生联想，在情感上受到感染，进而产生共鸣。

朗诵配乐的关键是要从现有的音乐素材中，找出与朗诵作品的情感相适应的乐段。如果找到的音乐的情感与朗诵主题的情感一致，这时观众从朗诵的有声语言中获得的感受会在配乐的刺激下有所加强，并对朗诵主题的理解更加深刻。

例如，朗诵方志敏的作品《可爱的中国》，采用纯音乐《我爱你中国》为其配乐非常贴切。因为这首乐曲的主题、情绪、风格和寓意与朗诵作品的内容高度契合，在音乐的配合下，朗诵者能把作品的主题演绎得淋漓尽致，能使朗诵的主题得到深化，且融情于景，使朗诵营造的表达意境有效提升。

二、渲染现场氛围，释放内心情感

朗诵的配乐对朗诵起着烘云托月、推波助澜、渲染气氛等作用。例如，唐代诗人杜甫在《赠花卿》中就有"锦城丝管日纷纷，半入江风半入云"的诗句，形容锦官城里奏起的连绵和谐、轻柔悠扬的丝竹音乐一半散入江风中，一半散入云层中。选择美妙贴切的音乐融入朗诵，也好比是一半散入诗歌中，一半散入朗诵者和听众情感释放的共鸣中。例如，朗诵朱自清的《春》时，可以配上班得瑞的《春野》或《四月之春》等轻音乐。如果朗诵与配乐得当，将会把朱自清笔下的"春景图"渲染成在大自然的启迪和感化下，由作家心灵酿造，由朗诵、配乐创造，融汇在听众意境中的一幅春的艺术图像。此时，现场的气氛得到充分渲染，听众的内心情感得以最广泛的释放，朗诵才能具有动人心魄、扣人心弦的艺术效果。

三、激发内心情感，诵出立体画面

从朗诵创作的角度来说，精美贴切的音乐伴奏能激发朗诵者的兴奋感和创造力。犹如贝多芬所说："音乐其实是源自男人心中的火焰，源自女人眼里的泪水。"音乐能使男人的心中燃起火焰,使女人的眼里流出泪水。当合适的音乐与朗诵结合时,朗诵者的情感就会被音乐激发出来,发挥出更大的创造力,使朗诵发出的有声语言更具有感染力,这种感染力也更具有扩散性。当朗诵者发出的有声语言包含的内在情感扩散开来后,便传递到听众的耳中,引起听众的心灵共鸣,也会让听众获得同样的、立体的意境画面。例如,朗诵余光中的《乡愁》,用钢琴曲《月之故乡》来配乐是很好的选择。因为这首乐曲是中速稍慢的节奏,和乡愁那种魂牵梦萦、思绪万千、如倾如诉的语言节奏十分吻合,朗诵和配乐所表现的主题相互呼应,能使朗诵者对思乡的主题表达得淋漓尽致。因为音乐自身就带有鲜明的形象色彩和表达效果,能使朗诵者的语言表达得到一种情绪上的依托,从而获得诗的意境和想象的空间,使朗诵者的朗诵变成了有感而发,这种发自内心的情感对听众的感染力是最强的。

第二节 朗诵配乐的基本方法

朗诵配乐如同一件艺术珍品。朗诵好比是字画,音乐就是托裱、装框,最终目的是打造一件完美的艺术作品。如果没有音乐的置入,再好的诗歌恐怕也不尽完美。犹如再好的字画,如果没有托裱和装框的艺术修饰,就很难达到它所应有的艺术品相。

朗诵配乐也是一个创作过程。在朗诵作品形成后,配乐者必须深入研究并吃透作品的主题、思想内容、艺术风格和语言特点以及朗诵者的朗诵风格、对语句的处理方法等,在此基础上再根据配乐的方式进行后续工作。

朗诵配乐大体有三种不同的方式,具体如下。

一、铺垫式配乐

简单地说,铺垫式配乐就是为朗诵寻找一首合适的乐曲来做背景音乐,并一配到底,使朗诵从头到尾都有音乐伴随。朗诵配乐选用的乐曲一般都是无歌词的乐曲，基本上不用歌曲来做朗诵的配乐。铺垫式配乐是朗诵最简单的配乐方式。

1. 选择合适的乐曲

为朗诵配乐是对朗诵作品的二度创作。尽管铺垫式配乐的方法简单，但要寻找一首合适的乐曲也不大容易，这不仅要考验朗诵者对朗诵节目的文学修养，还要考验他的音乐知识和对音乐情绪的理解能力。除此之外，配乐者还必须会使用音频剪辑软件。

合适的乐曲是指乐曲的类型、情绪、节奏、风格、基调、主题、色彩等要大致与朗诵作品内容相适应。因为很难从现有的乐曲中寻找一首在情绪、节奏、基调、风格诸多方面完全与朗诵作品内容一致的乐曲，所以只能抓住主要的，放弃次要的。朗诵配乐的目的是用音乐来激发朗诵者和听众的情感，并产生共鸣，使朗诵的感染力达到最佳状态。因此，配乐的类型、情绪和节奏必须与朗诵节目的类型、情感和节奏基本一致。例如，朗诵的题材类型是古诗，选用古乐类音乐为其配乐是合适的，如果选用摇滚乐来配乐就不合适。又如，朗诵题材的内容情感是忧伤的，选用情绪忧伤的小提琴乐曲来配乐是合适的，但如果选用情绪快乐的舞曲来配乐就不合适。再如，朗诵节目的内容是慢节奏的抒情类散文，如果用慢节奏乐曲来配乐是合适的，但如果选用进行曲来配乐就不合适。

2. 对乐曲的加工处理

铺垫式配乐选用的乐曲时长必须与朗诵时长相匹配。但选到的乐曲时长往往与朗诵时长不一致，这就需要配乐者用音频剪辑软件对音乐进行加工处理。加工处理的内容大致有三项，具体如下。

第一项是调整配乐的时长。配乐的时长要根据朗诵的时长来确定。朗诵的时长一般是从朗诵者迈入舞台的第一步开始，直到他完成朗诵后迈出舞台的最后一步结束。如果选到的乐曲时长比朗诵时长短，可以重复使用该乐曲。连接处既可以使用淡出、淡入的方式来处理，也可以直接拼接，拼接处的过渡要自然，要顺着乐曲的节奏进行拼接。拼接的位置一般选在乐曲中某小节的结束处和某小节的开始处。

第二项是处理配乐开始处与结束处的过渡效果。朗诵配乐开始处和结束处的音量都不能突然出现和突然中止。配乐开始处的音量从零开始，慢慢上升到正常音量，称为淡入。配乐结束处的音量从正常值慢慢下降到零，称为淡出。一般的音频剪辑软件都有淡入、淡出功能，淡入、淡出的过渡时间可由配乐者自由选择。

第三项是调整配乐的总体音量。要注意：朗诵配乐朗诵是"主"，配乐是"辅"，配乐始终处于辅助地位，因此其总体音量要比朗诵的音量轻。要依据宜轻不宜重的原则，根据朗诵者表达时的声音强弱变化，对音量进行细微调节，一般为朗诵音量的 40%—50%。实际演出时，配乐的音量是在舞台调音设备上进行调节，因此在制作配乐时音量的大小控制不必太严格。

3. 配乐起播时间的选择

铺垫式音乐配制简便易行，很受广大诗歌朗诵者喜爱，也适合老年学员学习操作和演出使用。应用铺垫式配乐时，一定要注意音乐与朗诵要在主题、情感、基调表现上相对一致，节奏要协调，力度要合拍。同时，要注意配乐在朗诵时播放的时间点的选择，要灵活地根据朗诵的内容和想要营造的氛围、目的来确定。播放配乐的时间点的选择大致有四种情况，具体如下。

一是在开口朗诵之前播放配乐。在朗诵还未正式开始时先播放配乐，然后朗诵者缓缓走上舞台。这段时间的配乐可为将要进行的朗诵营造气氛，以增加朗诵的感染力。

二是在朗诵者朗诵了题目之后播放配乐。先朗诵题目的好处是可让听众对朗诵内容有一个大致的轮廓，醒目地朗诵标题还能起烘托氛围的作用，然后配乐的前奏渐渐响起，带领听众进入朗诵者设置的意境，紧跟着朗诵声朗朗响起，把听众的情感调动起来，坠入美的享受。

三是在朗诵了一段内容之后开始播放配乐。在配乐还未开始时先清诵一小段内容，这一小段内容一般是描述时间、地点之类的叙述性旁白等。配乐的开始播放时间可选择在叙述性旁白即将结束的时刻。配乐播放应当缓缓地响起，切忌以有爆发力的声音突然响起。

四是在朗诵开始时同时播放配乐。这种情况并不经常出现，但在有些特殊的朗诵内容需要音乐同时进入时，音乐一定要从轻声慢慢淡入，就像雨滴状的声音轻轻地进入。

二、编辑式配乐

编辑式配乐是一种以朗诵内容的情感变化为线索，在现有的适合配乐的众多乐曲中剪辑出与朗诵情感基本一致的多段乐曲，并将它们组合成符合特定朗诵整体要求的配乐乐曲的配乐方式。

编辑式配乐与铺垫式配乐相比，方法和过程都较为复杂。其工作步骤大体分以下几步。

第一步：对朗诵的文本进行分析，明确不同段落文本的情感基调和特征，理清整篇文章情感变化的脉络。

第二步：根据朗诵文本的类型，寻找适合用于配乐的音乐类型。例如，朗诵的文本是一篇抒情散文，便可从抒情类的小提琴演奏曲或钢琴曲中寻找配乐。

第三步：根据理清的朗诵文本的情感变化脉络，选定音乐情绪与其对应的具体乐曲或乐段，并根据朗诵文本段落的时长对乐曲进行剪辑。

第四步：运用各种过渡技巧将剪辑好的乐曲连接起来，其总时长符合朗诵总时长的要求。要根据朗诵文本情感表达的需要，灵活应用剪辑好的乐段，淡入、淡出、音量加大、音量减小、留白等是常用的艺术手法。

因为朗诵的编辑式配乐是根据朗诵作品的思想内容、语言特色、艺术风格等特点进行配乐构思的，所以形成的配乐与朗诵文本有较高的契合度，可使音乐与有声语言融为一体，艺术立体感和画面感更鲜明，因而艺术感染力也更强。

三、创作式配乐

创作式配乐是对朗诵作品进行配音创作的配乐方式。这种配乐方式为朗诵作品量身定做音乐，是朗诵最高层次的配乐方式。

朗诵的创作式配乐完全根据朗诵作品的内涵和朗诵者的朗诵特点进行音乐创作。创作形成的音乐作品有主题、有意境、有层次、有节奏、有画面、有情感。它不仅能做到与朗诵文本完美结合，还能与朗诵者的语音特点完满结合，使朗诵和音乐合二为一，成为一个完美的艺术整体。虽然创作式配乐是一种完美的朗诵配乐方式，但一般的朗诵者是无法完成的，需要由专业的音乐工作者来完成，所以制作成本较高，制作周期也较长。

第三节 朗诵主题的类别及其配乐原则

朗诵配乐的目的是使朗诵的作品更有表现力、更完美、更能表达思想情感。音乐被称为感情的语言。法国学者丹纳说："人的喜怒哀乐，一切骚扰不宁、起伏不定的情绪，连最微妙的波动、最隐蔽的内心，都能由声音直接表达出来，而表达得有力、细致、正确，都无与伦比。"为朗诵配乐就是为了借助音乐的力量，把朗诵作品的情感表达得更加完美。

朗诵配乐服务的是朗诵内容。朗诵内容的文学形式多样，题材广泛，内容丰富。从文学形式来说，有散文、小说、诗歌和电影台词等。而不同的文学形式又有各自的分类，以诗歌为例，可分为抒情诗、赞美诗、叙事诗、讽刺诗、寓言诗、格律诗、古体诗、词等。尽管朗诵内容的文学形式、类型千变万化，但每一篇作品都有自身的感情基调。对朗诵者来说，无论遇到什么形式、类型的作品，备稿时都要认真领会作品表达的是什么情感。

作品的情感可以通过想象来感悟。朗诵者可以想象自己亲临朗诵内容描述的场景时会产生什么样的情感，从而在自己的内心形成朗诵的情感基调。朗诵配乐的选择原则有四条。

原则1：选择的音乐的情感基调一定要与朗诵的情感基调一致。

原则2：选择的音乐风格要与朗诵内容一致。

原则3：选择的音乐节奏应该与朗诵内容的节奏一致。

原则4：选择的音乐主题应该与朗诵内容的主题一致。

朗诵配乐以诵为主，以乐为辅，诵是目的，乐是手段。根据不同的朗诵题材和内容选择不同的音乐，要做到选择的音乐和朗诵的声音配合在一起时，能产生情感上的共鸣，给听众以强烈的视觉及听觉冲击力，使朗诵效果最佳化。

总之，从诗的含义出发配制音乐，让音乐成为情感内容释放的手段，做到音乐的力度和朗诵的情绪、速度、情感合拍，这样才能使朗诵作品的品位升华。

一、歌颂祖国类朗诵主题的配乐原则

1. 情感特征

主题为歌颂祖国的诗歌朗诵具有高亢、激昂、自豪、赞美、奔放等情感特征。

2. 配乐原则

对于歌颂祖国类主题的诗歌朗诵，原则上应根据诗歌的内容选用激昂的、抒情的、愉悦的音乐来配乐。

3. 配乐举例

例如，朗诵具有强烈爱国精神的诗歌《我骄傲，我是中国人》时，可选用管弦乐《红旗颂》来配乐。因为管弦乐《红旗颂》的主题是歌颂象征伟大祖国的五星红旗，所以与朗诵内容的主题一致，同时它是带有国歌元素的宏伟号角和气势磅礴的乐曲，能使人听后心潮澎湃、情绪激荡。在此意境下诵出《我骄傲，我是中国人》中无比情深的诗句，能让听众无比激动，那种作为中国人的自豪感油然而生。音乐的大气磅礴和朗诵者抑扬顿挫声调的细微变化，能把《我骄傲，我是中国人》这篇歌颂祖国的抒情诗所含的情感完美地展示出来，使听众在感染和熏陶中受到爱国主义的教育。

常见的歌颂祖国类朗诵篇目的配乐曲目详见表5-1。

表5-1 歌颂祖国类朗诵篇目的配乐曲目

序号	朗诵篇目名称	可选的配乐
1	诗歌《放飞中国梦》	《我的祖国》（小提琴）
2	诗歌《祖国万岁》	《祖国万岁》（伴奏）

(续表)

序号	朗诵篇目名称	可选的配乐
3	组诗《红旗颂》	《红旗颂》(交响乐)
4	诗歌《我的祖国》	《月牙之死及飞天》(小提琴)

二、亲情、乡情类朗诵主题的配乐原则

1. 情感特征

亲情、乡情类主题的诗歌朗诵具有热情、深情、质朴、叙述等情感特征。

2. 配乐原则

对于亲情、乡情类主题的诗歌朗诵，原则上应根据诗歌具体的情感特征选用能激发热情、抒情的乐曲来配乐，个别的也可选用忧伤的乐曲来配乐。

3. 配乐举例

例如，朗诵朱自清的散文《背影》时，可用吕思清的小提琴曲《牧歌》来配乐。因为《牧歌》的旋律舒展优美，所激发出来的恬静、深情、悠扬的情绪与《背影》的情感相匹配，乐曲所描绘的辽阔草原也与《背影》的作者想要告诉大家的父爱伟大和深沉情感基调一致。用小提琴曲《牧歌》为《背影》配乐，既可使醉人心扉的旋律激发的情绪与朗诵者娓娓道来的真诚、朴实、无私父爱的朗诵声音在听众心里产生共鸣，又可使《背影》所想表达的情感被听众最大限度地接受。

常见的亲情、乡情类朗诵篇目的配乐曲目详见表5-2。

表5-2 亲情、乡情类朗诵篇目的配乐曲目

序号	朗诵篇目名称	可选的配乐
1	诗歌《母亲是一种岁月》	《母亲》(伴奏)
2	诗歌《天上的草原》	《三河与梅朵》(马头琴和小提琴)
3	诗歌《心中的绿洲》	《天边的骆驼》(小提琴)
4	诗歌《乡之音》	《江河万古流》(交响乐)

三、爱情、心情类朗诵主题的配乐原则

1. 情感特征

爱情、心情类主题的诗歌朗诵具有亲切、细腻、自然、轻松、流畅等情感特征。

2. 配乐原则

爱情、心情类主题的诗歌朗诵应根据诗歌的具体内容和情感来选择配乐。爱情类的诗歌选用愉悦的、抒情的音乐来配乐；心情类的诗歌要根据不同的心情选择愉悦的、抒情的和忧伤的音乐来配乐。

3. 配乐举例

例如，戴望舒的作品《雨巷》描绘了一幅梅雨时节江南小巷的阴沉图景，可以选用琵琶曲《雨碎江南》来配乐。因为琵琶曲《雨碎江南》奏出了"风追烟花雨，泅染了诗意"的意境，与《雨巷》惟妙惟肖地构成了一幅富有浓郁象征色彩的江南梅季雨境图。音乐的意境正好衬托出诗人把黑暗阴沉的社会现实喻为悠长狭窄而寂寥的雨巷的寓意，反映了大革命失败后一部分有追求的青年知识分子找不到出路而陷于惶惑、迷惘及渴望得到阳光、生机的心境。当朗诵者用凄婉、哀怨、迷茫而又满怀期待的语调朗诵《雨巷》时，配乐《雨碎江南》能进一步唤起观众的情感，使他们对《雨巷》作者所抒发的找不到革命前途而彷徨迷茫、感伤痛苦的情绪有更深的理解。

常见的爱情、心情类朗诵篇目的配乐曲目详见表5-3。

表5-3 爱情、心情类朗诵篇目的配乐曲目

序号	朗诵篇目名称	可选的配乐
1	诗歌《当你向我走来的时候》	《永远》（二胡）
2	诗歌《当思念成为一种习惯》	《柔如彩虹》（钢琴）
3	诗歌《青衣》	《思归》（二胡）
4	散文《我的心》	《老年》（伴奏）

四、悲愤激昂类朗诵主题的配乐原则

1. 情感特征

悲愤激昂类主题的诗歌朗诵具有坚定、激昂、自信、明理、亢奋等情感特征。

2. 配乐原则

对于悲愤激昂类主题的诗歌朗诵，原则上应选用激昂的、悲愤的或悲壮的音乐来配乐。

3. 配乐举例

例如，朗诵臧克家的诗歌《有的人》时，可选用交响乐《英雄的黎明》来配乐。《有的人》深刻地揭示了当时社会上两种截然相反的人：一种人是"虽生如死"，是懦夫；另一种人则是"虽死如生"，是英雄。诗人通过纪念鲁迅先生来歌颂英雄，宣扬真善美；鞭挞懦夫，揭露假恶丑。用《英雄的黎明》来配乐，可使配乐和朗诵完美地融合。因为交响乐《英雄的黎明》开章乐曲气吞山河，乐曲的气势在展现恢宏历史的同时，还把历史中英雄的悲壮和柔情也表达了出来。褒扬英雄也正是朗诵的主题，朗诵在乐曲的烘托下使"虽死如生"的英雄形象更加高大；对比之下，那些"虽生如死"的懦夫显得更加渺小。

常见的悲愤激昂类朗诵篇目的配乐曲目详见表5-4。

表5-4　悲愤激昂类朗诵篇目的配乐曲目

序号	朗诵篇目名称	可选的配乐
1	散文《商鞅之死》	《商鞅之死》（伴奏）
2	诗歌《永不回头》	《Harmonies des bois》（大提琴）
3	诗歌《中华少年》	《英雄的黎明》（交响乐）
4	诗歌《鹰之击》	《Eventide》（纯音乐）

五、叙事抒情类朗诵主题的配乐原则

1. 情感特征

叙事抒情类主题的朗诵具有叙述、流畅、激情、自然、真诚等情感特征。

2. 配乐原则

对于叙事抒情类主题的诗歌朗诵,原则上应根据朗诵的具体内容选用轻松的、愉悦的和激情的音乐来配乐。

3. 配乐举例

例如,朗诵海明威的代表作《老人与海》时,可选用俄罗斯作曲家里姆斯基-科萨科夫的交响乐组曲《舍赫拉查德》第一乐章的音乐来配乐。因为《舍赫拉查德》第一乐章的主题是大海与辛巴达的船。辛巴达是《一千零一夜》中的人物,他驾驶着一艘破旧的船去航海,历尽艰难险阻后到达了目的地。这与《老人与海》描述的一位古巴老渔夫独自一人出海打鱼,和钓到的一条巨大马林鱼激烈搏斗的故事主题类似。《舍赫拉查德》第一乐章气势磅礴的主旋律以及小提琴、中提琴、大提琴的伴奏所描绘的音乐形象,使人联想起在波涛汹涌的大海上航行的小船,这正好衬托出老渔夫在小船上与大海和鲨鱼激烈搏斗的场面。《老人与海》跌宕起伏的朗诵在《舍赫拉查德》的催化下发生共鸣,使听众对老渔夫临危不惧、勇于拼搏和不屈不挠的精神更加敬佩!

常见的叙事抒情类朗诵篇目的配乐曲目详见表 5-5。

表 5-5 叙事抒情类朗诵篇目的配乐曲目

序号	朗诵篇目名称	可选的配乐
1	诗歌《丰碑》	《太行山上》《士兵突击》(小号、小提琴)
2	诗歌《相信未来》	《变老的时候》(二胡)
3	散文《最后一只藏羚羊》	《葬爱》(伴奏)
4	诗歌《祖国(或以梦为马)》	《The John Dunbar Theme》(伴奏)

六、古风古韵类朗诵主题的配乐原则

1. 情感特征

古风古韵类主题的诗歌朗诵具有感情真挚、意境优美、蕴含丰盈、寓意深刻等情感特征。

2. 配乐原则

对于古风古韵类主题的诗歌朗诵,原则上应根据诗歌的具体内容选用柔和的、抒情的、轻松的、愉悦的或古典音乐来配乐。

3. 配乐举例

例如,朗诵张若虚的《春江花月夜》时,可选用同名的古筝曲或琵琶曲来配乐。因为唐诗《春江花月夜》和同名古筝曲或琵琶曲都是大家耳熟能详的,两者融合,声情并茂,珠联璧合。美妙的诗词和如水的音乐描绘出一幅秀美的山水画,使听众仿佛感觉到这幅浸漫着唐诗风韵的美丽画卷——夕阳西下,春风吹拂的一江春水,晚霞未退,渔舟清荡,已是皓月当空——款款向这里走来。无疑,这样的美妙意境定能使听众获得美的享受。

常见的古风古韵类朗诵篇目的配乐曲目详见表5-6。

表5-6 古风古韵类朗诵篇目的配乐曲目

序号	朗诵篇目名称	可选的配乐
1	散文《爱莲说》	《暗香》(古筝)
2	散文《阿房宫赋》	《永远的长安》(伴奏)
3	诗歌《将进酒》	《敦煌唐人舞》(古筝)
4	诗词《水调歌头·明月几时有》	《但愿人长久》(古筝)

七、自然诗意类朗诵主题的配乐原则

1. 情感特征

自然诗意类主题的诗歌朗诵具有轻松、自然、活泼、生动、亲切、平和等情感特征。

2. 配乐原则

对于自然诗意类主题的诗歌朗诵，原则上应根据诗歌的具体内容选用轻松的、活泼的、柔和的和抒情的音乐来配乐。

3. 配乐举例

例如，朗诵叶芝的《当你老了》时，可以选用同名乐曲《当你老了》来配乐。因为这首乐曲的主题与朗诵的主题完全吻合，对老年朋友来说，无论是自己朗诵还是听别人朗诵，都会被乐曲的旋律唤醒自己生活的真情实感，进而更能被《当你老了》这首诗歌辞藻的朴素之美、感情的真挚之美打动。

常见的自然诗意类朗诵篇目的配乐曲目详见表5-7。

表5-7 自然诗意类朗诵篇目的配乐曲目

序号	朗诵篇目名称	可选的配乐
1	诗歌《雪花的快乐》	《雪花的快乐》（钢琴）
2	诗歌《我的南方和北方》	《红旗颂》（交响乐）
3	散文《花落的声音》	《湖面》（伴奏）
4	诗歌《一棵开花的树》	《玉慧》（伴奏）

八、节奏强烈、气势磅礴类朗诵主题的配乐原则

1. 情感特征

节奏强烈、气势磅礴类主题的诗歌朗诵具有振奋精神、大气磅礴、坚定激昂、节奏强烈等情感特征。

2. 配乐原则

对于节奏强烈、气势磅礴类主题的诗歌朗诵，原则上应根据具体内容选择激昂的、兴奋的、雄壮的音乐来配乐。

3. 配乐举例

例如，朗诵杨慎的《临江仙·滚滚长江东逝水》时，可用古琴曲《松涛声远》来配乐。因为这首词的内容能与古琴曲《松涛声远》融为一体，一种人生沉浮之感和历史兴衰之慨，一种旷达、高洁的情怀油然而生。乐曲更能使听众

第五章　朗诵配乐

在聆听朗诵的过程中对这首词所折射出的高远意境和深邃人生哲理进行深入思考。

常见的节奏强烈、气势磅礴类朗诵篇目的配乐曲目详见表5-8。

表5-8　节奏强烈、气势磅礴类朗诵篇目的配乐曲目

序号	朗诵篇目名称	可选的配乐
1	诗歌《黄河颂》	《黄河颂》（交响乐）
2	诗词《沁园春·雪》	《沁园春·雪》（伴奏）
3	诗歌《青春中国》	《嘉陵江上》（交响乐）
4	诗词《满江红·怒发冲冠》	《满江红》（伴奏）

1. 朗诵配乐的基本方法有哪几种？
2. 铺垫式音乐为什么经常被朗诵者选择？
3. 抒情类诗歌朗诵的配乐特点有哪些？
4. 本章叙述了哪几种类型的朗诵主题配乐？

第六章 朗诵的舞台展现

朗诵除了文学性、艺术性外,还兼具表演性。朗诵表演一般都在舞台上进行。朗诵者要想在舞台上充分展现自己的表演技能,除了朗诵者个人要有优美的语音、端庄的仪态、丰富的表情、娴熟的朗诵技巧外,还可以通过个人和舞台的辅助手段来提高展现力,让朗诵取得更好的表演效果。

提高朗诵者的舞台展现力有个人和舞台两方面的辅助手段。个人的辅助手段主要是恰到好处的妆发服饰。舞台的辅助手段主要有舞台的背景设计、舞台音响设备的应用和舞台灯光、道具的应用。

个人和舞台的辅助手段能有效提高朗诵者的舞台展现力,这不仅在许多有影响力的朗诵比赛中得到了证明,也是许多朗诵作品能够获奖的重要因素。朗诵者的妆发服饰和舞台灯光等辅助手段的合理运用对朗诵效果往往起画龙点睛的作用。这些辅助手段的运用能够渲染整体氛围,唤起听众共鸣的情感,再配合上朗诵者声情并茂的语言表达,就能让朗诵变得动人心魄、扣人心弦。辅助手段的合理运用能够强化朗诵节奏,让朗诵作品更富有层次。朗诵时,轻重缓急、抑扬顿挫的语言表达在舞台辅助手段的烘托下能使听众身临其境地感受朗诵的魅力,既增强了朗诵内容的结构层次感和朗诵表达的舞台感,又丰富了朗诵的整体节奏感。

本章主要讲述提高朗诵者舞台展现力方面的辅助手段。

第一节 舞台背景设计

舞台是剧院等演出场所为演员表演提供的空间,它可以使观众注意力集中地观赏演员的表演。

能在舞台上表演的艺术称为舞台艺术，主要包括戏剧、曲艺、音乐、舞蹈、杂技、魔术、武术、朗诵等艺术形式。不同的表演艺术舞台空间的内容截然不同，需要设计人员根据表演的内容进行舞台美术设计，即舞美设计。舞美设计的依据则是不同的表演艺术的种类和剧本。

舞美设计的内容包括舞台设计、舞台背景设计、舞台灯光设计、音响设计、服装与化妆设计等，是一个综合性概念。其中，每一项设计又会涉及若干分项目的设计。一般来说，形式越复杂的表演艺术涉及的舞美设计内容就越多。对朗诵来说，其表演形式相对简单，因此涉及的舞美设计的内容也较少。

舞美设计的任务是根据演出文本的情景需要，为演员创造一个进行表演的特定空间。因为朗诵是把文字作品转化为有声语言的创作活动，是通过声音把文字作品表达的感情传达给听众，引起听众的共鸣，所以朗诵者在舞台上除了做些手势或姿态动作外，既没有太多的表演动作，也不会在舞台上大范围移动。舞美设计的目的主要是解决与朗诵这一表演艺术形式相适应的舞台背景设计、音响设备的调控以及灯光、道具的设计与应用。本节主要讲述朗诵的舞台背景设计。

舞台背景设计涉及三方面：第一，演出的规模、级别和性质；第二，观众的人数和舞台的大小、豪华程度；第三，演出的筹办经费。

舞台背景设计要根据以上情况量力而行。如果举办的是朗诵演出专场或专业的朗诵比赛，舞台背景设计通常根据朗诵演出或朗诵比赛的主题进行设计。事实上，许多朗诵不是在朗诵演出专场进行的，大多是在歌舞演出中插入朗诵表演。所以，舞台背景设计往往不是根据朗诵节目的需要进行设计，而是根据歌舞节目的主题进行设计。在这样的情况下，我们就无法要求舞台背景具有朗诵的专业视觉效果。但在经费、舞台背景设备等条件允许的前提下，如舞台具有LED大屏幕背景设备，这时仍然可以根据某个朗诵节目的主题设计专用的舞台背景，在这个朗诵节目上场时切换背景，使朗诵节目具有专业的视觉效果。

目前，无论是企业、学校自有的会场、礼堂中的舞台，还是专业剧场中的舞台，舞台上的基本设施（如幕布、灯光、音响等）都是齐全的。现代化的舞台还配备了由电脑控制的 LED 舞台显示屏。因此，目前的舞台背景大体分为两种形式：一种是用背景布的舞台背景，另一种是用 LED 舞台显示屏的舞台背景。

一、以背景布为背景

以背景布为背景的舞台背景设计要做以下三项工作。

第一项工作：背景画面的内容确定。这项工作通常由演出主办单位来做。需要确定的主要内容有：演出名称、主办单位、协办单位、演出的主题内容以及与演出主题相适合的图案、会标、色调等。

第二项工作：由美术设计人员或委托广告设计公司根据主办单位确定的背景内容和要求用电脑设计出背景画面样稿，并交由主办单位审阅。

第三项工作：背景画面的设计样稿审阅通过后，主办单位把图片文件发给背景布喷绘公司。喷绘公司用电脑喷绘的方法把画面喷绘在大幅背景布上，并把喷绘好的背景布安装在舞台上。

用背景布做背景的舞台，每场演出通常是根据整场演出的主题来设计背景，所以舞台背景不可能根据某个朗诵节目的需要随意更换。

二、以 LED 舞台显示屏为背景

1. LED 舞台显示屏的功能与特点

LED 舞台显示屏的屏幕是用发红光、绿光、蓝光的三种发光二极管组成的，LED 就是发光二极管（Light Emitting Diode）英语的词头缩写。当红、绿、蓝三种基色光按不同的比例发光时，它们的混合光进入人眼就会使人眼产生不同颜色的感觉，这与彩色电视机屏幕呈现五彩缤纷的颜色原理类似。LED 舞台显示屏具有播放音频、视频和多种格式图片的功能，这些功能都是通过电脑来控制的。LED舞台显示屏的屏幕尺寸可大可小，通常可根据舞台的需要来确定它的大小和形状，也可根据需要配置主屏、副屏和拓展屏。其中，主屏通常置于舞台中央的后部，主要用来显示背景。由于主屏显示的内容重要，主屏的像素密度比较高，显示的文字、图片和视频的清晰度也较高。级别比较低的舞台通常只配置主屏，级别比较高的舞台还可以配置副屏和拓展屏。副屏一般置于主屏两侧，其显示的内容主要用来衬托主屏。拓展屏主要应用于大型演出场合，如大型歌舞演唱会。在这些场合中，因为场地比较大，观众席有些地方特别是左右两侧无法看清楚舞台上的演出人物和效果，所以拓展屏通常置于会场的两侧，用来显示整个舞台的视频。

LED舞台显示屏一般都有以下功能，掌握这些功能的基本应用且充分利用这些功能，就可以设计出令人满意的各种风格的背景。

（1）能与摄像机连接，除了实现各种节目的现场直播外，还能把摄得的视频直接显示在LED舞台显示屏的主屏、副屏和拓展屏上。

（2）能播放录像机、DVD等影碟机输出的视频节目，将事先录制好并存储在录像带、光盘上的背景视频显示在LED舞台显示屏的主屏、副屏和拓展屏上。

（3）能通过USB接口把存储在U盘上的多种格式的视频和图片文件显示在LED舞台显示屏的主屏、副屏和拓展屏上。

（4）能将事先录制好的声音转接到舞台的扩音系统进行调音和播放。

2. LED舞台显示屏的作用

LED舞台显示屏是21世纪舞台的新生事物，越来越受观众、演员和舞美设计人员的欢迎。大场景、大画面配合歌舞主体能达到渲染现场欢乐、热烈气氛的效果，使演员和观众融为一体，使观众产生身临其境的感觉。

LED舞台显示屏根据演出的需要，既可以独立播放一个完整的背景画面，也可以通过画面组合的方式播放任意大场景的背景，还可以实现图文的叠加播放和插播需要的画面等。使用LED舞台显示屏的舞台与使用布景的舞台相比较，其舞台的色彩更加鲜艳、亮丽，能达到一种海市蜃楼般的烘托效果。LED舞台显示屏的主要作用有以下四点。

朗诵艺术基础

（1）丰富内容，冲击视觉

在LED舞台显示屏出现的早期，其功能比较单一，以展现视频资料和同步显示视频图像为主。当时，舞美设计人员并没有将它纳入舞美设计的范畴，只是把它当作舞台上的一台大电视。

现在，LED舞台显示屏已经成为舞台表演的一种延伸和补充，丰富了演出内容，它能为观众提供与表演内容关联的其他大量信息。现场观众通过LED舞台显示屏摆脱了传统舞台单一、固定的视角，甚至可以在屏幕上看到观众自己对演出的反应。同时，LED舞台显示屏逼真的背景画面与震撼的音乐完美地结合在一起，使营造出来的舞台背景如梦似幻，使观众的视觉和听觉产生莫大的新鲜感。

（2）引发想象，活跃气氛

随着LED舞台显示屏在舞台演出中的频繁使用以及舞美设计人员创作观念的转变，在某些演出中，它已经成为舞台美术设计中极其重要的构成元素。LED舞台显示屏摒弃了传统布景再现环境的基本形式，形成了新的美学功能。在演出中，LED舞台显示屏上出现与演出节目相匹配的画面，代替了传统舞台布景的功能，所营造的虚拟画面给了观众想象的空间，比实景更有气氛。传统舞美布景用具体的物质材料搭建背景，使观众获得的是实体感受。而LED舞台显示屏是通过显示与表演主题相关的画面，对观众观看演出则是一种唤醒和启发，能让观众在表象之外感受到更多的信息，能直接影响观众的心理变化，左右观众的情绪。从剧场功能来说，LED舞台显示屏可以进一步拉近观众与演员的距离，使演员与观众的关系更加密切，大大活跃了演出气氛。观众从LED舞台显示屏显示的影像中获得的信息要远多于传统舞美布景。

（3）变化多样，灵活自如

伴随着影像设备的技术发展，传统布景所无法实现的画面，用LED舞台显示屏来实现则显得十分轻松自如。例如，在我国举办的各种大型体育赛事等活动的开幕式，都采用了LED舞台显示屏来显示背景画面。与传统布景相比，LED舞台显示屏的背景变换不但方便、灵活、速度快，而且能通过技术手段播放各种用布景无论如何也无法实现的画面和效果。LED舞台显示屏提供的背景生动、炫丽，另有很多互动功能可使背景画面亦动亦静，使表演和背景融为一体，让人有身临其境的感觉。这不但给观众带来了新的完美享受，而且能让观众形成新的期待和审美联想。

（4）网络直播，收看无限

使用LED舞台显示屏的联网功能还能对演出进行网络直播，清晰的直播画面通过网络传向四面八方，使无法到现场观看演出的人可以用联网的电脑等设备观看演出，打破了演出现场的座位限制，实现了收看无限的效果。

3. 用LED舞台显示屏的舞台背景设计

在使用LED舞台显示屏的舞台上表演朗诵时，应充分利用舞台显示屏的多媒体功能来提高朗诵者的舞台展示力。

（1）为朗诵节目设计一个专用的视频背景

当前，LED舞台显示屏的应用越来越普及，舞台显示屏的多媒体功能为舞美设计增添了无穷活力，它促进了科学与艺术的完美结合，改善了舞美设计的效果，有效地增强了舞台的艺术魅力和视听效果。

对于使用传统布景布的舞台，即使要为某个朗诵节目设计一个专用的背景，也只是设计一幅与朗诵节目相适应的静止画面。而对使用LED舞台显示屏的舞台来说，则需要利用舞台显示屏的多媒体功能，使用平面设计和多媒体等电脑软件，结合各种美化舞台的现代元素，才能为朗诵节目设计出一个令人满意的图文结合、动静结合的背景画面。

在应用LED舞台显示屏的舞台上表演朗诵节目，舞台背景设计的主要目的之一就是要充分利用舞台显示屏的多媒体功能，根据朗诵节目的内容，设计出与之相适应的静态的、动态的或动静结合的背景画面。在技术、经费允许的条件下，每一个朗诵节目都要单独设计背景。因为LED舞台显示屏切换背景是瞬间完成的，不像使用传统布景布的舞台，更换背景既费时又费力。

设计LED舞台显示屏用的背景对设计人员有较高的能力要求。设计布景布的舞台背景，通常只要求设计人员具有专业美术设计能力，而设计LED舞台显示屏用的背景，不仅要求设计人员具有专业美术设计能力，还要求设计人员具有现代化的艺术思维能力、平面设计甚至3D设计能力以及电脑软件等的应用能力等。除此之外，还要对LED舞台显示屏的性能、特点和使用技巧有足够的了解，才能在设计具体朗诵节目的背景时，把各种现代化的元素组合起来，最终呈现出恰到好处的、独一无二的背景画面。

如果朗诵者具有一定的舞美设计能力，或者想要学习为LED舞台显示屏设计背景用图，或者在非正式比赛的朗诵会上表演朗诵，那么可以尝试应用自己掌握的平面设计等电脑软件知识来为朗诵节目设计背景。但如果是参加正式的朗诵比赛，一般的朗诵者想要设计出具有一定水平的高品质背景画面有一定的难度。这时，可以将背景设计的任务交给舞美设计专业人员或委托专业的广告公司设计。

自己学做朗诵节目舞台背景的基本过程大体如下。

第一步：测定朗诵节目的演出时长。测定朗诵节目的演出时长需要在节目准备阶段通过多次排练来测定，求出多次排练用时的平均值，并以这个平均值为依据来控制视频背景和配乐的时长。

第二步：根据朗诵的内容选择背景音乐。背景音乐通常可从网上搜集，并应用声音剪辑软件对搜集到的音乐素材进行必要的剪辑、调整，使之能对朗诵起渲染氛围、激发情感的作用。

第三步：根据朗诵的内容搜集图片和视频素材。图片和视频素材的搜集主要有两个渠道：一是自己制作，二是从网上搜集。

自己制作的图片素材可通过绘画和拍照来获得，并通过适当的剪辑和组合使之与朗诵的内容相匹配。自己制作视频素材的设备主要是家用摄像机和手机，也可利用各种视频剪辑软件对拍摄获得的视频进行剪辑，使之符合朗诵节目内容的需要。

网上搜集图片、音频和视频素材要注意版权问题。如果用于个人学习和教学，不涉及版权问题；如果用于商业性演出或用于出版，则会有侵权嫌疑。

图片、视频和音乐素材搜集和剪辑完成后，还要利用视频编辑软件将它们组合起来，形成一个完整的视频文件。这样，一个为某个朗诵节目专门制作的背景视频就基本完成了。用手机或电脑播放这个背景视频，便可对朗诵节目进行彩排，并根据彩排发现的问题对背景视频进行修改、调整，之后便可用于舞台表演了。

在舞台背景素材的选择上要注意以下几个问题。

第一，选择的素材应与本次演出的主题和朗诵节目的内容相契合，不能喧宾夺主，不能主次不分、本末倒置。

第二，所选择的背景无论是视频还是图片都应该与朗诵主题相适应，不宜过于浮夸，选用的图片、视频只对朗诵节目起一定的辅助作用，不能抢了朗诵者的风采。

第三，整个背景视频的情感基调应与朗诵节目所要表达的情感基调相一致。基调不相符不但不能提高朗诵者的舞台表现力，而且会影响朗诵者的情感发挥，会对观众的情感产生误导。

（2）为朗诵节目制作一个专用的背景音乐

用于朗诵节目的舞台背景视频做好后，还必须为其配置背景音乐。朗诵节目配上背景音乐后，能使朗诵者的情感更容易被调动起来，朗诵内容的氛围也更容易被营造出来，同时也更容易把观众引入朗诵内容所表述的情境中，让观众得到更深切的享受。

在第五章，我们讲的是朗诵配乐，这里我们讲的是如何配置背景音乐。背景音乐的配置必须做到三个符合。

第一，背景音乐的情绪色彩必须与朗诵内容的情感基调相符合。因为舞台视频背景是根据朗诵内容的发展来选择、安排图片和视频内容的，所以要求选配的音乐的情绪色彩必须符合朗诵的内容和图片、视频的情感基调。

不同的朗诵内容需要用不同的情感基调来朗诵，音乐也有自己情感基调，这两种情感基调要彼此相近才能形成统一的情感风格。例如，很难想象一首温柔深情的诗朗诵配上一曲喧嚣的乐曲是何等令人生厌。

高级别的朗诵表演或比赛，在经费允许的条件下可以专门请音乐工作者

朗诵艺术基础

为朗诵节目谱写背景音乐，但一般情况下都是从现有的音乐作品中选择合适的音乐为朗诵节目配置背景音乐。

理解音乐的情感基调是选配朗诵背景音乐的第一步。音乐的情感基调在音乐专业中称为音乐情绪。广义的音乐情绪通常用形容词来表述，如愉悦的、柔和的、抒情的、激昂的、忧伤的等。狭义的音乐情绪是指音乐作品中的一些表情要素，如音乐的力度、速度、音色等。

一个朗诵节目表达的情感随着内容的发展而不断变化，所以为其选配的背景音乐的情绪色彩也要随之变化。同样，乐曲也会有若干个乐段，各个乐段的情绪色彩也会不相同。可能乐曲开始时是舒缓的、抒情的，后面却变成了激昂的、热烈的。一般情况下，很难找到一首音乐的情绪色彩的发展、变化会与一个朗诵节目的情感基调变化完全一致。因此，在为朗诵节目选择背景音乐时，不会也不能只用一首音乐来做一个朗诵节目的背景音乐，而是要根据朗诵内容情感基调的变化，从许多音乐曲目中截取情绪色彩与之相近的音乐，通过淡入、淡出等技术手法把它们组合起来，形成一个完整的背景音乐。

第二，背景音乐的节奏必须与朗诵的节奏相符合。除了背景音乐的情绪色彩要与朗诵的情感基调相符合外，背景音乐的节奏也要与朗诵的节奏相符合。音乐节奏是音乐在时间上的组织，是指音响节拍轻重缓急的变化和重复，具有快、慢的时间感。不同的朗诵内容需要用不同的节奏进行朗诵。根据朗诵内容的需要，该快的时候要快，该慢的时候要慢。朗诵中的节奏还包括起伏、强弱。常见的朗诵节奏有轻快型、低沉型、凝重型、舒缓型等。

为朗诵节目选择背景音乐，就要根据朗诵的节奏特点来选择音乐的节奏。原则上，两者的节奏要相近，不能用一段快节奏的音乐来配凝重型节奏的朗诵节目，也不能用慢节奏的音乐来配轻快型节奏的朗诵节目。

朗诵的背景音乐是用来激发朗诵者的情感、营造朗诵的氛围和把听众引入朗诵的情境中的，不是用来让听众欣赏音乐的，因此为朗诵节目选配的背景音乐在听觉上不能让听众产生强烈的节奏感，即要尽量弱化背景音乐的节奏。

因为乐曲中那些能让人产生强烈听觉节奏的打击乐器的敲击声和重低音不仅会影响朗诵者有声语言的表达，还会影响听众对朗诵者吐字音节的辨别，对朗诵的效果产生不利影响。

第三，选择的背景音乐使用的主要乐器要与朗诵的内容风格相符合。背景音乐使用的乐器往往对朗诵者技能的展现和朗诵效果起到重要作用。选配朗诵节目的背景音乐大体上应该注意以下三个问题。

其一，背景音乐使用的乐器要与朗诵内容的民族文化相适应。例如，同样是诗朗诵，如果朗诵的是外国诗，背景音乐选用中国的胡琴或其他民族乐器就不相适应。同样，朗诵中国的古诗词，背景音乐选用中国的古筝等丝竹乐器是合适的，如果选用萨克斯管等西洋乐器就有点不伦不类了。

其二，背景音乐使用的乐器应突出朗诵内容的风格特点。如果朗诵的内容是柔婉的，背景音乐选用弦乐来演奏是合适的，因为弦乐具有表达柔婉、悲伤等情感的天生优越性。如果朗诵内容是豪放的，背景音乐选用管乐是比较合适的。

其三，背景音乐使用的乐器音色对朗诵应具有背景式的烘托作用。音色具有背景式烘托作用的乐器有钢琴、小提琴、古琴、二胡等。这些乐器的音色不仅具有自己的特色，还不会像小号等乐器那样喧宾夺主。

第二节　朗诵前音响设备的调音

在舞台上表演节目，如果只依靠演员的嗓音，则无法让全剧场的观众获得满意的声音效果。因此，需要用剧场扩音系统来放大演员和各种声源的声音，使整个剧场的各个角落不但能听得见舞台上的声音，而且要让声音的质量达到一定的标准，即获得满意的音响效果。

一、调音主要调什么

通过剧场扩音系统向整个剧场播放的声音不仅要让各个角落的观众听得

清楚，还要有一定的质量标准，这是通过调音来实现的。简单地说，调音就是对扩音系统播放的声音进行音量和音色的调整。

音量的调整就是声音大小的调整。音色的调整则是对声音中不同频率成分幅度的调整。声音是由物体在空气中振动产生的声波传入人耳后形成的感觉。例如，拉小提琴时，琴弦的振动和琴箱的共鸣合在一起形成的声音具有小提琴的音色，这种音色是由琴弦的振动所具有的频率与琴箱的共鸣所具有的频率成分叠加后形成的。琴弦等物体的振动频率称为基波，而琴箱等相关物体的共鸣产生的频率称为谐波。谐波的频率成分相当复杂，它们的频率与基波频率成1倍、2倍、3倍、4倍、5倍、6倍等倍数关系。倍次越高，频率也就越高，但其幅度也越小。一种乐器发出的声音是奇次谐波还是偶次谐波或奇偶次谐波以及各次谐波的幅度大小由不同种类的乐器决定，不同乐器的振动方式和所含有的谐波成分就构成了不同乐器的特定音色。

影响声音音色的主要因素就是声音中的基波和各次谐波成分的多少和大小。声音中所含的各次谐波成分由声音的固有特性决定，不能进行调整，而声音中各次谐波成分的幅度会受传输系统中的扩音设备、扬声器等器具性能影响。例如，扬声器的高频响应不佳，就会造成声音中高次谐波频率成分幅度的减小，使声音的音色发生变化。音色调整就是要根据不同的情况，通过对声音中不同频率成分放大量的调整来使这种影响减小。因此，音色的调整本质上就是对声音中各次谐波频率成分放大量的调整，详见本书第五章。

二、舞台演出的调音设备及其使用常识

舞台所用的调音设备就是舞台扩音调音台，常简称为调音台。一般的歌舞厅、多功能厅、企业和学校的会场以及小型剧场都采用小型调音台，大中型剧场则采用大型调音台以及与其配套的其他调音设备。

大中型剧场的调音台都由专职人员负责管理和使用，一般的朗诵者或演员无法接触到。但对于企业和学校的会场使用的小型调音台，朗诵者是有机

会接触的。掌握这类调音台的基本工作原理和使用常识对更好地展现自己的朗诵技能有一定的帮助。

调音台的任务是将多路输入的声音进行调整，包括放大信号、调节音量平衡、修饰音色等，而后将处理好的声音送入扩音系统进行播放。按调音台对输入声音信号的处理方式可分为模拟调音台和数字调音台两大类。对调音台的使用者来说，主要是要了解调音台上各路输入信号的来源以及调节旋钮、推键等操作键的功能和作用。

调音台按通道的数量可分为6路、8路、10路、12路、16路、24路等，大型调音台可多达96路。企业、学校的会场和小型剧场使用的小型调音台通道路数一般不超过24路。每一路通道都有编号，都有不同形式的插座用来输入声音信号。凡是舞台上使用的话筒、视频播放等设备输出的声音信号，都可从调音台的输入插座输入。对调音台的使用者来说，调音前必须先要弄清楚不同编号的输入端输入的是哪路话筒、哪个设备的声音信号，这样才能有的放矢地对各路声音进行调音。

调音台上每一路输入信号的调节内容基本上是相同的。可供调节的内容主要有增益调节、低音调节、中音调节、高音调节和音量调节，有的还会有混响调节等。其中，增益调节用来调整输入信号的大小；低音、中音和高音调节合在一起称为均衡调节，它用来调节声音的音色，即调节声音中所包含的谐波成分的幅度，以修饰声音的音色；音量调节用来调节调音后输出的信号大小，以控制调音后输出的声音大小。

经调音后的各路信号最后要混合在一起送入扩音系统，因此调音台对最后送入扩音系统的输出信号也都设有调节旋钮。除此之外，还有用来供调音人员监听声音效果的耳机插座和音量调节旋钮等。

调音台上的调节控制件有旋钮式和推键式两种形式，虽然控制形式不同，但控制的内容完全相同，均采用左右声道的立体声方式进行控制。混合后形成的总输出信号也以双声道立体声的方式输出。

三、演出时调音的作用

目前，企业、学校的会场与小型剧场、演播厅的舞台设备配置差不多。它们都具有一个完整的音响系统，由话筒等输入系统、调音台、扩音功放机、音箱系统四个基本单元构成。复杂的舞台音响系统还有混响器、延时器、均衡器、分频器等专业音频处理设备。在这个音响系统中，调音台是整个系统的枢纽，起承上启下的作用。从某种程度来说，会场或剧场上声音质量的好坏主要取决于调音师的调节。

掌握调音台的使用常识只是对调音台的硬件设备有了初步的了解，重要的是还要知道如何根据现场声音的具体情况来对声音的音量和音色进行调整。这样的调整不仅需要技巧，还需要有一定的经验积累。而专业的调音师需要经过专业学习后才能入职。

总的来说，舞台调音的作用就是要利用调音台对各路声音的音量和音色进行调整，调整的目的是要使各路声音的音量实现平衡，使音色悦耳。无论调音台有多少路数，其主要作用有四项。

1. 对输入的声音信号幅度进行均衡

舞台上的声音信号主要来自话筒、CD机和影碟机等设备的输出信号。通常话筒所产生的音频信号非常微弱，而其他设备输出的音频信号则较强。不同的话筒、不同的设备输出信号的幅度也各不相同、参差不齐。调音台的作用之一就是要把不同幅度的输入音频信号调整到基本相同的幅度，然后才能把它们混合在一起送入扩音系统或下一级设备使用，最后在扬声器中播放。

对各路输入的声音信号进行幅度均衡是通过调音台中的前置放大器来完成的。前置放大器中有个叫作"增益"的控制旋钮，用来调节前置放大器的放大量，使各路输入信号放大后的输出幅度基本一致。

2. 对各路声音信号进行音色调整

不同的人说话的声音具有特定的音色，不同的乐器也有自己独特的音色，这说明这些声音中的基波频率和谐波频率各不相同。但是，人的说话声或乐器的声音通过话筒等设备后音色会发生变化。调音台的第二个作用就是要根据舞台音响系统播放出来的声音信号，凭借调音师的听觉经验和判断力，通过调音使音响系统播放出来的声音尽可能地接近原声。

3. 合并调音后的各路声音信号

通过调音台的调节，各路信号的音量实现了平衡，音色得到了恢复或补偿，然后要把它们合并成标准的左右声道立体声后，再送到扩音系统作为输入信号。

4. 对输出信号进行分配

调音台的第四个作用是把形成的标准立体声信号分配给不同的下级设备。不同的舞台音响系统，其调音台所使用的下级设备数量也不相同，它们都需要使用调音台输出的信号。例如，调音师为了掌握调音后的音质效果，需要对调音后的音质进行监听，所以调音台必须要有分配输出信号的功能，以满足不同设备的需要。

四、朗诵节目应如何进行调音

朗诵节目的调音与其他演出相比相对简单，因为其他节目在舞台上表演时可能会使用多个话筒和多个其他声音输出设备。而朗诵节目除了多人朗诵外，一般就一个人表演，仅使用一路话筒，即输入到调音台的只有一路话筒信号。如果使用舞台背景显示屏来显示背景时，则还有一路背景音乐会输入到调音台。

一般情况下，各路输入端的"增益"旋钮的位置都是在演出前试音时调试好的。正常演出时，非特别需要是不用调节的。因此，朗诵节目的调音对象只有一路话筒输入信号和一路背景音乐输入信号，其调节内容就是这两路输入信号的音量和音色。为了防止干扰，其他各路输入信号的音量调节器都被调到"0"。

朗诵的音量调节是通过朗诵者使用的这路话筒的"音量"旋钮或推键来调节的。因为不同的朗诵者嗓音的大小不相同，所以在调节音量前先要凭经验通过监听耳机对朗诵者的声音轻响进行判断，也可根据调音台上输出电平指示器的电平值来判断朗诵者的声音轻响。然后，根据判断结果调节"音量"旋钮或推键，同时监听声音的变化，或观察输出电平指示器的电平值，直至满意后停止调节。调节音量时，要缓慢地旋转旋钮或推拉推键来调响或调轻声音，切莫急速、大幅度旋转旋钮或推拉推键，造成声音大幅波动，影响观众的情绪。

背景音乐的音量是通过背景音乐这一路的"音量"旋钮或推键来调节的。由于背景音乐对朗诵起烘托作用，因此它的声音不能太响，更不能盖过朗诵声。同时，也不能太轻，太轻了对朗诵的情感表达起不到烘托作用。

话筒和背景音乐的音色调节是通过各自通道中的均衡调节器来调节的。均衡调节器一般分为高频、中频、低频三个频段。数字式均衡调节器调节频段一般分得更细些。

常见的分三个频段的均衡调节器共有四个调节旋钮：标有"HI"或"高频"字样的旋钮用来调节信号中高频成分的幅度，极限频率一般为10kHz或12kHz，提升量和衰减量各为15dB；标有"MID"或"中频"字样的旋钮用来调节信号中中频成分的幅度，提升量和衰减量也各为15dB；中频的频率范围则用另一个标有"FREQ"或"频率"字样的旋钮来调节，不同品牌的调音台频率调节范围各不相同，一般为100Hz—8kHz；标有"LO"或"低频"字样的旋钮用来调节信号中低频成分的幅度，极限频率一般为80Hz，提升量和衰减量也各为15dB。

声音音色的调节需要调音师知道声音中高频成分、中频成分和低频成分幅度的提升和衰减会对声音起什么变化，详见表6-1所示。同时，要求调音师具有听得出声音中什么频率成分的幅度小了以及什么频率成分的幅度高了的能力和经验。要注意：声音中有些什么频率成分由声音的原始特性决定，音色调节不会使声音中的频率成分减少或增多，音色调节只能改变声音中原有的这些频率成分的幅度大小。

朗诵节目的调音技巧主要在于能在同时播放背景音乐和朗诵过程中快速、准确、及时地通过音量的调节使两者的音量比例恰当。朗诵声与背景音乐大小的比例可以根据朗诵者声音的特点进行调整。对朗诵水平比较高的表演者来说，为了让朗诵者语言表达的灵活应用能力和朗诵技巧充分地展现出来，可以将朗诵声与背景音乐的比例调到 1∶0.5，即背景音乐的音量约为朗诵声的 50%。需要注意的是，背景音乐也不能调得太小，太小了会减弱背景音乐对朗诵的渲染作用，使朗诵者的声音变得单调，缺乏丰富的感染力。对初学朗诵的表演者来说，朗诵声与背景音乐的音量比例可以控制在 1∶0.7。如果朗诵者自身存在语音缺陷，如普通话不标准、气息不扎实等，为了掩饰其缺陷，可以适当加大背景音乐的音量，使朗诵声与背景音乐的比例达到 1∶0.8，甚至 1∶0.85。其总体效果不仅要让朗诵者满意，还要能让听众接受。如果朗诵声与背景音乐的比例超过 1∶0.85，就会影响听众对朗诵的欣赏了。要注意，朗诵节目的调音原则以朗诵声为主，以背景音乐为辅，两者之间的比例不能本末倒置。

表 6-1　声音中不同频率成分对音色的影响

频率成分	对音色的影响
20—60Hz	影响声音的空间感。过弱：音色空虚；过强：语音清晰度、可懂度低。
60—150Hz	影响声音的浑厚感、丰满度。过弱：音色单薄无力；过强：有共振性轰鸣感，清晰度变差。
150—300Hz	影响男声语音力度。过弱：音色软、飘；过强：音色生硬、无特色。
300—1kHz	影响语音的整体感、丰满度。过弱：语音不实、无力，有收缩感；过强：语音单调，有突出感。
1k—3kHz	影响声音的通透感、明亮度。过弱：音色松散、朦胧；过强：音色呆板，有跳跃感。
3k—6kHz	影响语音的清晰度、可懂度。过弱：语音含糊；过强：语音锋利。
6k—10kHz	影响音色的明亮度、清晰度、透明度。过弱：音色暗淡、平淡；过强：齿音严重，音色尖锐。
10k—16kHz	影响乐器的高频谐波。过弱：音色无光泽和个性；过强：音色尖噪刺耳。
16k—20kHz	影响音色的韵味。过弱：音色无韵味；过强：音色有神秘感。

音色的调节要根据朗诵者的嗓音特点通过均衡调节器中高频、中频和低频分量的调整，使朗诵者的语言声音更加真实、清晰、明亮、浑厚、丰满，使朗

诵娓娓动听、感人肺腑，把听众的情感充分地调动起来，使朗诵效果达到最佳状态。

调音台上标有"ECHO"或"混响"字样的旋钮是用来控制混响的。混响声由直达声和回声的叠加形成。调音台上的"混响"旋钮就是用来调节直达声和回声比例的。根据朗诵节目的内容，在调音中可以选择不加混响或适当加一些混响。稍微加一点混响可以使声音丰满、圆润、明亮且有穿透力，但混响不能加得太大，这会让声音听起来有缥缈、遥远的感觉。

第三节　朗诵节目灯光与道具的应用

舞台灯光也叫舞台照明，简称灯光，是舞台美术造型手段之一。舞台灯光的正确使用能使舞台画面更加清晰。能根据剧情需要让部分场面明亮，部分场面昏暗，以提高舞台表演的效果。舞台灯光还能对剧情发展起衬托、暗示和诱导作用，能有效地调节剧场的气氛。根据剧情的发展，用灯光的颜色及其变化来显示环境、渲染气氛、突出中心人物，以达到营造空间感、时间感，塑造舞台演出的外部形象的目的。利用舞台灯光，还能配合演出的需要创造出风、雨、雷电、水、火、烟、云等灯光效果，使演出的展现力大大提高。

一、舞台灯光的种类

舞台灯光的所有效果和作用都是通过不同类型的灯光来实现的。只有掌握了这些不同类型灯光的正确、合理使用方法，才能使演出的舞台展现力得到提高。

舞台灯光的分类方法有多种，但常见的是按灯光对舞台上演员的照明部位来分类，大体上分为以下几类。

1. 面光

从观众席顶部正面投向舞台的光称为面光。面光的主要作用是照明整个舞台和舞台上的演员,是舞台照明的基本光源。

2. 耳光

从舞台台口外两侧照向舞台的光称为耳光,分为上下数层。耳光的主要作用是辅助面光,加强演员面部的照明,增强舞台上人和物的立体感。

3. 侧光

从舞台台口内两侧照向舞台的光称为侧光。侧光主要用于舞台上人和物两侧的照明,其作用是增加人和物的立体感和轮廓感。

4. 顶光

从舞台上方照向舞台的光称为顶光。顶光按舞台的纵深方向排列,由前向后分为一排顶光、二排顶光、三排顶光等。顶光主要用于舞台的基本照明,使舞台明亮,也可用于舞台某景、某物的定点照射。

5. 脚光

从舞台台口前地板向舞台照射的光称为脚光。脚光主要用于辅助面光的照明,其作用是消除面光等高位光源照射时舞台上的人和物所形成的阴影。

6. 桥光

从舞台两侧纵向天桥照向舞台的光称为桥光。桥光主要用于侧光的辅助照明,以增强舞台上人和物的立体感;也可作为补充光源,用于照明其他光位照射不到的方位。

7. 逆光

与顶光、桥光等光位相反方向照射的光称为逆光。逆光的作用是勾画舞台上人和物的轮廓,增强立体感。

8. 追光

追随舞台上演员的移动而移动的光称为追光。追光主要用于跟踪演员的表演或突出舞台上某一特定的景物,如在舞台全场黑暗时用光柱突出演员。追光灯可以根据需要变换颜色和图案,以产生某种特定的舞台效果。

舞台上除了上述几类固定安装在舞台上与演出直接相关的光源外,还有两种光源:一种是专门用来照亮天幕的光源,它们通常安装在天幕前的上下部位；另一种是专门用来照亮大幕的光源，它们一般安装在大幕前的上下部位。

二、朗诵节目舞台灯光的应用

一般情况下，具备完整灯光设施的剧场在正式演出时，灯光的控制都是由专业的灯光师来操作的，一般的演员无法进入操纵室去进行灯光控制。演出时，演员对灯光有什么要求可通过与灯光师沟通，由灯光师来进行实际操作。但在自己的学校进行排练或演出时，负责舞美的人员则可以根据演员的要求对灯光进行实际控制。

朗诵节目的舞台灯光照明基本要求与其他类型的节目相同。舞台灯光不仅要照亮朗诵演员，让观众看清楚朗诵演员的面部表情、神态和动作，还要对演员的形象进行塑造。对舞台灯光照明的更高要求则是舞台灯光对观众要有引导作用，不仅要引导观众的视线，还要能够充分运用照明技术，通过灯光的调节来强化朗诵的艺术效果，使观众的情感与朗诵者的情感发生共鸣。

朗诵节目的灯光需要根据朗诵节目的形式进行设计。朗诵节目的形式分为个人朗诵、合诵、集体朗诵、伴舞朗诵等，形式不同，动用的照明光位和数量也不相同。对个人朗诵来说，朗诵者站在台前，一般使用白光或淡色光进行照明。诗朗诵则可以根据诗的内容和意境使用色光或效果器、幻灯片、追光来突出朗诵者的形象。朗诵节目的灯光运用十分灵活，如果是一个人朗诵且内容的基调比较深沉，可以只用一束追光进行照明；如果舞台上没有追光灯具，也可以仅用一束光线聚焦在朗诵者身上，这样既可以营造出一个凝重的场面，又可以起撑起舞台的作用，是一个人朗诵时比较好的选择。如果是两人合诵，除了追光的运用外，还可以随着朗诵内容的推进灵活地变换灯光的色彩，使人声、背景音乐、灯光完美地融合在一起，共同渲染、增强朗诵的气势，使朗诵者的舞台展现力得到质的提升。对集体朗诵来说，要根据参加朗诵的人数来安排灯光的布置，要使全体演员的面部没有阴影。对伴舞朗诵来说，由于舞蹈内容是用来表现朗诵内容和意境的，因此需要根据内容、意境和演出意图来处理灯光的颜色和明暗变化。对集体朗诵和伴舞朗诵来说，领诵者是节目的主角,因此需要按主角的要求来设计灯光。

朗诵节目舞台灯光还要根据舞台所使用的灯光系统的实际情况灵活设计和应用。灯光设备比较完备的舞台,聚光灯、柔光灯、回光灯、造型灯、电脑灯等各种灯具应有尽有,而灯光设备比较简单的舞台,这些灯具不一定全部都有。比较先进的舞台灯具的调光都采用数字调光器,比较落后的舞台则仍采用模拟调光器。所以,朗诵节目的灯光应用不能脱离实际演出舞台灯具和调光设备的实际情况进行设计。总之,朗诵节目的灯光要根据朗诵的内容及其情感基调来选择色彩和变化形式。其原则是要充分运用光和色的变化来突出朗诵的主题,光的色调及强度变化要顺应朗诵的情节发展,要有利于烘托气氛。

三、朗诵节目道具的应用

道具泛指戏剧演出、电影摄制等表演时所用的器物。戏剧和电影对道具具有不同的分类方法。如果按使用性质来分,道具可分为手执类道具、装饰类道具、消耗类道具、实用类道具四类。

道具在各类戏剧演出和电影中的作用巨大。道具不仅能帮助演员表演,提高演员展现力,还能增强场景的真实感,使观众产生身临其境的感觉。

对朗诵节目来说,由于表演是以有声语言的形式出现,演出所需要的道具不像戏剧和电影那样种类齐全、品种繁多。朗诵节目使用的道具多为手执类道具,偶尔也会用到一些实用类道具来装点舞台。朗诵节目道具的使用对朗诵主要起辅助作用。

朗诵节目使用最多的是一些简单的手执道具,如折扇、烟袋。具体能否使用还要根据朗诵内容来确定。道具是朗诵的辅助手段之一,需要根据朗诵文本描述的内容、场景和情节来选择合适的手执道具和舞台固定道具。例如,古诗词朗诵会上,为了营造古诗词的意境,如果舞台上使用的是LED舞台显示屏,可以选择一幅古代山水画为背景;如果舞台上使用的是幕布背景,则可以在舞台上用实物道具布置一个具有古代文化韵味的简单场景,以便更好地将观众带入朗诵者所营造的气氛中。

朗诵艺术基础

朗诵者有没有必要选择手执道具以及如何选择手执道具也要根据朗诵的内容慎重考虑。一般的朗诵是没有必要使用手执道具的，因为朗诵属于有声语言再创作的艺术，它致力于把文字作品变成有声语言，并应用语言技巧使语言准确、鲜明、生动，以声情并茂的展现力震撼听众的情感，使听众获得感悟。如果选用的手执道具对这样的有声语言再创作有帮助，则可以选择；如果没有帮助，手执道具就会显得不伦不类。

如果朗诵者想要尝试运用一些道具来提示自己朗诵时的代入感，则可以根据朗诵文本的内容以及文本所描述的人物特征，选择最能代表人物特征和人物所处时代特征的手执道具上台朗诵。

1. 舞台背景设计的宗旨是什么？
2. 如何调节朗诵声与背景音乐的比例？
3. 什么是舞美？

第七章 朗诵节目主持人

老年大学的朗诵班经常会组织一些小型朗诵会或朗诵演出,这就需要有主持人来把控整场演出的节奏。除此之外,老年朋友组织同学会、战友会等各种小型联谊活动的需求也越来越普遍,这也需要有主持人来主持。本章将围绕如何做好这些小型朗诵会、朗诵演出和各种联谊活动的主持工作,介绍主持人应具备哪些能力和掌握哪些技巧等知识,便于大家日后应用这些知识去从容地应对节目主持。

第一节 节目主持人的能力要求

简单地说,为听众或观众主持各类节目的人叫作节目主持人。主持人在节目中往往处于主导地位,对节目的节奏与进程具有驾驭作用。主持人的职能是串联节目的各个部分,向听众或观众播报与节目相关的各种信息,并与听众或观众进行必要的信息、语言交流。

根据主持人在节目演出中的地位和职能,对主持人的政治素养、文化素养、心理素养和业务素养以及语言能力、写作能力、表达能力和应变能力都有比较高的要求。没有经过必要的学习、训练和经验积累,想要成为出色的主持人是很难的。

一、主持人的语言能力

对一名主持人来说,在舞台上说的每一句话都不能生硬呆板。主持人的话语不仅要告诉观众相应的节目信息，还要用精彩的语言表达来拉近表演者与观众之间的距离，让观众不再是单纯的演出观赏者，而能融入整场演出中。

那么，主持人的语言如何才能做到生动形象呢？其方法就是应用"内三外四"的语言表达技巧。

所谓"内三"，即情景再现、内在语、对象感；所谓"外四"，即停连、重音、语气、节奏。对于朗诵节目的主持，也有相应的内外部技巧。一位优秀的主持人应该具有出口成章的语言表达能力，即在事先没有准备主持词的情况下也能够从容应对、口若悬河。要具备这样的能力，需要注重平时的积累，包括话题素材、诗词歌赋和人生阅历等。优秀的主持人不仅应是一位播音主持专业的专家，还应是一位涉猎广泛、知识渊博的杂家，对各行各业、各类话题都略懂一些，这样才能避免在主持节目时出现说不出话的尴尬局面。

主持人除了有丰富的知识储备外，说话时还不能"茶壶里倒饺子"——结结巴巴地说不好话。所以，"会说"对主持人来说也显得格外重要。会说考验的是语言基本功，包括普通话基础语音、气息的控制运用、语言表达能力等方面。节目的主持词一般都会提前准备好，有的还会做成手卡供临场使用。虽然主持词印在主持人的手卡上，但主持人不能把主持词以"读"的方式读给观众听，而是要以"说"的方式说给观众听。

"读"和"说"虽然都能把意思告诉观众，但它们的表达方式却大相径庭。"读"，仅仅是见字发声，把稿件上的字读出来，表达方式生硬，是没有交流感的语言，使人听起来没有亲切感。那么，"说"呢？就是在理解稿件的基础上把文字说给大家听，这样的表达可以拉近观众与舞台的距离，使人听起来更有亲切感。说出来的语言，使句子本身、句子与句子之间的关系都活了起来，有了灵魂。

说话是每个人都能做到的，但会说话、说得好就不是那么容易的事了，需要根据本书前面章节的相关要求多加练习。

主持人的语言表达需要有亲和力，对象感也需要更加明确。在表演专业流传着这样一句话："活人演活人给活人看。"意思是，演员是一个鲜活的人，一个对剧本中人物有自己理解的人，通过表演把剧本中的人物演活，要让有血、有肉、有思想的活人（观众）看了受感染和得到教育。

其实，对播音员、主持人和一切有声语言表达者来说，也是一样的道理。无论是台词还是主持词，它只是白纸上的黑字，是死的，但播音员、主持人要通过对稿件的理解后，用"说"的方式把台词或主持词说给听众或观众听，并且要用台词或主持词说活。"读"和"说"的区别是巨大的："读"的侧重点是把文字有声化，说白了就是把每个字的读音读出来而已；而"说"的难度就大多了，因为说不仅要把文字的字面意思表达出来，还要把字面意思背后的意思——内在语表达出来。

实践证明，主持人只有通过说的方式来表达主持词或主持稿，才能够拉近主持人与听众或观众之间的距离。从舞台到观众席的距离是固定的，但是一个好的主持人的语言表达可以拉近这个距离，能够让听众或观众更好地融入演出中，并被精彩的节目所感染。

二、主持人的亲和力

主持人的亲和力是指能让听众或观众感到亲切和容易接近的气质与魅力。主持人的亲和力主要取决于主持人的素养和能力，需要长期的训练和积累才能形成。那么，如何来逐步提高主持人的亲和力，拉近与听众或观众的距离呢？我们不妨从以下几点做起。

第一，主持人在拿到主持稿后要尽快熟悉主持词，以免由于不熟悉稿子而在主持时出现添字、漏字、说话断断续续等问题。如果主持稿由主持人自己来创作，应注意主持稿的篇幅不宜过长，内容不宜过于官方化，要尽量地接地气，语言风趣，短小精炼。

第二，在熟悉稿件的基础上，主持人要在稿件上做好圈点勾画以及重音、停连等标记，以便主持时起到提醒自己的作用。

第三，如果稿件中出现长句子或有多个专有名词的复杂句时，不要产生紧张、害怕的畏难情绪，而要冷静下来，分清楚长句子中的停连关系。对于句中复杂的词语，要多读、熟读，切忌把句子拆分成词和词的排列组合。主持时，也绝对不能一个字一个字地往外蹦字,这种被业内人士称为"叼字"的低级错误会使句子、段落的意思支离破碎,破坏了句子内部和上下句之间的完整性和连贯性,使听众或观众难以理解主持人想要表达的意思。

第四,在舞台上主持节目的全过程始终要应用好"提颧肌、打牙关、挺软腭、松下巴"四项发声的要领,充分调动发音系统共鸣腔的作用,使发出的声音清晰、厚实,有吸引力。

主持人的亲和力和对象感往往是相互作用的。无论是在播音室中主持节目还是在舞台上面对听众或观众主持节目,主持人的话从来不是说给话筒、摄像机听的,而是说给眼前或者心中的听众或观众听的。要记住,主持人的说话是在与听众或观众进行交流,要把主持稿上的内容热情地讲给大家听。主持人只有把听众或观众装在心中,把他们当作朋友,其热情和真心才能被听众或观众感受到,亲和力才能得到提升。

三、主持人对节目的把控能力

主持人对节目的把控能力主要是指对语言的把控能力和对场面的把控能力。语言的把控能力涉及普通话的发音把控以及语调、语气、语速、节奏等的把控。场面的把控能力主要是指对节目过程中出现的各种意外情况的处置能力。

我们以主持联谊活动为例来讲解主持人的把控能力。联谊活动包括同学会、战友会、生日会等,形式多样,成员也多是同学、同事、同乡、朋友、战友或有密切交往的人员。

由于联谊会活动的自由性较强,容易发散,主持人对活动节奏的把控能力显得尤为重要。主持人不仅要对每个节目进行报幕、说串词,还要对每个节目时间和整场活动的节奏进行调控。活动中常常会出现一些意想不到的情况,需要主持人凭借机智进行灵活处置,化解问题,避免出现尴尬场面,使联谊活动顺利地进行下去。这里以著名主持人董卿的经典控场为例,借以说明主持人控场能力的重要性:在一次主持活动中轮到萧蔷上场唱歌了,但却迟迟不见她的身影。董卿在长达20多分钟的等待时间里与观众斗智斗勇,充分发挥了她的多才多艺和机智。刚开始,她以主持人的身份跟观众朋友讲笑话,然后以开玩笑的方式来拖延时间,后来在观众的要求下自己在台上唱了一首《但愿人长久》。董卿的优美歌声让观众欢呼不已,但董卿却风趣地说这是萧蔷给了她唱歌的机会,丝毫没有抢了嘉宾的风头。董卿的主持才能以及机智救场的表现赢得了观众的称赞。

主持人是节目的灵魂,主持人的个性和主持风格往往直接影响节目的质量和品位,主持人的主持水平和控场能力直接影响节目的进程和节奏。任何节目的主持都不能是刻板的,主持人的身份也会随空间位置的变化而变化。站在台上时主持人为演出人员,走在台下时又会变身为观众,要和观众打成一片。主持人要时刻注意自己的语言状态,现场要说的话和做出的肢体动作应该是活泼的、热情的、灵活多变的,要积极带动现场气氛,灵活化解现场尴尬情况,要做到游刃有余,处之泰然。

第二节 串词的写作要点

一、什么是串词

串词又叫串联词、主持词。串词是在晚会、联欢会等活动中,主持人为了驾驭活动的进行而撰写的用于节目报幕、介绍、评价和宣传的关键性词语。

主持人的串词一般由开场语、节目介绍语和结束语三部分组成。开场语就是各种晚会、联欢会等活动的开场白,用来介绍本次活动的相关信息。节目介绍语是晚会、联欢会等活动中各个节目的报幕、介绍和宣传用语,一般是根据节目单的内容写成。结束语是一段对本次活动的总结语言。

二、串词的写作要求

小型晚会、朗诵会一般只设一位或两位主持人,男女均可或男女搭档主持；而大中型晚会、联欢会、朗诵会等可由一男一女或两男两女搭档主持。小型晚会、朗诵会活动的串词一般由主持人根据节目单的内容亲自撰写。

串词写作也是一项创作性活动，不仅考验主持人的政治素养、文化修养，还考验主持人的写作能力。

串词的写作应契合演出活动的主题，这是最基本的要求。串词的写作依据是活动的节目单。一般来说，节目单是在串词写作之前就已编排出来，主持人拿到节目单后先要对节目单有个总体的认识，要弄清楚本次节目的目的、主题、预期效果、参加的大致人数、鸣谢对象、有多少个节目及它们的特点等。对本次活动有了整体认识后，再以节目单为依据编撰串词，这样写出的串词就会更靠谱些。如果本次活动是围绕一个主题来选择节目编排的，那么串词就要围绕这个主题进行撰写。如果本次活动是一个拼凑型的节目演出，这时串词可根据各个不同节目的主题进行创作，并把它们巧妙地串联起来。串词的写作有以下要求。

1. 要有深刻的思想性

有着深刻思想的串词往往能够体现演出的主题，与整场节目的宗旨交相呼应，让观众知悉演出节目的大基调。例如，江苏战旗军旅文工团在纪念中国人民解放军建军90周年晚会上的开场词就体现了思想性，原文如下。

主持人1：尊敬的××市××区的各位领导。

主持人2：亲爱的观众朋友们，大家……

合说：晚上好！

主持人1：伴着雄壮的乐曲，踏着坚定的步伐，在全党、全军、全国各族人民以实际行动迎接党的十九大胜利召开之际，我们与全国人民一道，满怀豪情地迎来了中国人民解放军建军90周年。

主持人2：90年峥嵘岁月，90年军旗飞扬！90年前，老一辈革命者为报国而舍生忘死，为信仰而不懈奋斗。

2. 要有知识的广泛性

串词的创作需要结合节目的创作背景、主人公的人物介绍等信息展开写作,要把与节目相关的社科知识、人文知识通过串词告诉观众,让观众对节目的背景有更深入的了解,这样才能让观众在观看节目时不会产生疑惑和不解。例如,舞蹈《茉莉花》的报幕词就体现了知识的广泛性,原文如下。

报幕词:多少年来,《茉莉花》被各种艺术形式传唱表演,却很少有人知道,这首脍炙人口的歌曲,是新四军的小战士,原南京军区前线歌舞团的老团长,在抗战时期从六合采风而来。1949年后,它被收入《世界名曲专辑》,成为中国走向世界的名片,同时被人们称之为第二国歌。下面,请欣赏舞蹈《茉莉花》。

3. 宣传主题要有专业性

某些演出活动往往会带有鲜明的主体性和专业性,这些演出活动通常有一定的教育意义。对于这样的演出,节目主持人在写作串词时需要体现演出的专业性,即在串词的写作中要正确运用一些专业术语,避免讲外行话。例如,某次宣传"扫黑除恶"演出活动的主持词就较好地体现了专业性,原文如下。

主持人1:多年来,宪法和与人民群众生产、生活密切相关的法律、法规得到了比较广泛的普及,广大人民群众的法治观念普遍提高,遵纪守法的自觉性和运用法律维护自身合法权益的能力不断增强。

主持人2:大家的法律意识明显增强,依法维权、依法办事的能力逐步提高。随着普法教育的深入,依法治理工作也全面展开,对推进依法治国进程,维护社会稳定,促进经济发展和社会全面进步都发挥了积极重要的作用。

4. 语言要有抒情性

精彩的演出节目自然也少不了抒情的串词,几句抒情的串词不仅可以更好地介绍后续节目,还可以提高观众对节目的期待感。例如,某地一台"夕阳红老年文艺演出"的开场词就体现了串词的抒情性,原文如下。

女主持:一叶知秋,秋色宜人,枫林如火。

男主持:一地金黄,万丛火红,辰州如画。

女主持:金桂飘香,我们踏秋而来,盈满了金秋的气息。

男主持:不忘初心,我们风雨无阻,结出了丰收的硕果。

合说：尊敬的各位领导，各位来宾，老年朋友们！大家好！

女主持：欢迎您来到"×××夕阳红文艺演出"现场，我是主持人×××。

男主持：只有"不忘初心"，才能继续前进。大家好，我是主持人×××。

女主持：十月，是金色的。有人说，人世间唯独黄金的璀璨光华可以与太阳媲美。我们就是黄金人。

男主持：十月，是红色的。从1934年10月开始到1936年10月甘肃会宁会师，红军两万五千里长征取得了伟大的胜利！

女主持：征途漫漫，红旗飘飘，日月星辰，千秋照耀！长征，书写了中国革命的壮丽史诗！

男主持：在纪念红军长征胜利80周年的今天，让我们缅怀先烈。

女主持：为丰富和活跃离退休职工和家属的文化生活，今天，××离退休中心主办了这台"不忘初心"的夕阳红文艺演出。

男主持：演出得到了单位领导的高度重视和相关企业的鼎力支持，在这里，我代表主办单位，向关心、爱护、支持公司离退休发展事业的所有朋友表示衷心感谢，并祝福所有的老年朋友们生活愉快，家庭幸福，健康长寿，笑口常开！

5. 娱乐节目的串词要有趣味性

有些演出侧重于政治宣传，具有教育目的。有些演出侧重于娱乐大众，目的是让观众开心。对于娱乐性演出的串词写作，语言应该更加生动有趣，要有趣味性，但不能是低级趣味，其目的是让观众笑口常开。例如，某公司的新春联欢晚会有一段串词的写法就体现了趣味性，原文如下。

男主持：亲爱的观众朋友们，尊敬的各位领导，各位来宾，女士们，先生们！

合说：大家晚上好！

男主持：欢迎您收看新春联欢晚会！

女主持：（侧身，做惊讶状）哟？没想到在我身边的还是位专业主持人呢！

男主持：（用手摸摸脑袋，做不好意思状）电视上不都是这样的。

女主持：（微笑）别说！还真挺像回事儿。

男主持：那当然！我是谁呀！可不是一般人。

女主持：嗯！是不像人。

男主持：你说什么呢？（做打人状）

女主持：好了好了！我们言归正传。

男主持：一年一度的新春佳节即将来临，你想家了吗？

女主持：家？这里就是我的家。

男主持：那你想亲人吗？

女主持：这里在座的就是我的亲人。（加手势）

男主持：对，我们都是一家人。

女主持：在这里，让我们真诚地祝愿各位领导、嘉宾、同事和我们的家人……

合说：新春快乐！

男主持：万事如意！

女主持：工作顺利！

男主持：步步高升！

女主持：恭喜发财！

男主持：红包拿来！（做数钱状）

女主持：（大笑，做责怪状）看！你就知道钱。说正经的。

男主持：好，今天是××—××一年一度的年会。

三、串词的写作技巧

串词的写作也有一定技巧。在动笔写作前，先要确定串词的风格。串词的风格是根据整台演出的风格来决定的。不同的演出有不同的风格，如庄重的、轻松的等。如果演出是庄重类节目，那么串词的写作所使用的语言必须是庄重的、严肃的和典雅的，且串词的用词、用句必须符合规范要求，那些诙谐、幽默的语言就只能放弃。如果演出是大众娱乐类节目，串词的写作用词、用句就不能非常严肃，串词怎么有趣、怎么好玩就怎么写，其目的就是要让观众愉快。如果演出是商业性的，串词中可时不时地调侃或提及一下赞助商的名称或他们的产品，这样不仅能使观众觉得幽默、风趣，还能满足赞助商扩大名声和推销产品的目的，可谓是一举两得。

串词的风格确定后，便可动笔进行写作。串词写作要掌握一个总原则：语言必须通俗易懂。因为观众对串词一听而过，没有回味的余地。如果语句深奥了，观众一时间不理解，不能立刻接受串词的信息，串词的意义也就失去了。串词写作时可使用以下技巧。

1. 抒情重于叙述

串词的写作不宜使用叙述性文字来表述，要使用简短、明了且具有抒情色彩的语句来表达。例如，某地一台"夕阳红老年文艺演出"中一段抒情串词如下。

太阳用它的温度锻造出最灼热的梦想。人民军队忠于党，即使化作鲜红的血液，爱国的热忱仍在战士的血管中流淌。请听歌曲《军旗飘扬》。

2. 要多用排比句、重复句

串词写作要多用排比句、重复句的修辞方法，即把两个以上结构相同、内容关联、语气一致的语言成分排列在一起使用，以达到增强串词语势、强调内容、加重感情的效果。排比句分为并列式排比、递进式排比。例如，下面的这段串词就使用到了并列、递进这两种排比句。

火红的军旗在人民军队90年的光辉历程中划出了一道灿烂的轨迹，她像雷电的正义与和平的火种撒遍祖国的大江南北，她像一条系在地球上的红飘带，她如诗如画，成为人民军队坚定无畏的象征。八一军旗啊，你是军人的骄傲，你是军人的自豪。我们生活在军旗下，我们集合在军旗下！请欣赏大合唱《集合在军旗下》。

3. 要多用拟人手法

拟人也是一种修辞方式，即将人以外的物当作人来写，并赋予它们人的思想、行动和语言能力。采用拟人手法来写串词的好处是，不仅能使串词更加生动，情感更加丰富，还能启发观众的想象力，使观众对串词的理解更加深刻。例如，下面一段串词就是采用拟人手法写成的。

"唱支山歌给党听，我把党来比母亲；母亲只生了我的身，党的光辉照我心。"是党带领我们走向光明,是党带领我们改革致富,是党在我们最需要的时候伸出了温暖的手。下面,请欣赏歌曲《唱支山歌给党听》。

4. 要重视语言的节奏美

串词的创作讲究语言优美,追求朗朗上口、铿锵有力、抑扬顿挫。因此,串词的写作要注意语言的节奏美。例如,下面的串词听起来抑扬顿挫,符合节奏美的要求。

主持人1:"万水千山不忘来时路,鲜血浇灌出花开的国度。"一首《不忘初心》,让人重温红军战士用生命和热血铸就的雄壮历史,重温革命先辈用理想和信念丈量的伟大远征。

主持人2:初心是什么?它纯洁、美好、热烈,它是一个起点,是一片希冀,是一份梦想,是承诺与信念,是恪守与坚持。

主持人1:从南湖一叶扁舟起锚出发,到中国号巨轮扬帆起航;从建党之初数十人,到如今8800万党员,中国共产党之所以能不断取得革命、建设和改革的胜利,不正是无数先辈不忘初心吗?

主持人2:2017年10月18日,习近平总书记在十九大报告中指出,在全党开展"不忘初心、牢记使命"主题教育,用党的创新理论武装头脑,推动全党更加自觉地为实现新时代党的历史使命不懈奋斗。

主持人1:不忘初心,牢记使命;不忘初心,方得始终。

主持人2:下面请欣赏合唱《不忘初心》。

第三节 如何应对演出中的突发情况

在主持活动中,主持人经常会遇到一些突发情况,如有人提问、需要转换话题、被要求即兴点评、有演员迟到、有演员忘记台词等。遇到这种情况时,主持人应该如何应对呢?

朗诵艺术基础

一、面对突发情况主持人应有的状态

主持人在遇到突发情况时首先要稳住自己的神情和态度，不能因为出现突发情况而使自己处于惊慌状态。主持人在面临突发情况时是否能保持镇定与他是否在活动开始前对可能出现的突发情况有预案有关。先前有预案，突发情况出现时心就不会慌。

面对突发情况，主持人要临危不乱，发挥好自己的临场应对能力，应用临场应对技巧来化解不利局面，从容驾驭节目顺利进行。总体来说，主持人面对突发情况要做好以下几点。

第一，要有冷静沉着、临危不乱的心态。

第二，要反应敏捷，根据预案迅速确定化解办法。

第三，要充分发挥主持人的语言功力，把每一点想要表达的意思清楚、到位地传递给每一位观众，引导观众配合自己化解突发情况。

第四，在关键时刻主持人不仅要能救场，还要发挥好主持人的文化优势，用优雅的语言来救场。

第五，要充分利用主持人的身份，发挥好主持人的权利，在出现突发情况时果断地主动出击，以把控局面。

第六，要积极利用观众的掌声和喝彩声来与观众互动，缓解现场的尴尬局面，使节目顺利进行下去。

总而言之，朗诵节目的主持不仅是对主持人语言表达能力的考验，还是对主持人控场能力和快速反应能力的检验。而这些能力的获得既要在平时多加练习，更要多上舞台，从实践中锻炼自己。

二、常见突发情况的处置方法

主持人在主持节目时出现突发情况是经常会遇到的，一旦遇到了，就要积极采取措施进行圆场，以缓解尴尬气氛。下面列举几种常见的突发情况及其处置办法，作为举一反三的例子，供大家参考。

第七章　朗诵节目主持人

1. 音响控制室错播了音乐怎么办

某场演出，下面表演的是抒情舞蹈节目，而音响控制室却错误地播放了一曲很火爆的歌曲。这时，主持人可以将错就错地说："观众朋友们，风雨之后会是晴天，让我们先来欣赏一下这首劲爆的歌曲，再来观赏抒情的舞蹈。"

2. 颁奖嘉宾迟到怎么办

晚会进行到了颁奖环节，而颁奖嘉宾却没有到。此时，主持人可根据不同的情况采用不同的处理方法。如果已经知道颁奖嘉宾只是晚到一会儿，可采用加演一个节目或对前面的节目进行评论来拖延时间。如果知道颁奖嘉宾来不了了，则可使用幽默的语言来化解尴尬，宣布更换颁奖嘉宾。

3. 歌手唱歌跑调怎么办

歌手唱歌跑调了，引起了观众的不满。这时，主持人可用一些鼓励歌手的话来平息观众的情绪和缓解歌手的尴尬。主持人可以这样说："这位歌手声音嘹亮，独具一格，虽然词和调有偏差，却也发现了下一步的努力方向，值得庆贺，祝您百尺竿头更进一步。"

4. 话筒没有声音了怎么办

主持人身上一般会有两个话筒：一个是胸麦，一个是手持话筒。其中一个出问题，另一个是可以救场的。但如果在仅有一个手持话筒的情况下话筒出现故障，可根据具体情况采用不同的方法来处理。

如果话筒故障出现在串词快说完时，不必示意工作人员换话筒，主持人可应用自己扎实的气息功底，用洪亮的声音把串词说完，并让观众清晰地听到。如果要说的串词还有很多，必须借助话筒时，主持人可用眼神示意场下负责音响的工作人员，因为此时音响师也一定会发现问题，并及时安排工作人员更换话筒。拿到话筒后，主持人可稍作圆场，接着继续节目的主持工作。

5. 朗诵演员上台后音乐久未响起怎么办

朗诵演员上场后音乐久未响起怎么办？这时，主持人应马上主动去和演员进行聊天式对话，以转移观众的注意力。对话内容应该是演员容易回答的话题，如有关本节目的创作和排练等。同时，应示意负责音响的工作人员尽快播放音乐。还可以调侃地说:"看来×××的朗诵真是很值得期待,所以音乐才姗姗来迟了。"

6. 朗诵者话筒中途没有声音了怎么办

作为主持人,此时千万不要打断朗诵者的朗诵,等朗诵者朗诵完后马上迎上去,用调侃的语气对朗诵者说:"您的朗诵真是太棒了,让我们大家为之震撼。您看,就连我们的音响系统也感动得不出声了,也在仔细地聆听您的朗诵。来!我们大家再次把掌声送给他。"这样说,不但缓解了话筒出现故障的尴尬,而且再次鼓舞了朗诵者。

7. 后台出现情况,下一个节目上不了台怎么办

出现这种情况时,需要主持人用拖延时间的方式来救场。这时,主持人可发挥自己的语言才能,对上一个节目进行回顾、评价,对下一个节目的内容和演员进行简单介绍等。主持人甚至可以现场表演一个小节目,以达到拖延时间的目的。

8. 主持人报幕(主持)后不见演员上台怎么办

遇到这种情况时,主持人应立即站出来填补空场,发挥主持人的语言特长,用与节目和演员关联的语言来拖延时间。甚至可以这样说:"看来又是一名重量级的大人物要出场了!"虽然这是玩笑话,但可以大大缓解空场的尴尬气氛。如果这时演员还没有出现,主持人可以接着这样说:"此时,即将出场的×××演员的心情应该是既紧张又兴奋。来!让我们大家用掌声鼓励一下。"

第四节　主持人的服饰穿搭

一、主持人服饰穿搭的基本原则

主持人在各种类型的节目主持中选择服饰的基本原则是一样的,那就是端庄、大气、优雅。穿着的服饰要能够提升自己的气场和增添自己的魅力。同时,穿着的服饰一定要符合本场节目的主题。比如,主持迎新年晚会,我们可

以选择亮丽、鲜艳的颜色以及充满设计感的服饰，目的是增添节目的喜庆氛围。相反，如果是主持赈灾演出，由于演出主题比较沉重，这时的服装选择一定要应景，如深色的西装等，在搭配上不能花枝招展。

二、男主持人的服饰穿搭

在一般的大型演出节目中，男主持人的服装可以选择西装。西装有双排扣和单排扣两种款式。对体型较胖的主持人来说，选择单排扣的西装不但不会显得体态臃肿，反而可以表现出男士的健壮体型。相反，对体型偏瘦的主持人来说，穿单排扣的西装会让人觉得体格单薄，失去了主持人的气场；而穿着双排扣西装，不仅更显优雅，还显得身材匀称。需要注意的是，男士穿着西装不宜过分浮夸，衣服上不要有太多的亮片等装饰品。西装的颜色也要和年龄、节目的主题相适应，不要过分追求靓丽。

穿西装配领带或领结也是很有讲究的，领带或领结的颜色不但要与自己的服装相适应，而且要与搭档的女主持人服装相呼应。比如，女主持人身穿蓝色的礼服裙，男主持人的领带也可以是蓝色的，这样会让观众觉得男女主持人之间的搭档格外默契。

不宜把领带系得过长，领带尖正好位于腰带扣的上方最为合适。过长的领带会显得主持人邋遢、不拘小节。为了防止领带晃动，可以使用领带夹来固定领带。领带夹一般应夹在衬衫的第三粒与第四粒纽扣之间。

如果选择领结来与西装搭配也是不错的。领结一定要系正，也就是要让领结端正地固定在衬衫的第一粒纽扣上。领结一定要系牢，如果不系牢，一旦在台上说话时领结松开了，就会使场面十分尴尬。细节之处也往往能显示主持人的魅力和对演出的重视。

三、女主持人的服饰穿搭

女主持人的服饰穿搭往往会成为观众津津乐道的话题。相较于男主持人来说，女主持人可选的服装款式更加多样，可选的颜色更加丰富，整体的化妆、打扮和发型也更为复杂。

女主持人较常见的服装是裙装，且多数为礼服裙。虽然女主持人可选的服装款式、颜色更多，但是其选择的原则是不变的，仍然是端庄、大气、优雅。

女主持人可选的裙装款式格外丰富，下面介绍几种常见款式，供女主持人选择时参考。

1. 款式一：拖地礼服裙

拖地礼服裙适合女主持人主持大型的、庄重的演出时穿着。其优点是能够给予主持人足够的气场和华丽的外在形象。选择拖地礼服裙为女主持人的演出服后，还必须选择与其相适应的发型和精美的妆容，这样才能与大型的演出和节目内容相得益彰、融为一体。

2. 款式二：长裙

长裙是指裙摆长度位于脚踝位置的裙子。其优点是适应性较强，既可以在主持大型节目时穿着，也可以在主持小型节目、联谊活动时穿着。穿着长裙相较于拖地礼服裙更加舒适，行动更加方便。同时，也可以为女主持人遮挡腿型。长裙也是中老年朋友主持节目时不错的选择。

3. 款式三：短裙

短裙是指裙摆长度位于膝盖及膝盖以上的裙子。其优点是活泼、美观，适合年轻、貌美、有较好身材的女主持人在主持轻松、幽默、娱乐类节目时穿着。一般不适合中老年女主持人穿着。

4. 款式四：传统民族服装

女性的传统民族服装主要有旗袍、汉服等。中国的旗袍、汉服特别适合女主持人在主持以中华传统文化为主题的节目时穿着。穿着旗袍、汉服没有年龄限制，特别是中老年女主持人穿着旗袍、汉服上台主持节目，能让观众的眼前一亮！

四、小型朗诵活动主持人的服饰穿搭

小型朗诵活动是指那些几十个人参加的小型诗会、朗诵会、老年大学班级汇报演出等活动。这类活动的特点是场地紧凑，参演人员不多，观众人数不多，舞台设备简单，等等。

主持小型活动与主持大中型活动相比，主持人对整场节目的把控作用更加突出。由于演员和观众的互动性更强，使整场节目的感染力也更大，在主持过程中往往还会带来很多意想不到的成功和惊喜。

小型活动的主持人服饰如何穿搭呢？既然小型活动的特点是小而精，那么主持人的穿衣打扮也应该与其适应。相较于一些大中型演出来说，小型活动主持人的服装不需要穿得非常华丽、正式。小型活动主持人的服饰应该体现出亲民性的特点，一般可以选择简约型的礼服或穿着通勤服来主持活动。身上佩戴的饰品也不宜过分华丽，简单大方即可。对老年主持人来说，着装应简约、端庄、大气、质朴。

总之，在小型活动中，观众们看的不是华丽的舞台效果或者夺人眼球的漂亮衣服，而是欣赏节目。所以，对于小型活动，主持人身着一身清爽、整洁、大方的服装是最佳的。

1. 串词的语言特征是什么？
2. 当你主持节目时，话筒突然没有声音了怎么办？
3. 如何提高主持人表达的亲和力？

第八章 作品朗诵训练

作品朗诵指的是文学作品的朗诵。文学作品按照体裁来分可分为四大类：诗歌、散文、戏剧和小说。

一切文学活动都是抒发情感的艺术活动，朗诵是文学活动的一种。为了提高朗诵活动的艺术性，要求朗诵者除了平时注重培养良好的情感品质外，还要对作品进行认真的分析和揣摩，以达到与作者的情感产生共鸣。

在朗诵的训练中，朗诵者要把自己设想成作者的化身，自己就是作品抒情的主人，作品中的话就是自己要说的话，作品中的情就是自己要抒的情。只有这样，朗诵才能实现声情并茂。训练时，还要注意"我在"和"我是"的差异。"我在"就是我在现场，我要将我的所见、所闻、所感传达给听众。"我是"就是不仅要把自己置身于作品文字描绘的环境中，还要具有深刻的"我就是"的具体感受。只有做到了这些，朗诵时的情绪才会更加真切，此时借景抒情和托物言志的情感才会愈加丰满。

第一节 诗歌朗诵

一、诗歌朗诵的基本要求

诗歌是文学的一大样式，是历史最悠久的文学形式。诗歌有四大特点：其一，诗歌的内容往往是社会生活的集中反映；其二，诗歌饱含作者丰富的思想感情与想象；其三，诗歌具有很强的形式性，语言精练、形象生动、音调和谐、节奏鲜明；其四，诗歌不以句子为单位，而是以行为单位。分行的依据则根据不同诗歌的形式而定,有的以节奏为依据,有的以意思为主,有的每行有固定的字数和韵律,有的则不受限制。行数也是根据诗歌的具体形式而定。

古诗是中国古代诗歌的泛称。中国古代把不合乐的称为诗,合乐的叫作歌,现在一般统称为诗歌。广义的古诗包括诗、词、散曲,狭义的古诗仅指诗,包括古体诗和近体诗。诗是最注重抒情的艺术语言。唐代诗人白居易说:"感人心者,莫先乎情,莫始乎言,莫切乎声,莫深乎义。诗者:根情,苗言,华声,实义。"白居易说的"情"就是感情,"言"就是语言,"声"就是表达时所发出的声音、节奏等,"义"就是思想。情、言、声、义四者中,情和义是思想感情,是根与实;言与声是语言及其表达方式,是苗与华(古汉语华同花)。就是说,思想感情是根基,语言是苗,声音是花,而诗词歌赋的含义、道理则是给人以启迪的果实。诗歌朗诵就要遵循这一规律,以感情为根基,把苗、花和果实奉献给观众。

朗诵古典诗词和现代诗歌时,脑海里都要"过电影",不仅要有情,还要有形,要做到形神兼备,才能生动感人。朗诵时,声音要优美,语音要纯正,音色和表达的感情要动人,这样的朗诵才富有很强的艺术感染力。

二、诗歌朗诵作品训练

1. 静夜思

唐·李白

(朗诵者:鲍远明)

扫码听朗诵

床前明月光,疑^①是地上霜。

举头^②望明月,低头^③思故乡。

注释:

① 疑(yí):好像。　② 举头:抬头。

③ 低头:垂下头,形容沉思的神态。

朗诵提示:

李白(701—762年),字太白,号青莲居士,唐朝伟大的浪漫主义诗人,有"诗仙"之称。

朗诵艺术基础

《静夜思》写的是在寂静的月夜诗人思念家乡的感受。诗的前两句是写诗人身在异乡一个人独处的孤独情怀，夜深人静时，心头泛起阵阵思念故乡的波澜。诗的后两句则是通过动作神态的刻画，深化思乡之情。"望"字照应了前句的"疑"字，表明诗人已从迷蒙转为清醒。他翘首凝望着月亮，不禁想起，此刻他的故乡也正处在这轮明月的照耀下，自然引出了"低头思故乡"的结句，为朗诵提供了缓慢沉思的基调。

短短四句诗，写得清新朴素，起承转合，逻辑恰当。朗诵者要像喝到好酒那样慢慢品味，找到感觉，情动于衷。朗诵时，要注意讲究疏密与长短，最后三个字要一字一顿地点题。

2. 钗头凤·红酥手

宋·陆游

（朗诵者：鲍远明）

红酥手，黄縢①酒，满城春色宫墙②柳。东风恶，欢情薄。一怀愁绪，几年离索。错，错，错！

春如旧，人空瘦，泪痕红浥③鲛绡④透。桃花落，闲池阁。山盟虽在，锦书⑤难托。莫，莫，莫！

钗头凤·世情薄

宋·唐婉

（朗诵者：韩沛颖）

世情薄，人情恶，雨送黄昏花易落。晓风干，泪痕残。欲笺⑥心事，独倚斜栏⑦。难，难，难！

人成各，今非昨，病魂常似秋千索。角声寒，夜阑珊⑧。怕人寻问，咽泪装欢。瞒，瞒，瞒！

注释：

① 縢（téng）：酒名。

② 宫墙（gōng qiáng）：宫室的围墙。

③ 浥（yì）：湿润。

④ 鲛绡（jiāo xiāo）：传说鲛人所织的绡极薄，后用以泛指薄纱，这里指手帕。

⑤ 锦书（jǐn shū）：华美的文书，写在锦上的书信。

⑥ 笺（jiān）：写信或题词用的纸。

⑦ 独倚斜栏（xié lán）：一个人独自倚靠在斜栏上。

⑧ 阑珊（lán shān）：衰落，将尽。

朗诵提示：

陆游（1125—1210年），字务观，号放翁，越州山阴（今浙江绍兴）人，南宋爱国诗人、文学家、史学家。

陆游创作的诗歌今存九千多首，内容极为丰富。其中，《钗头凤·红酥手》记述了陆游的表妹唐婉婚后不孕，被公婆逐出。陆游题壁《钗凤头》，抒发了怨恨愁苦而又难以言状的凄楚痴情。这是一首别开生面、催人泪下、惹人生疼、为之惋惜的作品。

朗诵这首词的开头可以用微颤的声音开始，上阕的"错，错，错"三个字可以一气呵成；下阕的"莫，莫，莫"三个字则表明了作者对绵绵深情无可挽回的痛楚，荡气回肠，恸不能言。朗诵时，字与字之间要拉开距离，给人以抱恨终天之感。

陆游与唐婉十年后不经意的沈园相遇。陆游创作的《钗头凤·红酥手》让唐婉回忆起当初的情深意浓，导致心有怀想，寝食难安，情不自禁和了一首《钗头凤·世情薄》。全词哀婉动人，情感复杂。朗诵时，要表达出一种长期积郁在心的痛苦，情感基调应处于大哀声惨的状态。

3. 如梦令·常记溪亭日暮

宋·李清照

（朗诵者：鲍远明）

常记溪亭① 日暮，沉醉② 不知归路。

兴尽晚回舟，误入藕③花深处。

争渡，争渡，惊起一滩④鸥鹭⑤。

注释：

① 溪亭（xī tíng）：临水的亭台。

② 沉醉（chén zuì）：比喻沉浸在某事物或某境界中。

③ 藕（ǒu）花：荷花。

④ 一滩：一群。

⑤ 鸥鹭（ōu lù）：这里泛指水鸟。

朗诵提示：

李清照（1084—1155年），宋代女词人，号易安居士，齐州章丘（今山东章丘）人，婉约词派代表，有"千古第一才女"之称。

《如梦令·常记溪亭日暮》是李清照早期填的一首小令，表达了她早期生活的情趣和心境，尺幅之短，寥寥数语，似乎是随意而出，却又惜墨如金，句句深意。

朗诵者要用轻松、自然、愉悦的语气朗诵这首词，要把作者青春年少游玩时的好心情表达出来。朗诵时，要抓住词中的关键词来表达作者的心情和意境。例如，词中的"常记"一词，表达了作者经常会想起那次一直玩到日暮时分的郊游，表达了李清照对生活的怀念之情与日俱增。又如，"沉醉"二字，表露出作者心底的欢愉，陶醉在美景中而流连忘返，直到天快黑时"兴尽"了才乘舟返回，却误入了藕花深处。再如，词中一连用了两个"争渡"，表达了作者急于从迷途中找寻出路的焦灼心情，并用"惊起一滩鸥鹭"的结果来衬托作者的焦急心情。至此，词戛然而止，言尽而意未尽，耐人寻味。这首小令只选取了游玩时的几个片断，就把移动着的风景和作者怡然的心情融合在一起，通篇是一个情景再现的过程。

4. 蝶恋花·春景

宋·苏轼

（朗诵者：鲍远明）

花褪①残红青杏小。燕子飞时，绿水人家绕。枝上柳②绵吹又少。天涯何处无芳草。

墙里秋千墙外道。墙外行人，墙里佳人笑。笑渐不闻声渐悄③。多情④却被无情⑤恼。

注释：

① 褪（tuì）：萎谢。　　　② 柳：即柳树。

③ 渐悄（qiǎo）：渐渐没有了声音。　④ 多情：这里代指墙外的行人。

⑤ 无情：这里代指墙内的佳人。

朗诵提示：

苏轼（1037—1101年），字子瞻，又字和仲，号东坡居士，眉州眉山（今四川眉山）人，北宋著名文学家、书画家，唐宋八大家之一，豪放派词人。

苏轼的诗、词、赋、散文均成就极高，且善书法和绘画，是中国文学艺术史上罕见的全才，也是中国数千年历史上被公认的文学艺术造诣最杰出的大家之一。

《蝶恋花·春景》是苏轼所填描述暮春的小令，上阕写伤春，下阕写伤情。作者借墙里佳人无情，墙外行人却多情的人情世故，用"多情却被无情恼"的意象表达了对朝廷一片痴心却被贬官远谪的惆怅，含蓄地道出了自己仕途坎坷、漂泊天涯的失落心情。既寄寓了作者的忧愤之情，也蕴含了他对充满矛盾的人生悖论的思考。

朗诵时，开始语速要慢，用以表达墙内有欢快的生活以及年轻而富有朝气的生命这一情景。墙外是赶路的行人，行人的心情和神态如何，朗诵者要通过语调的变化给读者留出想象空间。通篇朗诵可以适当降低音高，使用较暗的音色，表达作者冷落寂寞、抑郁不能排解的心绪，以及作者欲奋发有为，却成"多情却被无情恼"的现实。

5. 春夜喜雨

唐·杜甫

（朗诵者：鲍远明）

好雨知①时节，当春乃发生②。

随风潜③入夜，润物④细无声。

野径⑤云俱黑，江船火独明。

晓看⑥红湿处⑦，花重⑧锦官城⑨。

注释：

① 知：明白，知道。

② 发生：萌发生长。

③ 潜（qián）：暗暗地，悄悄地。这里指春雨在夜里悄悄地随风而至。

④ 润物：使植物受到雨水的滋养。

⑤ 野径：田野间的小路。

⑥ 晓看（kàn）：天刚亮的时候观看。

⑦ 红湿处：雨水湿润的花丛。

⑧ 花重（zhòng）：花沾上雨水而变得沉重。

⑨ 锦官城：成都的别称。

朗诵提示：

杜甫（712—770年），字子美，自号少陵野老，河南巩县（今河南巩义）人，唐代伟大的现实主义诗人。

《春夜喜雨》是诗人从听觉至视觉，乃至心理感觉，巧妙地运用了拟人、对比等具有较强表现力的艺术手法绘景、写情。不用喜悦欢愉之词，却处处透露出喜悦的气息。诗人紧扣"喜"字，对春雨作了细致入微的描绘，最后仍紧扣"喜"字，写出了想象中雨后之晨锦官城的迷人景象，小喜而声丽。

6. 登高

唐·杜甫

（朗诵者：鲍远明）

风急天高猿啸哀①，渚②清沙白鸟飞回。

无边落木③萧萧④下，不尽长江滚滚来。

万里悲秋常作客⑤，百年⑥多病独登台。

艰难苦恨繁霜鬓⑦，潦倒⑧新停⑨浊酒杯。

注释：

① 啸哀：指猿的叫声凄厉。

② 渚（zhǔ）：水中的小洲、小块陆地。

③ 落木：指秋天飘落的树叶。

④ 萧萧：草木飘落的声音。

⑤ 常作客：长期漂泊他乡。

⑥ 百年：犹言一生，这里借指晚年。

⑦ 繁霜鬓（bìn）：繁，动词，意为增多。霜鬓，白色的鬓发。

⑧ 潦倒（liáo dǎo）：衰颓，失意。这里指衰老多病，志不得伸。

⑨ 新停：刚刚停止。杜甫晚年因病戒酒，所以说"新停"。

朗诵提示：

《登高》这首诗的意境凄凉，表达出作者孤独无依、常年漂泊、晚年多病的意象。前四句写景，紧扣秋天的季节特色，表述登高见闻，描绘了江边空旷寂寥的景致。首联为局部近景，渲染了秋江景物的特点。朗诵时，要注意表现整个画面的气氛。颔联为整体远景，语势要开阔。"无边落木"和"不尽长江"要一气读出，表现诗人有无尽的愁绪哀思。颈联是高潮，声调要高亢而悲愤，刻画老病孤愁，加重悲苦情绪。尾联无限凄凉于言外，应读得缓慢沉重。通篇朗诵的语速要慢，从而表现诗人老年的悲哀神伤。

7. 将进酒①

唐·李白

（朗诵者：鲍远明）

君不见②黄河之水天上来③，奔流到海不复回。

君不见高堂④明镜悲白发，朝如青丝⑤暮成雪。

人生得意须尽欢，莫使金樽⑥空对月。

天生我材必有用，千金散尽还复来。

烹羊宰牛且为乐，会须⑦一饮三百杯。

岑夫子，丹丘生⑧，将进酒，杯莫停⑨。

与君⑩歌一曲，请君为我倾耳听。

钟鼓⑪馔玉⑫不足贵，但愿长醉不复醒。

古来圣贤皆寂寞，惟有饮者留其名。

陈王⑬昔时宴平乐⑭，斗酒十千恣⑮欢谑⑯。

主人何为言少钱，径须⑰沽⑱取对君酌。

五花马⑲，千金裘，呼儿将出换美酒，

与尔同销万古愁。

注释：

① 将（qiāng）进酒：劝酒歌，原是汉乐府曲调。

② 君不见：乐府中常用的一种夸语。

③ 天上来：黄河源于青海，因那里地势极高。

④ 高堂：房屋的正室厅堂。这里指父母。 ⑤ 青丝：柔软的黑发。

⑥ 金樽（zūn）：中国古代的盛酒器具。 ⑦ 会须：正应当。

⑧ 岑（cén）夫子，丹丘生：岑夫子即岑勋，丹丘生即元丹丘。两人均为李白的好友。

⑨ 杯莫停：一作"君莫停"。 ⑩ 与君：给你们，为你们。君：指岑、元两人。

⑪ 钟鼓：富贵人家宴会中奏乐使用的乐器。

⑫ 馔（zhuàn）玉：形容食物如玉一样精美。 ⑬ 陈王：指陈思王曹植。

⑭ 平乐：观名。在洛阳西门外，为汉代富豪显贵的娱乐场所。

⑮ 恣（zì）：放纵，无拘无束。 ⑯ 谑（xuè）：戏，玩笑。

⑰ 径须：干脆，只管。 ⑱ 沽（gū）：通"酤"，买或卖。这里指买。

⑲ 五花马：指名贵的马。一说毛色作五花纹，一说颈上长毛修剪成五瓣。

朗诵提示：

《将进酒》约作于唐天宝十一年，李白已经到了晚年。在这首诗里，他道出了对富贵、圣贤的貌视，在豪饮行乐中又流露出怀才不遇的悲愤情怀。李白借题发挥、借酒浇愁的内心状态是需要朗诵者在朗诵前深刻体悟的。诗篇屡用巨额数字"千金""三百杯""斗酒十千""千金裘""万古愁"等夸张手法来表现豪迈诗情，那潜在酒话底下如波涛汹涌的郁怒情绪蕴含其中。朗诵最后一句时，要表达出诗人难以抑制的内心痛苦，有几分醉意，又有几分"狂"劲。

8. 相见欢①·林花谢②了春红

唐·李煜

（朗诵者：鲍远明）

林花谢了春红，太匆匆。无奈朝来寒雨晚来风。

胭脂泪③，相留醉④，几时重⑤。自是人生长恨水长东。

注释：

① 相见欢：词牌名。　　② 谢：凋谢。

③ 胭脂泪：原指女子的眼泪，女子脸上搽有胭脂，泪水流经脸颊时沾上胭脂的红色。这里的胭脂是指林花着雨的鲜艳颜色，指代美丽的花。

④ 相留醉：一作"留人醉"。　　⑤ 几时重：何时再度相会。

朗诵提示：

李煜（937—978年），南唐末年君主，字重光，初名从嘉，号钟隐、莲峰居士，徐州彭城（今江苏徐州）人，史称李后主。

李煜被称为"千古词帝"。他将亡国之痛、故国之思、悔恨之情、无奈之憾等复杂的感情都真切地倾注进他的词句里，就像王国维先生说的，李煜后期的词是他用全部的血泪写成的。

这首词是即景抒情的典范之作，虽写的是一己的遭遇，却写尽了所有生命的脆弱和无奈。它涵盖了人类共有的生命的缺憾，是一种融汇和浓缩无数痛苦的人生经验的浩叹。其哀婉凄绝，美得令人心痛。朗诵时，要有一种凄婉惆怅的情感。短句语速放慢，沉吟而出；长句可以有停顿，但要注意其内在语意的连贯。结尾一句要犹如长叹般诵出。

9. 钱塘湖①春行

唐·白居易

（朗诵者：鲍远明）

孤山寺②北贾亭③西，水面初平④云脚低⑤。

几处早莺⑥争暖树⑦，谁家新燕⑧啄春泥。

乱花⑨渐欲⑩迷人眼⑪，浅草才能没⑫马蹄。

最爱湖东⑬行不足⑭，绿杨阴⑮里白沙堤。

注释：

① 钱塘湖：即杭州西湖。

朗诵艺术基础

② 孤山寺：南北朝时期陈文帝（522—565年）初年建，名承福，宋时改名广华。孤山：在西湖的里、外湖之间，因与其他山不相接连，所以称孤山。上有孤山亭，可俯瞰西湖全景。

③ 贾亭：又叫贾公亭。西湖名胜之一，唐朝贾全所筑。

④ 水面初平：湖水才同堤岸齐平，即春水初涨。初：在古汉语里用作副词，常用来表示时间，是指不久。

⑤ 云脚低：白云重重叠叠，同湖面上的波澜连成一片，看上去，浮云很低，所以说"云脚低"。"脚"的本义指人和动物行走的器官，这里指低垂的云。

⑥ 早莺：初春时早来的黄鹂。

⑦ 争暖树：争着飞到向阳的树枝上去。

⑧ 新燕：刚从南方飞回来的燕子。

⑨ 乱花：纷繁的花。　　⑩ 渐欲：副词，渐渐地将要。

⑪ 迷人眼：使人眼花缭乱。　　⑫ 没（mò）：遮没，盖没。

⑬ 湖东：以孤山为参照物，白沙堤（即白堤）在孤山的东北面。

⑭ 行不足：百游不厌。足，满足。　　⑮ 阴：同"荫"，指树荫。

朗诵提示：

白居易（772—846年），字乐天，号香山居士，又号醉吟先生，祖籍山西太原，生于河南新郑，唐代伟大的现实主义诗人。

作者以平铺直叙的手法，描绘出经过一个冬天的禁锢，萧瑟的西湖迎来了初春的景色。诗句的字里行间充满了游西湖的喜悦。

根据诗的意境，朗诵者要在字音饱满、抑扬顿挫的朗诵语言基础上，采用平和的语气交代首联对西湖的地点、景色等的总体描述。此时，朗诵者应有登山观景，美不胜收的感觉，自己仿佛已经置身于一个春意盎然的美好世界中。颔联和颈联是此诗的核心部分，也是描写西湖春光的点睛之笔。一个"争"字让人感到春光的难得与宝贵，而不知是谁家檐下的燕子正忙个不停地衔泥做窝。一个"啄"字描写了燕子忙碌而兴奋的神情，使得全诗洋溢着春的活力与生机。朗诵者要情感愉悦，语调轻快，展现诗人成功运用白描手法写出的春天的明丽和生机，处处叩紧环境和季节特征，把刚刚披上春天外衣的西湖描绘得生意盎然。最后，诗人才意犹未尽地沿着白沙堤，一步三回头，恋恋不舍地离去。全诗朗诵的基调应是欣喜欢快的，小乐而徐徐声逸。

10. 山居秋暝 [①]

唐·王维

（朗诵者：鲍远明）

空山新雨后，天气晚来秋。

明月松间照，清泉石上流。

竹喧归浣女 [②]，莲动下渔舟。

随意春芳 [③] 歇 [④]，王孙自可留。

注释：

① 暝（míng）：日落时分，天色将晚。 ② 浣（huàn）女：洗衣服的女子。

③ 春芳：春草。　　　　　　　　　 ④ 歇（xiē）：凋谢，枯萎。

朗诵提示：

王维（701—761年），字摩诘，号摩诘居士，河东蒲州（今山西永济）人，山水田园派的代表人物，唐朝著名诗人、画家，有"诗佛"之称。

《山居秋暝》这首诗描绘了秋雨初晴后的傍晚时分山村的旖旎风光和山居村民的淳朴，表现了诗人寄情山水田园，并对隐居生活怡然自得的满足心情。全诗将空山雨后的秋凉、松间明月的光照、石上清泉的声音以及浣女归来竹林中的喧笑声、渔船穿过荷塘的动态和谐、完美地融合在一起，给人一种丰富新鲜的感受。它既像一幅清新秀丽的山水画，又像一支恬静优美的抒情乐曲，体现了王维诗中有画的创作特点。颔联侧重写物，颈联侧重写人，两者又互为补充。泉水、青松、翠竹、青莲都是诗人理想境界的环境烘托。朗诵时，要注意前三联与第四联节奏的变换。

这首诗通篇采用比兴手法，含蕴丰富，耐人寻味。朗诵者要用声音把听众带入雨后山水画的意境中。

11. 水调歌头·明月几时有

宋·苏轼

（朗诵者：鲍远明）

丙辰中秋，欢饮达旦①，大醉，作此篇，兼怀子由②。

明月几时有？把酒③问青天。不知天上宫阙④，今夕是何年？我欲乘风归去⑤，又恐琼楼玉宇⑥，高处不胜⑦寒。起舞弄清影，何似⑧在人间？

转朱阁⑨，低绮户⑩，照无眠。不应有恨，何事长向别时圆？人有悲欢离合，月有阴晴圆缺，此事古难全。但⑪愿人长久，千里共婵娟⑫。

注释：

① 达旦：到天亮。　　② 子由：苏轼的弟弟苏辙的字。

③ 把酒：端起酒杯。把：执，持。

④ 天上宫阙（què）：指月中宫殿。阙：古代城墙后的石台。

⑤ 归去：回去。这里指回到月宫里去。

⑥ 琼（qióng）楼玉宇：美玉砌成的楼宇，指想象中的仙宫。

⑦ 不胜（旧读 shēng）：经受不住。胜：承担，承受。

⑧ 何似：何如，哪里比得上。　　⑨ 朱阁：朱红的华丽楼阁。

⑩ 绮户：雕饰华丽的门窗。　　⑪ 但：只。

⑫ 婵娟：指月亮。

朗诵提示：

《水调歌头·明月几时有》是苏轼宋神宗熙宁九年（1076年）中秋在密州所填。中秋时节，作者饮酒大醉，与其弟苏辙七年未见，望月怀人，反衬自己遗世独立的意绪与往昔的神话传说融合一处，对人世间悲欢离合有了更深的感悟和向往，并留下了"但愿人长久，千里共婵娟"这一脍炙人口的千古名句。

朗诵时，要采用心灵独白的语气，表达出作者从纠结到旷达，从伤感到平静，将原本的离愁别绪转换成对一切经受着离别之苦的人表示的美好祝愿和期待。

12. 卜算子①·送鲍浩然之浙东

宋·王观

（朗诵者：鲍远明）

水是眼波②横，山是眉峰聚。

欲③问行人④去那边？眉眼盈盈⑤处。

才始⑥送春归，又送君归去。

若到江南赶上春，千万和春住。

注释：

① 卜算子：词牌名。　　② 眼波：比喻目光似流动的水波。

③ 欲：想，想要。　　　　④ 行人：指词人的朋友（鲍浩然）。

⑤ 盈盈：美好的样子。　　⑥ 才始：方才。

朗诵提示：

王观（1035—1100年），字通叟，号逐客，泰州如皋（今江苏如皋）人，北宋著名词人。

《卜算子·送鲍浩然之浙东》是一首浸润着真挚感情的送别词。作者构思新巧，形象地刻画了离情别意。上阕以人的眼睛和眉毛来比拟山水，即使眼泪在眼眶里打转，也不使之滴落而增加友人的伤感，含蓄地表达了词人与友人的惜别情义。下阕则直抒胸臆，愿友人回到江南，生活在"春"里。两个"送"字和"千万"二字道尽了作者殷殷叮嘱之意。通篇朗诵时，要情意绵绵而又富有灵性，基调要活泼俏丽。

13. 闻①官军收河南河北

唐·杜甫

（朗诵者：鲍远明）

剑外②忽传收蓟北③，初闻涕泪满衣裳。

却看妻子愁何在④，漫卷诗书喜欲狂。

白日放歌须⑤纵酒，青春作伴好还乡。

即从巴峡穿巫峡⑥，便下襄阳⑦向洛阳。

注释：

① 闻：听说。　　② 剑外：剑门关以南。这里指四川。

③ 蓟（jì）北：泛指唐代幽州、蓟州一带，今河北北部地区，是安史叛军的根据地。

④ 愁何在：哪还有一点的忧伤？愁已无影无踪。

⑤ 须：应当。　　⑥ 巫峡：长江三峡之一，因穿过巫山得名。

⑦ 襄阳：今属湖北。

朗诵提示：

《闻官军收河南河北》作于唐代宗广德元年（763年）。当年安史之乱结束，杜甫听到这消息，不禁惊喜欲狂、手舞足蹈，冲口唱出了这首七律。诗的前半部分写初闻喜讯的惊喜，后半部分写诗人手舞足蹈地为返乡做准备，凸显了急于返回故乡的欢快之情。全诗情感奔放，处处渗透着"喜"字，痛快淋漓地抒发了诗人无限喜悦兴奋的心情，因此被称为杜甫的"生平第一快诗"。诗人的思想感情出自胸臆，奔涌直泻。朗诵时，应有这种酣畅之感，声调要高，节奏要快，大喜声放。

14. 鹊桥仙·纤云弄巧

宋·秦观

（朗诵者：鲍远明）

纤云①弄巧②，飞星③传恨，银汉④迢迢⑤暗度⑥。金风玉露⑦一相逢，便胜却人间无数。

柔情似水，佳期如梦，忍顾⑧鹊桥归路。两情若是久长时，又岂在朝朝暮暮⑨。

注释：

① 纤（xiān）云：轻盈的云彩。

② 弄巧：指云彩在空中幻化成各种巧妙的花样。

③ 飞星：流星。一说指牵牛、织女二星。

④ 银汉：银河。　　⑤ 迢（tiáo）迢：遥远的样子。

⑥ 暗度：悄悄渡过。　　　⑦ 金风玉露：指秋风白露。

⑧ 忍顾：怎忍回视。　　　⑨ 朝朝暮暮：指朝夕相聚。

朗诵提示：

秦观（1049—1100年），字少游，一字太虚，号淮海居士，今江苏高邮人，北宋文学家、词人。

《鹊桥仙·纤云弄巧》是一篇立意高远之作，作者借牛郎、织女悲欢离合的故事歌颂坚贞诚挚的爱情。上阕写牛郎织女相会，表述的是"欢"，朗诵时要满含两情相悦的快乐和对美好爱情的赞美；下阕写他们的离别，表述的是"悲"，朗诵时要表达出一夕佳期竟然像梦幻一般倏然而逝，才相见又分离，令人心碎的情感。

全词悲欢交织，抒情与议论、赞叹相结合。特别是下阕的"佳期如梦，忍顾鹊桥归路"语言优美，婉约蕴藉，表达了两人刚刚借以相会的鹊桥，转瞬间又成了和爱人分别的归路。不说不忍离去，却说怎忍看鹊桥归路，婉转语意中含有无限惜别之情。最后的议论和赞叹"两情若是久长时，又岂在朝朝暮暮"既是恋人彼此间的深情劝慰，又是对忠贞爱情的热烈赞美，成为千古佳句。朗诵时，语势要温婉而坚定。

15. 虞美人·春花秋月何时了

唐·李煜

（朗诵者：鲍远明）

春花秋月何时了①？往事知多少。小楼昨夜又东风，故国不堪回首月明中。雕栏玉砌②应犹在，只是朱颜改③。问君能有几多愁？恰似一江春水向东流。

注释：

① 了：了结，完结。　　　② 雕栏玉砌：指远在金陵的南唐故宫。

③ 朱颜改：指所怀念的人已衰老。

朗诵提示：

《虞美人·春花秋月何时了》是南唐亡国之君李煜的代表作，也是李后主的绝命词。作者通过对自然永恒与人生无常的对比，抒发了亡国后生命落空的悲哀，把隐蓄于胸中的悲愁、悔恨曲直有致地倾泻出来，凝成了一首千古绝唱。

朗诵时，要把握好词的韵律和乐感，把握好节奏、停顿和重音。"愁"是本词的词眼。整首词应以低沉、凄苦、忧郁、悲凉及无奈的愁绪作基调。

16. 雨巷

戴望舒

（朗诵者：鲍远明）

撑着油纸伞，独自
彷徨在悠长、悠长
又寂寥的雨巷，
我希望逢着
一个丁香一样地
结着愁怨的姑娘。

她是有
丁香一样的颜色，
丁香一样的芬芳，
丁香一样的忧愁，
在雨中哀怨，
哀怨又彷徨。

她彷徨在这寂寥的雨巷，
撑着油纸伞
像我一样，
像我一样地
默默彳亍①着，

冷漠，凄清，又惆怅。

她静默地走近
走近，又投出
太息②一般的眼光，
她飘过
像梦一般地，
像梦一般地凄婉迷茫。

像梦中飘过
一支丁香地，
我身旁飘过这女郎；
她静默地远了，远了，
到了颓圮③的篱墙，
走尽这雨巷。

在雨的哀曲里，
消了她的颜色，
散了她的芬芳，
消散了，甚至她的
太息般的眼光，
丁香般的惆怅。

撑着油纸伞，独自
彷徨在悠长、悠长
又寂寥的雨巷，
我希望飘过

> 一个丁香一样地
>
> 结着愁怨的姑娘。

注释：

① 彳亍（chì chù）：走走停停的样子。

② 太息：叹息。　　③ 颓圮（tuí pǐ）：坍塌，破败。

朗诵提示：

戴望舒（1905—1950 年），名承，字朝安，小名海山，浙江杭州人，中国现代派象征主义诗人、翻译家。

《雨巷》是戴望舒 1927 年创作的一首现代诗，也是他的成名作。诗中描写了主人公"撑着油纸伞"独自彷徨在悠长又寂寥的雨巷。作者通过对狭窄阴沉的雨巷、在雨巷中徘徊的独行者和那个像丁香一样地结着愁怨的姑娘的描写，含蓄地暗示出作者既迷惘感伤又有期待的情怀，并给人一种朦胧而幽深的美感。

丁香是传统的意象，是愁怨的化身。戴望舒笔下的丁香则突出了它的芬芳、颜色，从而成为美好的代称。丁香姑娘，美丽、高洁、缥缈、哀怨，象征着诗人对理想、人生信念的追求，甚至可以象征一切值得追求的美好事物。

朗诵时，要使用凄婉、哀怨、迷茫而又满怀期待的语调，要抒发出作者找不到革命前途而彷徨迷茫、感伤痛苦的情绪。音色要暗沉，语速较缓。重音应用延长音替代，这样可以营造出一种凄清而优美的意境。朗诵者要尽可能借助抑扬缓急的节奏变化来表现作者内心情感的波动，以达到感染听众，使听众体会到其中深刻含意的目的。

17. 你是人间的四月天——一句爱的赞颂

林徽因

（朗诵者：鲍远明）

> 我说你是人间的四月天；
>
> 笑响点亮了四面风；轻灵在
>
> 春的光艳中交舞着变。

你是四月早天里的云烟,
黄昏吹着风的软,星子在
无意中闪,细雨点洒在花前。

那轻,那娉婷,你是,
鲜妍百花的冠冕你戴着,
你是天真,庄严,
你是夜夜的月圆。

雪化后那片鹅黄,你像;
新鲜初放芽的绿,你是;
柔嫩喜悦,水光浮动着你梦期待中白莲。

你是一树一树的花开,
是燕在梁间呢喃,
——你是爱,是暖,是希望,
你是人间的四月天!

朗诵提示:

林徽因(1904—1955年),出生于浙江杭州,著名的建筑学家和作家,中国第一位女性建筑学家,被胡适誉为"中国一代才女"。

《你是人间的四月天》发表在1934年4月的《学文》1卷1期上,是林徽因为儿子的出生而作,也有说是为悼念徐志摩而作。作者以春风轻灵、春光明媚、春色多变等四月天的季候特征,表达儿子出生带来的喜悦之情和对儿子的希望。该作品更是新月派诗歌诗美原则的完美体现,整首诗音律和谐,提供了丰富的想象空间和意境美,语言讲究节与节的匀称、句与句的齐整,无论是表达意蕴还是文章结构都别具一格。

朗诵时,首先要融入作者的心灵世界,把无声的文字转化成有声的语言,让人们用听觉去感知作者文字里的意蕴。其次要把"爱"贯穿整篇作品的朗诵中，要表达出作者用诗的语言和母亲的喃喃细语倾诉着对孩子的骨肉亲情，憧憬着孩子的美好未来。朗诵这首诗要以年轻女性欢快的语调进行，要把作者在结尾处再次点题，淋漓尽致地表达"爱""暖""希望"的情感尽情地表达出来，使听众的情感得到再一次升华。

18. 自由与爱情

[匈牙利]裴多菲·山陀尔　著　殷夫　译

（朗诵者：鲍远明）

生命诚可贵，爱情价更高。

若为自由故，二者皆可抛。

朗诵提示：

裴多菲·山陀尔（1823—1849年），匈牙利爱国诗人。裴多菲1823年1月1日出生于奥地利帝国统治下匈牙利的一座小城，1849年7月31日在瑟克什堡大血战中同沙俄军队作战时牺牲，年仅26岁。

《自由与爱情》是裴多菲1847年创作的一首短诗，1929年由我国著名诗人殷夫翻译成汉语。殷夫翻译时考虑到中国律诗的特点，把每一句都译成了五言，且有韵脚，所以读起来朗朗上口，成为中国读者最为熟悉的外国诗歌之一。

这首诗作虽然短小，却寓意深远。首句"生命诚可贵"首先肯定了生命的价值，与次句"爱情价更高"配合，则更衬托出了爱情的重要。后两句"若为自由故，二者皆可抛"将国家与民族的利益、人民的自由与解放置于个人利益之上，使该诗达到艺术、思想和时代三者统一的艺术境界。

朗诵《自由与爱情》这首诗的基调应为内心独白。

19. 再别康桥

徐志摩

（朗诵者：鲍远明）

轻轻的我走了，

正如我轻轻的来；
我轻轻的招手，
作别西天的云彩。

那河畔的金柳，
是夕阳中的新娘；
波光里的艳影，
在我的心头荡漾。

软泥上的青荇，
油油的在水底招摇；
在康河的柔波里，
我甘心做一条水草！

那榆荫下的一潭，
不是清泉，是天上虹，
揉碎在浮藻间，
沉淀着彩虹似的梦。

寻梦？撑一支长篙，
向青草更青处漫溯，
满载一船星辉，
在星辉斑斓里放歌。

但我不能放歌，
悄悄是别离的笙箫；
夏虫也为我沉默，

> 沉默是今晚的康桥!

> 悄悄的我走了,
> 正如我悄悄的来;
> 我挥一挥衣袖,
> 不带走一片云彩。

朗诵提示:

徐志摩(1897—1931年),原名徐章序,浙江海宁人,中国现代诗人、散文家。

《再别康桥》是诗人第三次欧洲旅游归国途中所作,时间是1928年11月6日。1928年7月底,徐志摩在英国哲学家罗素家中逗留一夜后独自一人悄悄来到康桥(英国剑桥大学所在地)寻找他的英国朋友。遗憾的是他的英国朋友一个也不在,只有他熟悉的康桥在默默地接待他,一幕幕过去的生活图景又重新在他的眼前浮现。由于当时时间紧迫,直到乘船离开马赛的归国途中,诗人面对汹涌的大海和辽阔的天空才展纸执笔,记下了这次重返康桥的切身感受。

此诗初载于1928年12月10日《新月》月刊第1卷第10号上。朗诵这篇作品的节奏应是舒缓的,语调应是轻柔的,感情应是惆怅的。

20. 红烛·序诗

闻一多

(朗诵者:鲍远明)

"蜡炬成灰泪始干"
——李商隐

红烛啊!
这样红的烛!

诗人啊!
吐出你的心来比比,
可是一般颜色?

红烛啊!
是谁制的蜡——给你躯体?
是谁点的火——点着灵魂?
为何更须烧蜡成灰,
然后才放光出?
一误再误;
矛盾!冲突!

红烛啊!
不误,不误!
原是要"烧"出你的光来——
这正是自然的方法。

红烛啊!
既制了,便烧着!
烧吧!烧吧!
烧破世人的梦,
烧沸世人的血——
也救出他们的灵魂,
也捣破他们的监狱!

红烛啊!
你心火发光之期,
正是泪流开始之日。

朗诵艺术基础

红烛啊!
匠人造了你,
原是为烧的。
既已烧着,
又何苦伤心流泪?
哦!我知道了!
是残风来侵你的光芒,
你烧得不稳时,
才着急得流泪!

红烛啊!
流罢!你怎能不流呢?
请将你的脂膏,
不息地流向人间,
培出慰藉的花儿,
结成快乐的果子!

红烛啊!
你流一滴泪,灰一分心。
灰心流泪你的果,
创造光明你的因。

红烛啊!
"莫问收获,但问耕耘。"

朗诵提示:

闻一多(1899—1946年),字友三,亦字友山。原名闻家骅,后改名多,又改名一多。这位爱国主义诗人致力于研究新诗格律化的理论,在论文《诗的格律》中，他要求新诗不仅具有音乐的美（音节）、绘画的美（辞藻），还要有建筑的美（节的匀称和句的均齐）。

《红烛》这首诗写于1923年。诗人准备出版自己的第一部诗集，在回顾自己数年来的理想探索历程和诗作成就时，写下了这首诗，将它作为同名诗集《红烛》的序诗。

这篇作品的开始就突出红烛的意象，红红的，如同赤子的心。将诗人的奉献精神和赤诚表现得一览无余。接着问红烛，它的身躯和灵魂从何处来？为何要燃烧？诗人抓住了红烛的两个显著特征：自焚与流泪，站在一定的高度上思考红烛，发出种种慨叹，提出种种困惑，然后又从不同意义上给予了各种不同解释的自问自答。在这样的解释中，诗人好像暂时放下了困惑，好像理解了红烛的内在精神实质。于是，诗人似乎为熊熊燃烧的红烛所感奋、启示，从中也看到了自身的形象。燃烧的"红烛"不再是单纯的自我奉献的象征，它是力量，是英雄，是时代的呐喊。全诗的结尾既简洁又意味深长。《红烛》在中国新诗史上具有不可替代的地位，并成为闻一多全部诗歌美学追求的缩影。诗人在红烛身上找到了生活方向："莫问收获，但问耕耘。"

朗诵时，语调要随着诗的情绪而抑扬顿挫、峰回路转。诗中赞叹红烛的"红"，这是扬；困惑于红烛的自焚，这是抑；振奋于红烛的创造能量，这是扬；追问红烛的伤心流泪，这是抑；欣喜于红烛的伟绩，这是扬；最后掂量着"灰心"与"创造"各自的分量时，感伤之情又隐隐透出，而收尾结束却又是昂扬向上。诗的抑、扬线索清晰，形成了全诗特有的情绪型节奏。

21. 教我如何不想她

刘半农

（朗诵者：鲍远明）

天上飘着些微云，

地上吹着些微风。

啊！

朗诵艺术基础

微风吹动了我头发,
教我如何不想她?

月光恋爱着海洋,
海洋恋爱着月光。
啊!
这般蜜也似的银夜,
教我如何不想她?

水面落花慢慢流,
水底鱼儿慢慢游。
啊!
燕子你说些什么话?
教我如何不想她?

枯树在冷风里摇。
野火在暮色中烧。
啊!
西天还有些儿残霞,
教我如何不想她?

朗诵提示:

刘半农(1891—1934年),原名寿彭,后改名复,初字半侬,后改半农,晚号曲庵,江苏江阴人,中国新文化运动先驱。

《教我如何不想她》是1920年诗人在英国伦敦大学留学期间所作,当时他远离祖国,思念亲人而挥笔写下这首诗,是中国早期广为流传的重要诗篇。

该诗由于音韵和谐,语言流畅,1926年被著名的语言学家赵元任谱成曲,广为传唱。刘半农在这首诗中首创了"她"字的使用,受到广泛赞誉。这首诗用了歌词的形式,融进了民歌风,同时又是不折不扣的现代白话诗,可谓是三种风格、三种审美因素的完美统一。全诗共分四节,每节都是先写景后抒情。以景物的描述来引出想要表达的情感,是古诗词中"起兴"的表达手法。全诗情衬托景,景衬托情,自成一幅完满自足的画面。

朗诵这首诗要以海外游子思念祖国的情感作为出发点,以柔情和感叹的基调开始。朗诵时,要注意语气的变化。尤其是对"教"和"她"要有个逐渐明了的过程,"教"字要读得由内而外,要主动、舒展地读成内在语"叫我怎么不想她"。四句重复的"教我如何不想她"使这首诗更具不凡意义,要朗诵得音同义不同。

22. 假如生活欺骗了你

[俄]普希金 著 戈宝权 译

(朗诵者:鲍远明)

假如生活欺骗了你,
不要悲伤,不要心急!
忧郁的日子里需要镇静:
相信吧,快乐的日子将会来临。
心儿永远向往着未来;
现在却常是忧郁。
一切都是瞬息,
一切都将会过去;
而那过去了的,
就会成为亲切的怀恋。

朗诵提示:

亚历山大·谢尔盖耶维奇·普希金(1799—1837年),俄罗斯著名文学家、诗人、小说家,俄国现代文学的创始人,19世纪俄罗斯浪漫主义文学主要代表,同时也是现实主义文学的奠基人,现代标准俄语的创始人,被誉为"俄罗斯文学之父""俄罗斯诗歌的太阳""青铜骑士"。

《假如生活欺骗了你》创作于普希金被沙皇流放的日子里。当时的俄国处于沙皇的暴政下，诗人对生活的假设引起了很多人的共鸣，使得这首诗流传久远。全诗的基调是沉稳而坚定的。

作品的开头阐明了积极乐观的人生态度，接着告诉人们遇到艰难困苦时不要悲伤和心急，沉住气，快乐的日子终会来临。全诗采用劝告的口吻，朗诵时要还原诗人以平等而又娓娓道来的语气，从中感受诗人真诚博大的情怀和坚强乐观的思想情绪，引领听众对生活的热爱与思索，在静静的等待中提高人生境界。

23. 当你老了

[爱尔兰]叶芝　著　袁可嘉　译

（朗诵者：鲍远明）

当你老了，头发白了，睡意昏沉，
炉火旁打盹，请取下这部诗歌，
慢慢读，回想你过去眼神的柔和，
回想它们昔日浓重的阴影；

多少人爱你青春欢畅的时辰，
爱慕你的美丽、假意或者真心，
只有一个人爱你那朝圣者的灵魂，
爱你衰老了的脸上痛苦的皱纹；

垂下头来，在红光闪耀的炉子旁，
凄然地轻轻诉说那爱情的消逝，
在头顶的山上它缓缓踱着步子，
在一群星星中间隐藏着脸庞。

朗诵提示：

威廉·巴特勒·叶芝（1865—1939年），爱尔兰诗人、剧作家，爱尔兰文艺复兴运动的领袖，被誉为"当代最伟大的诗人"。叶芝曾于1923年12月10日获得诺贝尔文学奖。

《当你老了》是叶芝于1893年创作的一首献给其一生至爱、美丽的女演员茅德·冈的爱情诗篇。诗人通过略带哀伤的笔触和朴实无华的文字，运用假设想象和对比反衬的艺术手法，表达了对茅德·冈超越时光、摈弃外貌的爱恋和对现实与理想中爱情差距的无奈。

朗诵这首诗的第一节要以较为缓慢、低沉的语速开头，诗人想象着年迈的恋人轻轻吟诵自己的诗，回忆过往的一切，这里的语调是美好朦胧的。第二节是全诗的高潮，诗人采用对比的手法巧妙地表达了更深沉和真挚的情感，朗诵时的语气要炽热、深沉，也可以用较饱满的情绪和略快的语速朗诵这一节。第三节又转回了虚拟意境，诗人用柔和的语言吸引我们进入时光隧道，这时要用纯净、悠远、轻柔、哀伤的语气朗诵，并辅以望向远方的眼神，让每一位听众更好地融入这首凄美的诗中。

思考题

1. 《水调歌头·明月几时有》是苏轼在什么情况下写的？
2. 李白为什么被世人称为"诗仙"？
3. 《静夜思》中的"床"有五种说法，您是怎么理解的？
4. 朗诵《春夜喜雨》时是怎样体现"声断情不断"的？
5. 为什么许多人把普希金的《假如生活欺骗了你》记在笔记本上作为激励自己的座右铭？
6. 叶芝的《当你老了》是怎样打动恋人的心的？
7. 您理解《再别康桥》中的"是夕阳中的新娘"吗？

第二节　散文朗诵

一、散文朗诵的基本要求

　　散文的特点是形散而神不散，主要体现作者对世界万物的真实感受，抒情性强，情感真挚，文字优美凝练，语言简练舒缓。

　　散文一般没有太多故事情节的描写和人物性格的刻画，是作者通过对生活中的人、事、物、景进行叙述和描写来抒发情感、阐明观点的文学体裁。

　　散文的朗诵同样是在进行二度创作。

　　朗诵散文时，首先要明确它与诗歌、童话、寓言故事、小说的朗诵有怎样的区别。散文朗诵时的声音起伏比较小，语流平稳，不能像诗歌朗诵那样语调、语气有强烈多变、大起大落，一味地追求抑扬顿挫的韵律美，也不能像朗诵童话、寓言故事那样绘声绘色地表达情感。散文朗诵要基于一种自然朴实、真情实感的表达。

　　其次，朗诵时也不能毫无感情色彩。散文的朗诵要具有语气自然、情感真挚、节奏平缓的特点。朗诵时要情绪饱满，追求作品内在的意境和韵律。初学时，可"刻意雕琢"，但随着对作品的理解与熟读，慢慢地便会超越"刻意"，进入"无意"。

　　最后，要在正确理解文章思想感情的基础上，根据自己的人生阅历、文化修养、成长背景，对文稿进行广义备稿和狭义备稿，从而对停连、重音、语气、节奏等作适当处理。同时，要根据内容的需要，让发自内心的情感自然地流露。

二、散文朗诵作品训练

1. 陋室①铭

唐·刘禹锡

（朗诵者：王旭峰）

扫码听朗诵

山不在高，有仙则名。水不在深，有龙则灵。斯是陋室，惟吾德馨②。苔痕上③阶绿，草色入帘青。谈笑有鸿儒④，往来无白丁。可以调素琴，阅金经⑤。无丝竹之乱耳，无案牍⑥之劳形。南阳诸葛庐，西蜀子云亭。孔子云：何陋之有？

注释：

① 陋室：简陋的屋子。　② 德馨（dé xīn）：品德高尚。

③ 上：长到。　　　　　④ 鸿儒（hóng rú）：大儒，这里指博学的人。

⑤ 金经（jīn jīng）：现今学术界仍存在争议，有学者认为是指佛经，也有学者认为是指儒家经典。

⑥ 案牍（àn dú）：官府的公文、文书。

朗诵提示：

刘禹锡（772—842年），字梦得，彭城（今江苏徐州）人，祖籍河南洛阳，唐代文学家、哲学家。刘禹锡诗文俱佳，涉猎题材广泛，与柳宗元并称"刘柳"，与韦应物、白居易合称"三杰"，与白居易合称"刘白"，有"诗豪"之称。

散文可分为古代散文和现代散文。《陋室铭》是古代散文的名篇。朗诵古代散文时，要认真理解文章的情感，注意句子词语的结构，讲究抑扬顿挫的韵律，朗朗上口，富有音律美感。古代散文虽然短小，但集描写、抒情、议论于一体，语句超凡脱俗、情趣高雅，给后人留下了许多耳熟能详的词句。

刘禹锡被贬谪后，通过"陋室"的雅致和个人生活的志趣，表达了不与世俗同流合污、悠闲自得、淡泊明志的高尚品德。朗诵《陋室铭》时，要情感先行，词的韵脚发音可适当地夸张。文章借景抒情、托物言志，朗诵的节奏要明快，以体现作者的高洁傲岸、安贫乐道、儒雅洒脱甚至有点不屑的语气。文章结尾"何陋之有"是全文的总结，朗诵时要用比较张扬的语气来表达，以显示陋室不陋的情感。

朗诵艺术基础

2. 春

朱自清

（朗诵者：王旭峰）

盼望着，盼望着，东风来了，春天的脚步近了。

一切都像刚睡醒的样子，欣欣然张开了眼。山朗润①起来了，水涨起来了，太阳的脸红起来了。

小草偷偷地从土里钻出来，嫩嫩的，绿绿的。园子里，田野里，瞧去，一大片一大片满是的。坐着，躺着，打两个滚，踢几脚球，赛几趟跑，捉几回迷藏。风轻悄悄的，草软绵绵的。

桃树、杏树、梨树，你不让我，我不让你，都开满了花赶趟儿。红的像火，粉的像霞，白的像雪。花里带着甜味儿；闭了眼，树上仿佛已经满是桃儿、杏儿、梨儿。花下成千成百的蜜蜂嗡嗡地闹着，大小的蝴蝶飞来飞去。野花遍地是：杂样儿，有名字的，没名字的，散在草丛里，像眼睛，像星星，还眨呀眨的。

"吹面不寒杨柳风"，不错的，像母亲的手抚摸着你。风里带来些新翻的泥土的气息，混着青草味儿，还有各种花的香，都在微微润湿的空气里酝酿②。鸟儿将巢安在繁花嫩叶当中，高兴起来了，呼朋引伴地卖弄清脆的喉咙，唱出婉转③的曲子，跟轻风流水应和④着。牛背上牧童的短笛，这时候也成天嘹亮⑤地响着。

雨是最寻常的，一下就是三两天。可别恼，看，像牛毛，像花针，像细丝，密密地斜织着，人家屋顶上全笼着一层薄烟。树叶儿却绿得发亮，小草儿也青得逼你的眼。傍晚的时候，上灯了，一点点黄晕的光，烘托出一片安静而和平的夜。在乡下，小路上，石桥边，有撑起伞慢慢走着的人，地里还有工作的农民，披着蓑，戴着笠。他们的房屋，稀稀疏疏的，在雨里静默着。

天上风筝渐渐多了，地上孩子也多了。城里乡下，家家户户，老老小小，也赶趟儿似的，一个个都出来了。舒活舒活筋骨，抖擞⑥抖擞精神，各做各的一份事去。"一年之计在于春"，刚起头儿，有的是工夫，有的是希望。

春天像刚落地的娃娃，从头到脚都是新的，它生长着。

春天像小姑娘，花枝招展的，笑着，走着。

春天像健壮的青年，有铁一般的胳膊和腰脚，领着我们上前去。

注释：

① 朗润（lǎng rùn）：明朗润泽。

② 酝酿（yùn niàng）：各种气息在空气里像发酵似的，越来越浓。

③ 婉转（wǎn zhuǎn）：形容声音抑扬动听。

④ 应和（yìng hè）：应声唱和。

⑤ 嘹亮（liáo liàng）：形容声音清脆洪亮。

⑥ 抖擞（dǒu sǒu）：振作，奋发。

朗诵提示：

朱自清（1898—1948年），原名朱自华，号实秋，后改名朱自清，字佩弦。原籍浙江绍兴，生于江苏东海（今连云港市东海县平明镇），后随祖父、父亲定居扬州，故自称扬州人。朱自清是现代杰出的散文家、诗人、学者、民主战士。

《春》是众多描写春景中脍炙人口的一篇经典散文，全篇分为盼春、绘春、颂春三个层次。作者全面、精细、准确、生动地描绘了春天来临时大自然中草、花、风、雨、人的不同景象，犹如一幅充满诗情画意的迎春图。作者通过对春天的赞美来表达自己热爱生活、积极进取、奋发向上的思想感情，谱写出一曲赞美青春的颂歌。

这篇散文的朗诵基调是欢快的、热情的、喜悦的、积极的、赞美的。声音和情绪要积极饱满，充满激情，节奏以轻快为主，并可带有少量的舒缓交错变化。文中使用大量拟人、比喻、排比、对比等修辞手法，使得文章的语言生动活泼、情感丰富多彩、气势热情迭起。因此，朗诵时不仅要通过语调、语气等的变化把初春景物的动作感、形象感、层次感和画面感表达出来，还要语气轻快，彰显陶醉在春天景色里的样子。

3. 繁星(节选)

巴金

(朗诵者:王旭峰)

我爱月夜,但我也爱星天。从前在家乡,七八月的夜晚,在庭院里纳凉的时候,我最爱看天上密密麻麻①的繁星。望着星天,我就会忘记一切,仿佛②回到了母亲的怀里似的③。

三年前在南京,我住的地方有一道后门,每晚我打开后门,便看见一个静寂的夜。下面是一片菜园,上面是星群密布的蓝天。星光在我们的肉眼里虽然微小,然而它使我们觉得光明无处不在。那时候我正在读一些关于天文学的书,也认得一些星星,好像它们就是我的朋友,它们常常在和我谈话一样。

如今在海上,每晚和繁星相对,我把它们认得很熟了。我躺在舱面上,仰望天空。深蓝色的天空里悬着无数半明半昧④的星。船在动,星也在动,它们是这样低,真是摇摇欲坠呢!渐渐地我的眼睛模糊⑤了,我好像看见无数萤火虫在我的周围飞舞。海上的夜是柔和的,是静寂的,是梦幻的。我望着那许多认识的星,我仿佛看见它们在对我眨眼,我仿佛听见它们在小声说话。这时我忘记了一切。在星的怀抱中我微笑着,我沉睡着。我觉得自己是一个小孩子,现在睡在母亲的怀里了。

注释:

① 密密麻麻:表示非常密集。　② 仿佛(fǎng fú):好像。

③ 似的(shì de):像,如同。

④ 半明半昧(bàn míng bàn mèi):形容有时明亮,有时昏暗。

⑤ 模糊(mó hu):不清楚。

朗诵提示:

巴金(1904—2005年),原名李尧棠,四川成都人,现代文学家、出版家、翻译家。巴金被誉为"五四"新文化运动以来最有影响力的作家之一,是20世纪中国杰出的文学大师、中国当代文坛的巨匠。主要作品有《死去的太阳》《新生》《砂丁》《索桥的故事》《萌芽》和著名的激流三部曲(《家》《春》《秋》)。

其中,《家》是巴金的代表作之一,也是我国现代文学史上最卓越的作品之一。

1927年1月,年轻的巴金受"五四"新文化运动的影响,为实现自己的理想,乘坐"昂热号"去法国求学,在船上他创作了《繁星》。文章分三个层次来写看繁星:第一个层次是在家乡的庭院看繁星;第二个层次是在南京的菜园看繁星;第三个层次是在海上出国的轮船上看繁星。由于年龄、地点及周围环境的不同,描写了作者不同的心理感受,表达了对美好生活的向往及隐约的思念之情。

这篇文章的朗诵基调应是舒缓的,朗诵时要注意层次的把握,调动情景再现的内部技巧,触景生情、身临其境地将"我"与"星"之间进行情景融合。另外,为体现月夜宁静美的意境、未来的憧憬和淡淡的乡愁,朗诵时的声音要虚实结合,节奏要舒缓轻柔。特别是第三个层次的看繁星是整篇散文的重点,也是朗诵者用声虚实结合、重点抒情的地方。

4. 落花生

许地山

(朗诵者:王旭峰)

我们家的后园有半亩空地,母亲说:"让它荒着怪可惜的,你们那么爱吃花生,就开辟①出来种花生吧。"我们姐弟几个都很高兴,买种,翻地,播种,浇水,没过几个月,居然②收获了。

母亲说:"今晚我们过一个收获节,请你们的父亲也来尝尝我们的新花生,好不好?"我们都说好。母亲把花生做成了好几样食品,还吩咐③就在后园的茅亭里过这个节。

晚上天色不太好,可是父亲也来了,实在很难得。

父亲说:"你们爱吃花生吗?"

我们争着答应:"爱!"

"谁能把花生的好处说出来?"

姐姐说:"花生的味儿美。"

哥哥说:"花生可以榨油。"

朗诵艺术基础

我说:"花生的价钱便宜,谁都可以买来吃,都喜欢吃。这就是它的好处。"

父亲说:"花生的好处很多,有一样最可贵:它的果实埋在地里,不像桃子、石榴、苹果那样,把鲜红嫩绿的果实高高地挂在枝头上,使人一见就生爱慕之心。你们看它矮矮地长在地上,等到成熟了,也不能立刻分辨出来它有没有果实,也必须挖出来才知道。"

我们都说是,母亲也点点头。

父亲接下去说:"所以你们要像花生,它虽然不好看,可是很有用,不是外表好看而没有实用的东西。"

我说:"那么,人要做有用的人,不要做只讲体面④,而对别人没有好处的人了。"

父亲说:"对。这是我对你们的希望。"

我们谈到深夜才散。花生做的食品都吃完了,父亲的话却深深地印在我的心上。

注释:

① 开辟:开拓发展。这里指把原来荒着的地开垦出来。

② 居然:表示出乎意料。　　③ 吩咐:口头指派或命令。

④ 体面:好看,有气派。

朗诵提示:

许地山(1893—1941年),名赞堃(kūn),字地山,笔名落华生,籍贯广东揭阳,生于台湾一个爱国志士家庭,中国现代著名小说家、散文家,"五四"时期新文学运动先驱者之一。1917年考入燕京大学文学院,1920年毕业留校任教。其间与瞿秋白、郑振铎等人联合主办《新社会》旬刊,用心宣传革命。

《落花生》是一篇叙事散文,描写了作者小时候的一次家庭活动(亲子教育)。通过谈论花生的好处,揭示了花生不图虚名、默默奉献的品格,表达了作者不为名利,只求有益于社会的人生理想和价值观。

《落花生》的朗诵基调要舒缓平和,语气要自然朴实。人物对话是这篇文章最大的特点,朗诵时要分清人物语言的特征,通过不同的声音、语气、语速等来区分人物角色的身份和年龄特点。

5. 济南的冬天(节选)

老舍

(朗诵者：王旭峰)

对于一个在北平住惯的人，像我，冬天要是不刮风，便觉得是奇迹；济南的冬天是没有风声的。对于一个刚由伦敦回来的人，像我，冬天要是能看得见日光，便觉得是怪事；济南的冬天是响晴①的。自然，在热带的地方，日光永远是那么毒，响亮的天气，反有点儿叫人害怕。可是，在北方的冬天，而能有温晴②的天气，济南真得算个宝地。

设若单单是有阳光，那也算不了出奇。请闭上眼睛想：一个老城，有山有水，全在天底下晒着阳光，暖和安适地睡着，只等春风来把它们唤醒，这是不是个理想的境界？

小山整把济南围了个圈儿，只有北边缺着点口儿。这一圈小山在冬天特别可爱，好像是把济南放在一个小摇篮里，它们安静不动地低声地说："你们放心吧，这儿准保暖和。"真的，济南的人们在冬天是面上含笑的。他们一看那些小山，心中便觉得有了着落③，有了依靠。他们由天上看到山上，便不知不觉地想起："明天也许就是春天了吧？这样的温暖，今天夜里山草也许就绿起来了吧？"就是这点儿幻想不能一时实现，他们也并不着急，因为这样慈善的冬天，干什么还希望别的呢！

最妙的是下点小雪呀。看吧，山上的矮松越发的青黑，树尖儿上顶着一髻儿白花，好像日本看护妇。山尖儿全白了，给蓝天镶上一道银边。山坡上，有的地方雪厚点儿，有的地方草色还露着；这样，一道儿白，一道儿暗黄，给山们穿上一件带水纹儿的花衣；看着看着，这件花衣好像被风儿吹动，叫你希望看见一点儿更美的山的肌肤。等到快日落的时候，微黄的阳光斜射在山腰上，那点儿薄雪好像忽然害羞，微微露出点儿粉色。就是下小雪吧，济南是受不住大雪的，那些小山太秀气④！

注释：

① 响晴（xiǎng qíng）：晴朗高爽，风和日丽。

② 温晴（wēn qíng）：温暖又晴朗。

③ 着落（zhuó luò）：有结果。

④ 秀气（xiù qi）：清秀。

朗诵提示：

老舍（1899—1966年），原名舒庆春，字舍予。老舍是他的笔名之一，老舍的"舍"字取自他的姓"舒"，另有笔名絜青、鸿来、非我等。老舍是中国现代小说家、著名作家、杰出的语言大师，新中国第一位获得"人民艺术家"称号的作家，代表作有《骆驼祥子》《四世同堂》和剧本《茶馆》等。他以长篇小说和剧作著称于世，作品大都取材于市民生活，为中国现代文学开拓了重要的题材领域。他所描写的自然风光、世态人情、习俗时尚和运用的群众口语都呈现出浓郁的"京味"。

《济南的冬天》是老舍先生1931年春天在济南齐鲁大学任教时写成的一篇写景抒情散文。文章从不同角度描述济南冬天与众不同的场景，充分体现了作者对济南的冬景和这座城市的喜爱、赞美之情，表达了作者热爱大自然、热爱生活、热爱生命的思想情感。文章巧妙地运用比喻、拟人等修辞方法，能积极调动读者的想象力，呈现出一幅"济南冬景山水风光"的水墨画面。

这篇文章的朗诵基调是舒缓的，朗诵时语气舒缓，节奏沉稳，声音自然，情景交融，温情朴实，要充分运用情景再现的方法，让读者感受形象之美、意境之美。

6. 荷塘月色

朱自清

（朗诵者：孙汉锟）

这几天心里颇不宁静。今晚在院子里坐着乘凉，忽然想起日日走过的荷塘，在这满月的光里，总该另有一番样子吧。月亮渐渐地升高了，墙外马路上孩子们的欢笑,已经听不见了;妻在屋里拍着闰儿,迷迷糊糊地哼着眠歌。我悄悄地披了大衫,带上门出去。

沿着荷塘,是一条曲折的小煤屑路。这是一条幽僻的路;白天也少人走,夜晚更加寂寞。荷塘四面,长着许多树,蓊蓊郁郁①的。路的一旁,是些杨柳,和一些不知道名字的树。没有月光的晚上,这路上阴森森的,有些怕人。今晚却很好,虽然月光也还是淡淡的。

路上只我一个人,背着手踱着。这一片天地好像是我的;我也像超出了平常的自己,到了另一个世界里。我爱热闹,也爱冷静;爱群居,也爱独处。像今晚上,一个人在这苍茫的月下,什么都可以想,什么都可以不想,便觉是个自由的人。白天里一定要做的事,一定要说的话,现在都可不理。这是独处的妙处,我且受用这无边的荷香月色好了。

曲曲折折的荷塘上面,弥望的是田田的叶子。叶子出水很高,像亭亭的舞女的裙。层层的叶子中间,零星地点缀着些白花,有袅娜②地开着的,有羞涩地打着朵儿的;正如一粒粒的明珠,又如碧天里的星星,又如刚出浴的美人。微风过处,送来缕缕清香,仿佛远处高楼上渺茫的歌声似的。这时候叶子与花也有一丝的颤动,像闪电般,霎时传过荷塘的那边去了。叶子本是肩并肩密密地挨着,这便宛然有了一道凝碧的波痕。叶子底下是脉脉的流水,遮住了,不能见一些颜色;而叶子却更见风致了。

月光如流水一般,静静地泻在这一片叶子和花上。薄薄③的青雾浮起在荷塘里。叶子和花仿佛在牛乳中洗过一样;又像笼着轻纱的梦。虽然是满月,天上却有一层淡淡的云,所以不能朗照;但我以为这恰是到了好处——酣眠固不可少,小睡也别有风味的。月光是隔了树照过来的,高处丛生的灌木,落下参差的斑驳的黑影,峭楞楞如鬼一般;弯弯的杨柳的稀疏的倩影,却又像是画在荷叶上。塘中的月色并不均匀;但光与影有着和谐的旋律,如梵婀玲④上奏着的名曲。

荷塘的四面,远远近近,高高低低都是树,而杨柳最多。这些树将一片荷塘重重围住;只在小路一旁,漏着几段空隙,像是特为月光留下的。树色一例

朗诵艺术基础

是阴阴的,乍看像一团烟雾;但杨柳的丰姿,便在烟雾里也辨得出。树梢上隐隐约约的是一带远山,只有些大意罢了。树缝里也漏着一两点路灯光,没精打采的,是渴睡人的眼。这时候最热闹的,要数树上的蝉声与水里的蛙声;但热闹是它们的,我什么也没有。

忽然想起采莲的事情来了。采莲是江南的旧俗,似乎很早就有,而六朝时为盛;从诗歌里可以约略知道。采莲的是少年的女子,她们是荡着小船,唱着艳歌去的。采莲人不用说很多,还有看采莲的人。那是一个热闹的季节,也是一个风流的季节。梁元帝《采莲赋》里说得好:

于是妖童媛女,荡舟心许;鹢首⑤徐回,兼传羽杯;櫂⑥将移而藻挂,船欲动而萍开。尔其纤腰束素,迁延顾步;夏始春余,叶嫩花初,恐沾裳而浅笑,畏倾船而敛裾⑦。

可见当时嬉游的光景了。这真是有趣的事,可惜我们现在早已无福消受了。

于是又记起,《西洲曲》里的句子:

采莲南塘秋,莲花过人头;低头弄莲子,莲子清如水。

今晚若有采莲人,这儿的莲花也算得"过人头"了;只不见一些流水的影子,是不行的。这令我到底惦着江南了。——这样想着,猛一抬头,不觉已是自己的门前;轻轻地推门进去,什么声息也没有,妻已睡熟好久了。

注释:

① 蓊(wěng)蓊郁郁:树木茂盛的样子。

② 袅娜(niǎo nuó):柔美的样子。

③ 薄薄(báo báo):指广大的样子,味道很淡。

④ 梵婀(ē)玲:英语"violin"的音译,即小提琴。

⑤ 鹢(yì)首:古时画鹢于船头,所以把船头叫鹢首。鹢:水鸟。

⑥ 櫂(zhào):通"棹",划船的一种工具,形状和桨类似。

⑦ 敛裾(jū):提着衣襟。

朗诵提示:

朱自清的主要文学作品有《毁灭》《匆匆》《背影》《欧游杂记》《伦敦杂记》等。

《荷塘月色》作于 1927 年 7 月,正值大革命失败,白色恐怖笼罩中国大地。这时,蒋介石叛变革命,中国处于一片黑暗中。作者既做不到投笔从戎,拿起枪来革命,又始终平息不了对黑暗现实产生的不满与憎恶。作者对生活感到惶惑矛盾,内心抑郁,始终无法平静。于是,作者写下了这篇文章。这篇散文通过对冷清的月夜下荷塘景色的描写,流露出作者想寻找安宁但又不可得,幻想超脱现实但又无法超脱的复杂心情,这正是那个黑暗的时代在作者心灵上的折射。所以,朗诵时要采用夹杂着淡淡忧伤的基调,应采用平缓的中等语速和柔和的音色,尽量拉长而不加重处理重音。

7. 背影

朱自清

(朗诵者:孙汉锟)

我与父亲不相见已二年余了,我最不能忘记的是他的背影。

那年冬天,祖母死了,父亲的差使①也交卸了,正是祸不单行的日子。我从北京到徐州,打算跟着父亲奔丧回家。到徐州见着父亲,看见满院狼藉②的东西,又想起祖母,不禁簌簌地流下眼泪。父亲说:"事已如此,不必难过,好在天无绝人之路!"

回家变卖典质③,父亲还了亏空;又借钱办了丧事。这些日子,家中光景④很是惨澹,一半为了丧事,一半为了父亲赋闲⑤。丧事完毕,父亲要到南京谋事,我也要回北京念书,我们便同行。

到南京时,有朋友约去游逛,勾留⑥了一日;第二日上午便须渡江到浦口,下午上车北去。父亲因为事忙,本已说定不送我,叫旅馆里一个熟识的茶房⑦陪我同去。他再三嘱咐茶房,甚是仔细。但他终于不放心,怕茶房不妥帖⑧;颇踌躇⑨了一会。其实我那年已二十岁,北京已来往过两三次,是没有什么要紧的了。他踌躇了一会,终于决定还是自己送我去。我再三劝他不必去;他只说:"不要紧,他们去不好!"

我们过了江,进了车站。我买票,他忙着照看行李。行李太多,得向脚夫⑩

朗诵艺术基础

行些小费才可过去。他便又忙着和他们讲价钱。我那时真是聪明过分,总觉他说话不大漂亮,非自己插嘴不可,但他终于讲定了价钱;就送我上车。他给我拣定了靠车门的一张椅子;我将他给我做的紫毛大衣铺好座位。他嘱我路上小心,夜里要警醒些,不要受凉。又嘱托茶房好好照应我。我心里暗笑他的迂;他们只认得钱,托他们只是白托!而且我这样大年纪的人,难道还不能料理自己吗?我现在想想,我那时真是太聪明了。

我说道:"爸爸,你走吧。"他往车外看了看,说:"我买几个橘子去。你就在此地,不要走动。"我看那边月台的栅栏外有几个卖东西的等着顾客。走到那边月台,须穿过铁道,须跳下去又爬上去。父亲是一个胖子,走过去自然要费事些。我本来要去的,他不肯,只好让他去。我看见他戴着黑布小帽,穿着黑布大马褂⑪,深青布棉袍,蹒跚⑫地走到铁道边,慢慢探下身去,尚不大难。可是他穿过铁道,要爬上那边月台,就不容易了。他用两手攀着上面,两脚再向上缩;他肥胖的身子向左微倾,显出努力的样子。这时我看见他的背影,我的泪很快地流下来了。我赶紧拭干了泪。怕他看见,也怕别人看见。我再向外看时,他已抱了朱红的橘子往回走了。过铁道时,他先将橘子散放在地上,自己慢慢爬下,再抱起橘子走。到这边时,我赶紧去搀他。他和我走到车上,将橘子一股脑儿放在我的皮大衣上。于是扑扑衣上的泥土,心里很轻松似的。过一会儿说:"我走了,到那边来信!"我望着他走出去。他走了几步,回过头看见我,说:"进去吧,里边没人。"等他的背影混入来来往往的人里,再找不着了,我便进来坐下,我的眼泪又来了。

近几年来,父亲和我都是东奔西走,家中光景是一日不如一日。他少年出外谋生,独力支持,做了许多大事。哪知老境却如此颓唐!他触目伤怀,自然情不能自已。情郁于中,自然要发之于外;家庭琐屑便往往触他之怒。他待我渐渐不同往日。但最近两年不见,他终于忘却我的不好,只是惦记着我,惦记着他的儿子。我北来后,他写了一信给我,信中说道:"我身体平安,惟膀痛厉害,举箸⑬提笔,诸多不便,大约大去之期⑭不远矣。"我读到此处,在晶莹的泪光中,又看见那肥胖的、青布棉袍黑布马褂的背影。唉!我不知何时再能与他相见!

注释：

① 差（chāi）使：旧时官场中称临时委任的职务，后来泛指职务或官职。

② 狼藉（jí）：散乱不整齐的样子。

③ 典质：典当，抵押。　　④ 光景：境况。

⑤ 赋闲：没有职业，在家闲居。　⑥ 勾留：逗留。

⑦ 茶房：旧时称在旅馆、茶馆、轮船、火车、剧场等地方从事供应茶水等杂务工作的人。

⑧ 妥帖：恰当，十分合适。　　⑨ 踌躇（chóu chú）：犹豫。

⑩ 脚夫：旧称搬运工人。

⑪ 马褂：旧时男子穿在长袍外面的对襟短褂。

⑫ 蹒跚（pán shān）：走路缓慢、摇摆的样子。

⑬ 箸（zhù）：筷子。　　⑭ 大去之期：辞世的日子。

朗诵提示：

1917年，朱自清的祖母去世，他的父亲任徐州烟酒公卖局局长的差事也交卸了。办完丧事，父子同到南京，父亲送儿子上火车北去，那年朱自清20岁。在那特定的场合下，作为父亲，对儿子的关怀、体贴、爱护，使儿子极为感动，这印象经久不忘，并且几年之后，想起那背影时，父亲的影子出现在"晶莹的泪光中"，使人不能忘怀。1925年，作者有感于世事，便写了此文。

文章中运用了很多白描的写作手法，在朗诵时需要注意故事的讲述感、叙述性，注意句与句、段与段之间的内部联系，以表达出作者对父亲的怀念之情。

8. 草原

老舍

（朗诵者：孙汉锟）

这次，我看到了草原。那里的天比别处的更可爱。空气是那么清鲜，天空是那么明朗，使我总想高歌一曲，表示我满心的愉快。在天底下，一碧千里，而并不茫茫。四面都有小丘，平地是绿的，小丘也是绿的。羊群一会儿上了小丘,一会儿又下来,走到哪里都像给无边的绿毯绣上了白色的大花。那些小丘的线条是那么柔美,就像只用绿色渲染,不用墨线勾勒的中国画那样,到处翠色欲流,轻轻流入云际。这种境界,既使人惊叹,又叫人舒服;既愿久立四望,又想坐下低吟一首奇丽的小诗。在这境界里,连骏马和大牛都有时候静立不动,好像回味着草原的无限乐趣。

  我们访问的是陈巴尔虎旗。汽车走了一百五十里,才到达目的地。一百五十里全是草原,再走一百五十里,也还是草原。草原上行车十分洒脱,只要方向不错,怎么走都可以。初入草原,听不见一点声音,也看不见什么东西,除了一些忽飞忽落的小鸟。走了许久,远远地望见了一条迂回的明如玻璃的带子——河!牛羊多起来,也看到了马群,隐隐有鞭子的轻响。快了,快到了。忽然,像被一阵风吹来的,远处的小丘上出现了一群马,马上的男女老少穿着各色的衣裳。群马疾驰,襟飘带舞,像一条彩虹向我们飞过来。这是主人来到几十里外欢迎远客。见到我们,主人们立刻拨转马头,欢呼着,飞驰着,在汽车左右与前面引路。静寂的草原热闹起来:欢呼声,车声,马蹄声,响成一片。车跟着马飞过小丘,看见了几座蒙古包。

  蒙古包外,许多匹马,许多辆车。人很多,都是从几十里外乘马或坐车来看我们。主人们下了马,我们下了车。也不知道是谁的手,总是热乎乎地握着,握住不散。大家的语言不同,心可是一样。握手再握手,笑了再笑。你说你的,我说我的,总的意思是民族团结互助。

  也不知怎的,就进了蒙古包。奶茶倒上了,奶豆腐摆上了,主客都盘腿坐下,谁都有礼貌,谁都又那么亲热,一点儿不拘束。不大会儿,好客的主人端进了大盘的手抓羊肉。干部向我们敬酒,七十岁的老翁向我们敬酒。我们回敬,主人再举杯,我们再回敬。这时候鄂温克姑娘们戴着尖尖的帽子,既大方,又稍有点羞涩,来给客人们唱民歌。我们同行的歌手也赶紧唱起来。歌声似乎比什么语言都更响亮,都更感人,不管唱的是什么,听者总会露出会心的微笑。

  饭后,小伙子们表演套马,摔跤,姑娘们表演民族舞蹈。客人们也舞的舞,唱的唱,并且要骑一骑蒙古马。太阳已经偏西,谁也不肯走。是呀!蒙汉情深何忍别,天涯碧草话斜阳!

朗诵提示:

《草原》是现代作家、诗人老舍于1961年10月13日发表在《人民日报》上的一篇散文。文章描绘出了作者访问内蒙古草原时呈现出来的风光图、喜迎远客图和主客联欢图三幅生动画面。作者在最后引用他自己的七律诗《内蒙东部纪游陈旗草原》中的诗句"蒙汉情深何忍别,天涯碧草话斜阳",抒发了对草原的热爱之情,展现了蒙汉两族的深情厚谊。朗诵时,要以蒙汉情深为情感基调,用深情回味辽阔草原的语调和语气,把听众带入一碧千里的大草原意境。

9. 落叶

徐志摩

(朗诵者:孙汉锟)

我又再次见到了那飘散着的一片片落叶。

见到落叶并不稀奇,但是这是在春天,四月的春天!春天见得最多的应是傲然怒放的鲜花和春风得意的杨柳,而不是像这蝴蝶一般在空中翩翩起舞,萦绕的落叶。我看着地上的落叶,有三种不同的颜色:翡翠般绿的,金子般黄的,火一般红的,真可以说是色彩繁多了。今年似乎与往年不同,春天的落叶特别多,几乎在每一棵树旁,都会有一片片落叶静静地躺在那儿等着清洁工人来打扫。

有些地方的叶子更多。我家附近的一个公园里,成堆的落叶铺散在石路上,没有什么人来打扫这里。一次,我放学来到这里,踩着已经没有水分的落叶,发出簌簌的响声,好像叶子碎了。但细心一点就会发现,这里的落叶竟一片也没有碎裂。

落叶有很多种,按季节,可以分为春夏秋冬四个季节的叶子;按树木,可以分为梨树叶、桃树叶、樟树叶等形态各异的叶子;按颜色,可以分为红、绿、黄三种颜色。

谁都知道,落叶是秋的使者,在秋天,会有许许多多的落叶像仙女一样飘落下来,但在春天,也会有许多落叶的。其实,每一个季节都会有落叶的包括在寒风凛冽的冬天，四季常青的樟树也会有落叶。

朗诵提示：

《落叶》是1924年秋天徐志摩在北京大学任教授期间应北京师范大学的邀请所作的讲演稿。他企图回答青年学生提出的如何解决生活的枯燥和苦闷的问题。

他认为人若要摆脱人世间的苦恼和压迫，就要争得自由发展的"纯的个性"，最好的途径是到大自然中去生活、去沐浴。《落叶》贯穿全篇的是感情二字，通篇宣扬人的感情、"真的人情"的重要和作用。徐志摩正是基于这种人道主义的观点，执信人的感情的无限作用。因此，有人评说《落叶》充满着浪漫的自白，充满着康桥时代的憧憬与美好。

《落叶》是徐志摩追求爱情、美和自由的代表作之一。朗诵时，应采取小河般平稳流淌的语势，娓娓道来微微泛起的波澜。

10. 海燕

[苏联]高尔基

（朗诵者：孙汉锟）

《海燕》是苏联著名作家高尔基创作的一篇著名散文诗。它应用了散文的描写性和诗歌的表现性来刻画海燕的战斗英姿，运用象征的手法来号召人民起来斗争，迎接革命暴风雨的来临。《海燕》在当时俄国是鼓舞人民革命的号角，读起来具有振奋人心的效果。《海燕》的汉语译文在互联网上广为流传，读者可下载后扫描本教材第八章第二节中"二、散文朗诵作品训练"标题旁的二维码来学习这篇散文诗的朗诵。

朗诵提示：

马克西姆·高尔基（1868—1936年），著名的作家、评论家、政论家。《海燕》是高尔基于1901年3月写的带有象征意义的短篇小说《春天的旋律》的末尾一章。

他在亲身感受到工人运动、学生运动的磅礴气势，目睹了沙皇政府镇压学生运动的残暴罪行之后，来自社会底层、深谙底层人民疾苦的高尔基为了热情地歌颂无产阶级革命先驱，揭露沙皇反动政府，抨击机会主义者，揭露资产阶级自由派的丑恶嘴脸而创作了《海燕》。

《海燕》全诗语言生动、优美，充满激情，使人振奋。尤其是结尾"让暴风雨来得更猛烈些吧"，既是对革命风暴的期盼、呼唤，又是向广大人民发出的战斗召唤。朗诵时，要表达出顽强的战斗精神，要有豪情万丈、激荡人心的效果。

思考题

1. 简述散文朗诵与诗歌朗诵的区别。
2. 划分《春》的三个层次，并朗诵全文。
3. 《春》和《济南的冬天》在朗诵上有何不同？
4. 朗诵《海燕》时，应当选择什么样的背景音乐？
5. 朗诵《荷塘月色》时，如果使用LED显示屏作为朗诵背景，应当如何设计背景？
6. 朗诵《草原》时，从朗诵服装和舞台道具的角度出发，怎样才能既吸引眼球又能表现出新颖？

第三节　小说朗诵

一、小说朗诵的基本要求

小说一直以来都深受大众喜爱，也是最为普及的一种文学样式。它综合运用语言艺术的各种表现手法来塑造人物和反映生活。由于小说有情节、人物，有不同的时代背景，篇幅有长有短，不仅需要朗诵者具备一定的文学修养，还需要朗诵者掌握多种朗诵技巧，这样才能把小说朗诵好。

在朗诵者个人的文学修养方面，朗诵者不仅要具备良好的语言基本功，

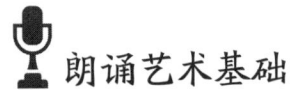
朗诵艺术基础

还要了解小说的文体特点，对小说主题有准确而深刻的理解，对故事情节有丰富而细腻的感受，对人物的心理、语言和动作都要有深入的刻画能力。

在朗诵技巧的应用方面，既需要朗诵者有较高的叙述本领，又需要朗诵者有很强的人物语言塑形本领，甚至要求朗诵者掌握一定的表演能力。

小说从篇幅长短分，可分为长篇小说、中篇小说、短篇小说和微型小说。从内容上来分，有中外古典小说、现当代小说和各种流派小说等。如果想要学习小说朗诵，建议选择短篇小说或者从中、长篇小说中选取部分内容作为朗诵材料。如果选择中、长篇小说中的部分内容为朗诵材料，也应对该中、长篇小说的全篇进行通读，且要读懂读透。

小说朗诵之前要认真做好以下几项备稿工作。

1. 确定朗诵的基调

要理清小说的叙述脉络，弄清人物之间、情节之间、场景之间的关系。根据小说的主题、中心思想和内容特点确定朗诵的基调和节奏。基调选对了，对整篇文章的感觉也就好把握了。

2. 确定小说的重点和高潮内容

小说总是围绕一个核心来展开情节、刻画人物。情节发展也有铺垫、高潮和收尾。因此，小说朗诵首先要抓住核心，分出内容的重点层次，找到情节的高潮内容，然后根据具体情况调整朗诵的语气、语调和节奏。要抓住听众的兴趣点，灵活应用各种朗诵技巧，重点内容要朗诵得发人深思，高潮内容要朗诵得具有吸引力，这样才能把作品所要达到的目的充分地表达出来。

3. 情景再现，细心刻画

小说故事的情节发展是听众最喜欢听的部分。朗诵者要把小说文字描述的情景再现出来，需要通过有声语言来刻画。需要刻画的内容有小说中的人物形象、对话、动作、表情、心理活动等，还有人与人、人与事之间关系的勾勒。朗诵时，只有把上述内容细致具体地用声音表达出来，才能吸引听众的注意力，让听众的情感与小说所要表达的情感产生共鸣。

4. 灵活用声，表达生动

小说中不同的人与事以及小说作者写作手法的千变万化，要求朗诵者也要用合适的声音形式来表达。小说朗诵的用声与平时说话相比要更加灵活些、夸张些、渲染些。声音的高低、强弱、虚实、冷暖变化要根据自己的声音条件和小说内容的需要自然、生动地表达。

二、小说朗诵作品训练

1. 红楼梦·林黛玉进贾府

曹雪芹

（朗诵者：鲍远明）

扫码听朗诵

一语未了，只听外面一阵脚步响，丫鬟进来笑道："宝玉来了！"黛玉心中正疑惑着："这个宝玉，不知是怎生个惫懒人物，懵①懂顽童？"——倒不见那蠢物也罢了。心中想着，忽见丫鬟话未报完，已进来了一位年轻的公子：面若中秋之月，色如春晓之花，鬓若刀裁，眉如墨画，面如桃瓣，目若秋波。虽怒时而若笑，即瞋②视而有情。项上金螭③璎珞，又有一根五色丝绦④，系着一块美玉。黛玉一见，便吃一大惊，心下想道："好生奇怪，倒像在那里见过一般，何等眼熟到如此！"只见这宝玉向贾母请了安，贾母便命："去见你娘来。"宝玉即转身去了。一时回来，再看已换了冠带，越显得面如敷粉，唇若施脂；转盼多情，语言常笑。天然一段风骚，全在眉梢；平生万种情思，悉堆眼角。看其外貌最是极好，却难知其底细。后人有《西江月》二词，批宝玉极恰，其词曰：

无故寻愁觅恨，有时似傻如狂。

纵然生得好皮囊，腹内原来草莽。

潦倒不通世务，愚顽怕读文章。

行为偏僻性乖张，那管世人诽谤。

富贵不知乐业，贫穷难耐凄凉。

可怜辜负好韶光，于国于家无望。

朗诵艺术基础

天下无能第一，古今不肖无双。

寄言纨袴与膏粱，莫效此儿形状。

贾母因笑道："外客未见，就脱了衣裳，还不去见你妹妹！"宝玉早已看见多了一个姊妹，便料定是林姑妈之女，忙来作揖。厮见毕归坐，细看形容，与众各别：两弯似蹙非蹙笼烟眉，一双似泣非泣含露目。态生两靥之愁，娇袭一身之病。泪光点点，娇喘微微。闲静时如姣花照水，行动处似弱柳扶风。心较比干多一窍，病如西子胜三分。宝玉看罢，因笑道："这个妹妹我曾见过的。"贾母笑道："可又是胡说，你又何曾见过她？"宝玉笑道："虽然未曾见过她，然我看着面善，心里就算是旧相识，今日只作远别重逢，亦未为不可。"贾母笑道："更好，更好，若如此，更相和睦了。"宝玉便走近黛玉身边坐下，又细细打量一番，因问："妹妹可曾读书？"黛玉道："不曾读，只上了一年学，些须认得几个字。"宝玉又道："妹妹尊名是那两个字？"黛玉便说了名。宝玉又问表字。黛玉道："无字。"宝玉笑道："我送妹妹一妙字，莫若'颦⑤颦'二字极妙。"探春便问何出。宝玉道："《古今人物通考》上说：'西方有石名黛，可代画眉之墨。'况这林妹妹眉尖若蹙，用取这两个字，岂不两妙！"探春笑道："只恐又是你的杜撰。"宝玉笑道："除《四书》外，杜撰的太多，偏只我是杜撰不成？"又问黛玉："可也有玉没有？"众人不解其语，黛玉便忖度着因他有玉，故问我有也无，因答道："我没有那个。想来那玉是一件罕物，岂能人人有的。"宝玉听了，登时发作起痴狂病来，摘下那玉，就狠命摔去，骂道："什么罕物，连人之高低不择，还说'通灵'不'通灵'呢！我也不要这劳什子了！"吓的众人一拥争去拾玉。贾母急的搂了宝玉道："孽障！你生气，要打骂人容易，何苦摔那命根子！"宝玉满面泪痕泣道："家里姐姐妹妹都没有，单我有，我说没趣；如今来了这么一个神仙似的妹妹也没有，可知这不是个好东西。"贾母忙哄他道："你这妹妹原有这个来的，因你姑妈去世时，舍不得你妹妹，无法处，遂将她的玉带了去了：一则全殉葬之礼，尽你妹妹之孝心；二则你姑妈之灵，亦可权作见了女儿之意。因此她只说没有这个，不便自己夸张之意。你如今怎比得她？还不好生慎重带上，仔细你娘知道了。"说着，便向丫鬟手中接来，亲与他带上。宝玉听如此说，想一想大有情理，也就不生别论了。

注释：

① 懵（měng）：糊涂，无知。　　② 瞋（chēn）：视怒目而视。
③ 金螭（chī）：金色的螭形花饰。螭，古代传说中一种没有角的龙。
④ 丝绦（tāo）：丝编的带子或绳子。　　⑤ 颦（pín）：指皱眉头。

朗诵提示：

曹雪芹（约1715—约1763年），名霑，字梦阮，号雪芹，又号芹溪、芹圃，出生于江宁（今南京），是江宁织造曹寅之孙，曹頫之子。

曹雪芹早年在南京江宁织造府过着锦衣玉食、富贵风流的生活。至雍正六年，曹家因亏空等罪名被抄家，后随家人迁回北京老宅，靠卖字画和朋友接济为生。他以坚韧不拔的毅力，历经多年艰辛，创作出一部极具思想性、艺术性的伟大作品——《红楼梦》。

《林黛玉进贾府》节选自小说《红楼梦》第三回。这一回通过林黛玉一路耳闻、眼看描写了荣、宁二府的格局布置、人物的活动环境，第一次为读者描绘了贾母、贾氏三姐妹、凤姐、邢夫人、宝玉和黛玉等人物，是全书进一步展开故事的重要章节。

《林黛玉进贾府》选择的是黛玉、宝玉表兄妹第一次见面的场景和对话。朗诵者对小说中涉及的环境、景物、人物的描写一定要有清晰的了解，要区分小说中叙述性语言、描述性语言以及人物言语的不同特点，要掌握全篇文字的基调，包括作者选用的《西江月》的深刻用意。

朗诵小说不同于朗诵一般的台词，在人物语言的把握上一定要有分寸感，要有节制。对于丫鬟、黛玉、宝玉、探春、贾母等人说的话，要根据小说对人物的介绍和描写，设计出这些人物的基本语气，并贯穿应用于整篇朗诵。同时，要注意不同人物在说出每句话时的对象感、呼应感和空间感，设身处地，情景再现，再加上朗诵者自己的理解和体会，娓娓道来，表达出人物的精神状态。

朗诵艺术基础

2. 孔乙己（节选）

鲁迅

（朗诵者：鲍远明）

孔乙己是站着喝酒而穿长衫的唯一的人。他身材很高大；青白脸色，皱纹间时常夹些伤痕；一部乱蓬蓬的花白的胡子。穿的虽然是长衫，可是又脏又破，似乎十多年没有补，也没有洗。他对人说话，总是满口之乎者也，教人半懂不懂的。因为他姓孔，别人便从描红纸上的"上大人孔乙己"这半懂不懂的话里，替他取下一个绰号，叫作孔乙己。孔乙己一到店，所有喝酒的人便都看着他笑，有的叫道："孔乙己，你脸上又添上新伤疤了！"他不回答，对柜里说："温两碗酒，要一碟茴香豆。"便排出九文大钱。他们又故意地高声嚷道："你一定又偷了人家的东西了！"孔乙己睁大眼睛说："你怎么这样凭空污人清白……""什么清白？我前天亲眼见你偷了何家的书，吊着打。"孔乙己便涨红了脸，额上的青筋条条绽出，争辩道："窃书不能算偷……窃书！……读书人的事，能算偷吗？"接连便是难懂的话，什么"君子固穷"，什么"者乎"之类，引得众人都哄笑起来：店内外充满了快活的空气。

……

在这些时候，我可以附和着笑，掌柜是决不责备的。而且掌柜见了孔乙己，也每每这样问他，引人发笑。孔乙己自己知道不能和他们谈天，便只好向孩子说话。有一回对我说道："你读过书吗？"我略略点一点头。他说："读过书，……我便考你一考。茴香豆的茴字，怎样写的？"我想，讨饭一样的人，也配考我吗？便回过脸去，不再理会。孔乙己等了许久，很恳切地说道："不能写罢？……我教给你，记着！这些字应该记着。将来做掌柜的时候，写账要用。"我暗想我和掌柜的等级还很远呢，而且我们掌柜也从不将茴香豆上账；又好笑，又不耐烦，懒懒地答他道："谁要你教，不是草头底下一个来回的回字吗？"孔乙己显出极高兴的样子，将两个指头的长指甲敲着柜台，点头说："对呀对呀！……回字有四样写法，你知道吗？"我愈不耐烦了，努着嘴走远。孔乙己刚用指甲蘸了酒，想在柜上写字，见我毫不热心，便又叹一口气，显出极惋惜的样子。

有几回，邻居孩子听得笑声，也赶热闹，围住了孔乙己。他便给他们茴香豆吃，一人一颗。孩子吃完豆，仍然不散，眼睛都望着碟子。孔乙己着了慌，伸开五指将碟子罩住，弯腰下去说道："不多了，我已经不多了。"直起身又看一看豆，自己摇头说："不多不多！多乎哉？不多也。"于是这一群孩子都在笑声里走散了。

朗诵提示：

鲁迅（1881—1936年），原名周树人，浙江绍兴人，著名文学家、思想家、民主战士，五四新文化运动的重要参与者，中国现代文学的奠基人，代表作有《呐喊》《彷徨》等。鲁迅一生在文学创作、文学批评、思想研究、文学史研究、翻译等多个领域具有重大贡献。

《孔乙己》是鲁迅先生在五四运动前夕创作的第二篇小说，是深受读者喜爱的文学经典，发表于《新青年》，后编入《呐喊》。

孔乙己生活在辛亥革命前后的清朝末年和民国初期，处于封建社会、半殖民地半封建社会。孔乙己是一个善良、贫穷，生活在社会底层可怜的知识分子。鲁迅通过对孔乙己一生悲剧的描述，反映了封建文化和封建礼教对读书人的毒害，控诉了科举制度的罪恶，揭示了封建社会的世态炎凉，反映了封建社会的腐朽和病态。鲁迅先生的学生、同乡、同时代的散文家孙伏园阐释说："《孔乙己》的主要用意，是在描写一般社会对于苦人的凉薄。""凉薄"，其意原为微薄、浅薄、淡薄和不富足，这里用来表示封建社会从里到外处处无情。

小说以一个中年人的口吻，叙述20年前自己在咸亨酒店当伙计时所看到的孔乙己的凄惨遭遇。朗诵时，对于小说中的叙述性语言，既要表现那时小伙计的不谙世事，同时也要勿忘描写小伙计那时的心理、道白与此时叙述者回顾时隐藏在内心深处的真实想法。要表达出叙述者貌似平淡轻松的叙述，实则蕴含着对当时社会的深刻批判的实质。朗诵时，还要注意某些特别词语的语气和语调。例如，"不能写罢？……我教给你"中的"我"字。又如，"他便给他们茴香豆吃，一人一颗"这句，在语气和语调上都应加适当处理。在那样一个年代，对一个穷困潦倒的人来说，一人一颗，一直分到所剩无几，实在是不容易啊！还有"孩子吃完豆，仍然不散，眼睛都望着碟子"中的"眼睛都望着碟子"，着了慌似的说"不多了，我已经不多了",都要在语气上给予突出和呼应,以表达出孔乙己善良的一面。

3. 一件小事

鲁迅

(朗诵者:鲍远明)

我从乡下跑到京城里,一转眼已经六年了。其间耳闻目睹的所谓国家大事,算起来也很不少;但在我心里,都不留什么痕迹,倘要我寻出这些事的影响来说,便只是增长了我的坏脾气——老实说,便是教我一天比一天的看不起人。

但有一件小事,却于我有意义,将我从坏脾气里拖开,使我至今忘记不得。

这是民国六年的冬天,大北风刮得正猛,我因为生计关系,不得不一早在路上走。一路几乎遇不见人,好容易才雇定了一辆人力车,教他拉到S门去。不一会,北风小了,路上浮尘早已刮净,剩下一条洁白的大道来,车夫也跑得更快。刚近S门,忽而车把上带着一个人,慢慢地倒了。

跌倒的是一个女人,花白头发,衣服都很破烂。伊从马路边上突然向车前横截过来;车夫已经让开道,但伊的破棉背心没有上扣,微风吹着,向外展开,所以终于兜着车把。幸而车夫早有点停步,否则一定要栽一个大斤斗,跌到头破血出了。

伊伏在地上;车夫便也立住脚。我料定这老女人并没有伤,又没有别人看见,便很怪他多事,要自己惹出是非,也误了我的路。

我便对他说:"没有什么的。走你的罢!"

车夫毫不理会,——或者并没有听到,——却放下车子,扶那老女人慢慢起来,搀着臂膊立定,问伊说:

"你怎么啦?"

"我摔坏了。"

我想,我眼见你慢慢倒地,怎么会摔坏呢,装腔作势罢了,这真可憎恶。车夫多事,也正是自讨苦吃,现在你自己想法去。

车夫听了这老女人的话,却毫不踌躇,仍然搀着伊的臂膊,便一步一步地向前走。我有些诧异,忙看前面,是一所巡警分驻所,大风之后,外面也不见人。这车夫扶着那老女人,便正是向那大门走去。

我这时突然感到一种异样的感觉,觉得他满身灰尘的后影,刹时高大了,而且愈走愈大,须仰视才见。而且他对于我,渐渐的又几乎变成一种威压,甚而至于要榨出皮袍下面藏着的"小"来。

我的活力这时大约有些凝滞了,坐着没有动,也没有想,直到看见分驻所里走出一个巡警,才下了车。

巡警走近我说:"你自己雇车罢,他不能拉你了。"

我没有思索地从外套袋里抓出一大把铜元,交给巡警,说:"请你给他……"

风全住了,路上还很静。我走着,一面想,几乎怕敢想到我自己。以前的事姑且搁起,这一大把铜元又是什么意思?奖他吗?我还能裁判车夫吗?我不能回答自己。

这事到了现在,还是时时记起。我因此也时时熬了苦痛,努力地要想到我自己。几年来的文治武力,在我早如幼小时候所读过的"子曰诗云"一般,背不上半句了。独有这一件小事,却总是浮在我眼前,有时反更分明,教我惭愧,催我自新,并且增长我的勇气和希望。

朗诵提示:

《一件小事》是鲁迅先生写于五四运动之后不久的纪实性短篇小说。一件极平常的"小事",没有离奇情节、曲折故事,但经过作者深入发掘,体现出极富教育意义的重要主题。小说的篇幅不长,事件起因、经过、结局等全过程交代得清清楚楚。在对比中描写人物,文笔简朴平实,有很强的感染力。

《一件小事》通过"我"与人力车夫对待被撞老女人的态度,描绘了两个灵魂的冲撞,表现出"我"的心灵深处产生了巨大的被高尚无私品质冲击的感受。从而,作者让"我"在小说首尾发表感想和议论,都是拿所谓"国家大事"与这一件"小事"作对比,充分体现对"我"来说是"大事"实小、"小事"实大的道理,首尾呼应,产生了强烈的艺术效果。

朗诵《一件小事》这篇小说时,要把握住全篇三个主要人物的动作细节以及使用合适的语气、语调和节奏。

（1）对于作品中"我"这个人物，作者描述的主要是心理活动的变化。在故事情节发展的不同阶段，应根据情节的需要采用不同的语气。在故事发生的开始阶段，语气要表达冷漠、略带不耐烦的情绪，可以采用语调平直、尾音下抑，声音里带有厌恶埋怨色彩；中间阶段，"我"对车夫冷眼旁观、话语冷漠；最后阶段，音量要逐渐增大，语气真挚、延长，以突出"小""总""更"等字，再用坚定有力的声音和情感读出最后一句。

（2）对于"车夫"这个人物，开始阶段音量应小些，语速慢些，话语不多，语气诚恳，音色明朗；后面阶段音量要柔和，语气亲切，感情真挚，要体现车夫质朴敦厚的秉性和真诚待人的善良。

（3）花白头发老妇人因年老体弱，所以朗诵的语速要缓慢、微弱。

4. 月牙儿（节选）

老舍

（朗诵者：鲍远明）

刚八岁，我已经学会了去当东西。我知道，若是当不来钱，我们娘儿俩就不要吃晚饭；因为妈妈但分有点主意，也不肯叫我去。我准知道她每逢交给我个小包，锅里必是连一点粥底儿也看不见了。我们的锅有时干净得像个体面的寡妇。这一天，我拿的是一面镜子。只有这件东西似乎是不必要的，虽然妈妈天天得用它。这是个春天，我们的棉衣都刚脱下来就入了当铺。我拿着这面镜子，我知道怎样小心，小心而且要走得快，当铺是老早就上门的。我怕当铺的那个大红门，那个大高长柜台。一看见那个门，我就心跳。可是我必须进去，似乎是爬进去，那个高门槛儿是那么高。我得用尽了力量，递上我的东西，还得喊："当当！"得了钱和当票，我知道怎样小心地拿着，快快回家，晓得妈妈不放心。可是这一次，当铺不要这面镜子，告诉我再添一号来。我懂得什么叫"一号"。把镜子搂在胸前，我拼命地往家跑。妈妈哭了；她找不到第二件东西。我在那间小屋住惯了，总以为东西不少；及至帮着妈妈一找可当的衣物，我的小心里才明白过来，我们的东西很少，很少。妈妈不叫我去了。可是"妈妈咱们吃什么呢？"妈妈哭着递给我她头上的银簪①——只有这一件东西是银的。我知道，她拔下过来几回，都没肯交给我去当。这是妈妈出门子时，姥姥家给的一件首饰。现在，她把这么一件银器给了我，叫我把镜子放下。我尽了我的力量赶回当铺，那可怕的大门已经严严地关好了。我坐在那门墩上，握着那根银簪。不敢高声地哭，我看着天，啊，又是月牙儿照着我的眼泪！哭了好久，妈妈在黑影中来了，她拉住了我的手，啊，多么热的手，我忘了一切的苦处，连饿也忘了，只要有妈妈这只热手拉着我就好。我抽抽搭搭地说："妈！咱们回家睡觉吧。明儿早上再来！"妈一声没出。又走了一会儿："妈！你看这个月牙，爸死的那天，它就是这么斜斜着。为什么它老这么斜斜着呢？"妈还是一声没出，她的手有点颤。

注释：

① 银簪（zān）：用银子制成的别住发髻的条状物。

朗诵提示：

《月牙儿》是老舍先生创作于20世纪30年代的中篇小说。小说采用第一人称叙事方式，以"我"的视角描绘了为生活所困的母女两代人沦为娼妓的故事。全篇用散文诗般的结构和语言，把旧时代女人的悲剧谱写成一曲哀怨的乐章，借主人公之口，表达了自己对人性、对婚姻家庭的拷问与反思，鞭笞了那个弱肉强食的社会。

月牙儿是生活的希望，也是女子命运的写照。它高悬天上，在太阳出来之前只能亮那么一会儿，黑暗却是无垠的！朗诵时，要把握住全篇的基调：黑暗、冷清、凄楚、凝重。小说表述的是一种深埋于内心深处的苦痛，不必明显地流露出来，也不必太过夸张地表现。生活一直给一个可怜无助的小女孩带来恐惧、无奈，可以用少动声色的方式缓慢地表述。作为京派文学大师，本篇少了很多老舍先生文字固有的诙谐幽默，但处处显示出文字的灵动、通俗、凄美。本段文字中三处写到当铺的门，遵循儿化音在有声语言表达中的作用，在这里都不能够儿化，以免破坏了小说凝重、凄苦的气氛。

5. 小二黑结婚（节选）

赵树理

（朗诵者：鲍远明）

《小二黑结婚》短篇小说全文约1万字，分为12个标题，本书选的是"十一、看看仙姑"标题下的内容。读者可从互联网上下载此段文字，用手机扫描本教材第八章第三节中"二、小说朗诵作品训练"标题旁的二维码来学习这篇小说（节选）的朗诵。

朗诵提示：

《小二黑结婚》是我国著名作家赵树理的成名之作，创作于1943年春。赵树理在中国现代文学史上占有重要地位，他是我国真正熟悉农村、热爱人民的杰出作家之一。他的作品乡土气息浓厚，真实地再现了我国农村几十年来的巨大变革，有着新鲜活泼、为老百姓喜闻乐见的大众化风格，形成了一个俗称"山药蛋派"的文学流派。

《小二黑结婚》描写的是抗日战争时期太行山区一对农村青年小二黑与小芹自由恋爱的故事。作者叙述这个故事的来龙去脉，犹如一股清泉淙淙地流淌。在讲故事的过程中，作者使用了串联小故事的艺术手法。作品中写了六个主要人物，每个人物都有一个小故事，汲取了中国传统说唱艺术和古典章回小说的长处，使作品情节连贯，故事性很强。围绕着小二黑与小芹的自由恋爱，展开了激烈的斗争，解放区的民主政府为民做主，两位家长受了批评、认了错，两位青年的自由恋爱取得了胜利。

小说中有一节描写了三仙姑的穿着打扮，揭示她爱慕虚荣、好逸恶劳的性格。区长的一句话"你自己看看你打扮得像个人不像"真似一把钢刀，捅破了她的嘴脸，一连串的质问也形成了强烈的喜剧效果。三仙姑在区上遭到邻近女人们的围观、嘲笑，表达了解放区的人们对坏东西、旧事物的憎恨，充满了生活情趣，也表现了他们好看热闹、品头论足的习惯。朗诵时，语言一定要自然、生活化。在区长与三仙姑的一段对话中，一连串的"区长问""三仙姑答"，后面反复出现的"问""答"可以删掉，使朗诵更加流畅。把最后一句"她羞愧之下，一一答应了下来"中的"她"字直接换成"三仙姑"，可以强调三仙姑的失败和小芹的胜利，也使表述更加清晰。为了营造气氛，形象地反映人物的思想感情，在原文中也可以添上一些语气词、笑声等。

思考题

1. 细致区分《林黛玉进贾府》中人物语言、叙述性语言、描述性语言的不同，并尝试明晰地表达出来。
2. 阅读《孔乙己》小说全文，厘清你对孔乙己这个人物的态度。可以朗诵全篇，用自己的声音描摹出他的形象。
3. 了解鲁迅先生为什么会在五四运动刚过不久，写下《一件小事》这篇纪实性短篇小说，尝试确立这篇小说朗诵的基调，并清晰地表达出文中"我"的情感变化。
4. 完整阅读《小二黑结婚》，细细体会小说语言大众化的特点。
5. 《月牙儿》用散文诗般的结构和语言，清晰地描绘了母女两代人不幸的生活遭遇，尝试用你的声音来表现你视线里的"我"。

第四节　寓言故事朗诵

一、寓言故事朗诵的基本要求

寓言故事是文学体裁的一种，通常用假托的故事或自然物的拟人手法来讲述某个道理或教训，常带有讽刺或劝诫的性质。

寓言故事结构简单、语言精辟、形象鲜明，常用夸张和想象的艺术手法来阐明某个道理、某种哲理或讽刺某种社会现象，有明显的教育意义。无论读者年老年幼、文化水平高低，都能在简练明晰的故事中悟出道理。

朗诵艺术基础

老年学员学习寓言故事朗诵会产生一种返老还童的心理，在饶有兴趣地学习寓言故事朗诵技巧的过程中，不但能提高自己的朗诵水准，而且对身心健康也大有益处。

根据寓言故事的特点，朗诵时要运用身临其境、夸张语气、角色表演、情节叙述等手法来增强表现力。要在认真阅读分析、体会寓言蕴含意思的基础上，找到点明寓意的话语，把握全文主题。

朗诵寓言故事要注意以下几点。

1. 要把寓言故事的逻辑层次表达出来

寓言故事具有构思巧妙、层次分明、逻辑感强等特点。朗诵时，要运用语气、语调、停顿的变化和转换把这种层次感、逻辑性表达出来。

2. 要深刻感受寓言故事中的情节和思想

尽管寓言故事的情节是虚构的，主人公也常常是动植物或其他物体，但寓言故事其实也源于生活，和生活的真实状态有联系。因此，一定要用心、用思想去细腻地感受故事中的角色和情节，以达到真正理解故事所寄寓的思想，并用细腻的感情、优雅的声音加以表达。

3. 要处理好不同角色的声音形式

寓言故事中出现的角色形式繁多，但归纳起来不外是正面角色和反面角色两大类。朗诵时，要根据内容的需要，使正面角色的声音形式与反面角色的声音形式有明显的对比。对于角色反差较小的寓言故事，表达角色的语言关键在于形象传神。因此，在寓言故事朗诵的备稿过程中，一定要对故事中的角色有深刻的理解，把握好角色的个性。

4. 声音形式的变化要与故事情节的变化相匹配

寓言故事里除了有角色外，还有情节。寓言故事的情节变化往往内容丰富多彩、生动有趣，有高潮，有冲突。这就要求朗诵者声音形式的变化要与它们相匹配，这样才能把寓言故事中的各种角色、情节的起伏、高潮和冲突表达出来。从听众角度来说，朗诵者声音形式的变化就是声音的大小、高低、强弱、虚实、冷暖、远近的变化。因此，朗诵时要根据故事的内容、情节调整自己声音的高低、大小、强弱、虚实、远近等。

除此之外,还要区别叙述语言、议论语言、对话语言的声音形式。要抓住角色的特征要素,塑造不同角色独特的声音造型。通过身临其境的情节叙述和适度夸张,来达到生动的效果。

朗诵寓言故事时,语速不必太快,语气要亲切柔和,且要形成自己独特的朗诵风格。

二、寓言故事朗诵作品训练

1. 谦虚过度

（朗诵者：肖玉）

扫码听朗诵

《谦虚过度》是一则寓言故事,讲的是大森林里,水牛爷爷是公认的谦虚人。狐狸艾克羡慕水牛爷爷的谦虚美名,认为谦虚太好学了,不就是把自己的什么都说小一点,把自己的什么都说少一点吗？于是,当小老鼠赞美它火红蓬松的大尾巴时,艾克谦虚地说："你们老鼠的尾巴比我大多了。"小老鼠吃惊地反问："您长那么长的四条腿,却拖根比我还小的尾巴？"艾克又谦虚地说："哎,我哪有四条腿,三条啦。"小老鼠怀疑艾克得了精神病,吓跑了。艾克的谦虚没有换来美名,却换来了一大堆谣言。大家说："唉,森林世界出现了只有三条腿,尾巴比老鼠还小的妖怪狐狸……"

学习这则寓言故事的朗诵时,建议读者先从其他寓言故事书或互联网上找到《谦虚过度》的原文,然后用手机扫描本教材第八章第四节中"二、寓言故事朗诵作品训练"标题旁的二维码,听取录音示范后进行反复训练。

朗诵提示：

俗语道："谦虚使人进步,骄傲使人落后。"为人要谦虚,但谦虚是有度的,否则就会像狐狸艾克一样给自己带来麻烦。我们在生活中是不是也会"谦虚过度"呢？这则寓言故事告诉我们：谦虚也要实事求是,不实事求是就是瞎谦虚,显得不实在或者虚伪。朗诵时,可采用神秘的开头、移步换形、步步深入的语势,并合理运用节奏、语气、重音、停连四要素来表达故事的情节和寓意。

朗诵艺术基础

2. 支公养仙鹤

（朗诵者：梁言）

寓言故事《支公养仙鹤》说的是古时候有个叫支公的人，非常喜欢仙鹤。他想：要是能有仙鹤长久为伴，那该多好啊！终于，一位老朋友给他送来了一对小仙鹤。支公像对待自己的儿女一般对待仙鹤，仙鹤的活泼可爱也使支公的晚年生活一点都不寂寞。当仙鹤的羽毛长齐，想飞到属于它们的遥远的地方时，支公舍不得仙鹤离开，把仙鹤的翅膀剪短了，使仙鹤无法飞起来。于是，仙鹤再也不像以前那样欢叫起舞了，没有了活力和生气，连眼睛都一天天地暗淡下去了。支公看在眼里，疼在心里。他后悔极了，心想：既然仙鹤有直上云霄，去见识更广阔的天空的志向，我又怎能强行把它们留在身边，只供自己观赏呢？于是，支公更加精心地饲养两只仙鹤，等它们的翅膀又长齐后，依依不舍地对它们说："仙鹤啊，快飞吧，到远方去实现你们的理想吧！"仙鹤拍打着翅膀飞上蓝天，鸣叫着在支公头上盘旋了几圈，然后自由自在地向遥远的天边飞去了。

学习这则寓言故事的朗诵时，要先从互联网上下载《支公养仙鹤》的原文，然后用手机扫描本教材第八章第四节中"二、寓言故事朗诵作品训练"标题旁的二维码，听取录音示范并进行反复训练。

朗诵提示：

这则寓言故事告诉我们：真正爱惜有才能的人，就应该给他们施展身手的空间，不要把他们限定在狭隘的小圈子里。朗诵时，要清楚地表达出支公虽然舍不得仙鹤，但他理解仙鹤的志向，最终放了仙鹤。朗诵《支公养仙鹤》的心理基调是支公真正爱仙鹤。

3. 农夫和蛇

（朗诵者：肖玉）

寓言故事《农夫和蛇》说的是有位心善的农夫，在隆冬时节遇到一条冻僵了的毒蛇，他把蛇拾起来放入怀里，用自己的身体去温暖它。蛇苏醒后恢复了体力，便在农夫的胸脯上咬了一口，蛇毒很快布满了农夫的全身。农夫临死时对家人说:"你们要记住我这血的教训,我因为怜悯恶人,才受到如此恶报啊!"

学习这则寓言故事的朗诵时,要先找到《农夫与蛇》的原文,然后用手机扫描本教材第八章第四节中"二、寓言故事朗诵作品训练"标题旁的二维码,听取录音示范并进行反复训练。

朗诵提示:

这则寓言故事告诉我们:做人一定要分清善恶,对那些恶人即使仁至义尽,他们的本性也是不会改变的。朗诵时,要采用爱憎分明的感情基调,把寄寓着意味深长的哲理告诉世人,对坏人不能起怜悯之心。如果对坏人宽容和善良,就是对自己不利,就会给自己留下难以估量的后患!

4. 伯牙绝弦

(朗诵者:梁言)

寓言故事《伯牙绝弦》讲述了春秋时期有位琴艺高超、名扬四海的乐师俞伯牙,他四处寻访能听懂他琴声的人。一次,俞伯牙乘船沿长江旅游时突遭大雨,船夫将船停在山边避雨。伯牙立于船头,耳听淅沥的雨声,眼望雨打江面的生动景象,琴兴大发,对着明月和浩荡的江水弹拨起来。

伯牙正弹到兴头上,突然感觉附近有人在听他弹琴,他发现岸上树林边果然坐着一个打柴人在听他弹琴。伯牙把这位名叫钟子期的打柴人请到船上,对他说:"我为你弹一首曲子听,好吗?"子期立即表示洗耳恭听。伯牙即兴弹了一曲《高山》,子期赞叹道:"多么巍峨的高山啊!"伯牙又弹了一曲《流水》,子期称赞道:"多么浩荡的江水啊!"

俞伯牙见钟子期学识渊博、深谙乐理,具有高尚的志趣和情操,激动地对子期说:"这个世界上只有你才懂得我的心声,你真是我的知音啊!"于是,两个人结拜为生死之交,并约定待周游完毕后去子期家拜访。两年后,伯牙如约前来子期家拜访,但子期已不幸病故。伯牙悲痛地奔到子期墓前为他弹奏了一首充满怀念和悲伤的曲子,然后将自己珍贵的琴砸碎于子期的墓前。从此,俞伯牙终生不再弹琴,却留下了"摔琴谢知音"的佳话。

朗诵艺术基础

学习这则寓言故事的朗诵时，可先从互联网上下载《伯牙绝弦》的原文，然后用手机扫描本教材第八章第四节中"二、寓言故事朗诵作品训练"标题旁的二维码，听取录音示范并进行反复训练。

朗诵提示：

《伯牙绝弦》和《伯牙鼓琴》一样，最早是民间口头流传下来的民间故事。伯牙善弹七弦琴，被尊为"琴仙"。战国《列子》一书记载了"伯牙善鼓琴，钟子期善听"的故事，表述了伯牙与子期的知音之交，使"伯牙绝弦"成为交结朋友的千古楷模。

朗诵这则寓言故事时，要用"春风满面皆朋友"的基调，要表达出知音觅得难上难的哲理。朗诵时的语气要表现出由诵生悟、由悟生情、由情生感的情感变化。

5. 被同伴驱逐的蝙蝠

（朗诵者：肖玉）

寓言故事《被同伴驱逐的蝙蝠》描述了很久以前，森林里的鸟类和走兽爆发了战争，双方僵持，各不相让，战争各有胜负。

蝙蝠是个胆小鬼，战争开始后便躲在一旁观战。当鸟类战胜了走兽时，蝙蝠便出现在鸟类的堡垒里说："各位，我有翅膀又能飞，所以是鸟的伙伴。请大家多多指教！"鸟类非常需要新伙伴的加入，以增强实力，所以很欢迎蝙蝠的加入。而当走兽战胜鸟类时，蝙蝠却又出现在走兽的营区说："恭喜各位，我是老鼠的同类，也是走兽。请大家多多指教！"走兽们也很乐意接受蝙蝠的加入。

最后战争结束了，走兽和鸟类言归于好，双方都知道了蝙蝠的行为。当蝙蝠再度出现在鸟类的世界时，鸟类很不客气地对他说："你不是鸟类！"当蝙蝠来到走兽世界时，走兽们则说："你不是走兽！"并赶走了蝙蝠。最后，蝙蝠只能在黑夜里偷偷地飞着。

学习这则寓言故事的朗诵时，可先从互联网上下载《被同伴驱逐的蝙蝠》的原文，然后用手机扫描本教材第八章第四节中"二、寓言故事朗诵作品训练"标题旁的二维码,听取录音示范并进行反复训练。

朗诵提示:

这则寓言故事告诉我们:做人须诚实,不能为了利益而行欺骗;要坚定自己的信仰,不能做两边倒的"墙头草";凡是左右逢源、两边都讨好的人,最终将被两边抛弃。

朗诵这则寓言故事时,要以"绘声绘色"为基调,要真真切切地告诉大家:无论做什么事,都要有一个坚定的立场和明确的目标。如果摇摆不定甚至脚踏两只船,最终一定会失败。

6. 猴吃西瓜

(朗诵者:梁言)

寓言故事《猴吃西瓜》说的是猴王找到了一个大西瓜,但他不知道怎么吃。于是,他以考验大伙的智慧为借口,要大伙说出西瓜的吃法,说对了有奖,说错了要罚。

其实,猴子们都没有吃过西瓜,都凭自己的想象和经验自以为是地说出了西瓜的吃法。小毛猴说:"吃西瓜是吃瓤!"秃尾巴猴反对说:"我小的时候吃甜瓜吃的就是皮。西瓜也是瓜,当然也是吃皮咯。"这时,老猴认为出头露面的机会来了,吹嘘地说:"我从小就爱吃西瓜,一直都是吃皮的。我之所以老而不死,就是因为吃了这西瓜皮的缘故……"老猴的吹嘘博得了大家的欢呼:"对!吃西瓜是吃皮!"

猴王以为找到了正确答案,开言道:"对!吃西瓜是吃皮。哼!就小毛猴崽子一个人说吃西瓜吃瓤,那就让他一个人吃吧!咱们大伙都吃西瓜皮!"有猴子吃了两口对旁边的猴子说:"哎,我说这可不是滋味啊!"旁边的猴子却说:"咳,老弟,我常吃西瓜,西瓜嘛,就是这味……"

学习这则寓言故事的朗诵时,可先从互联网上下载原文,然后用手机扫描本教材第八章第四节中"二、寓言故事朗诵作品训练"标题旁的二维码,听取录音示范并进行反复训练。

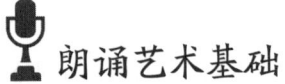

朗诵艺术基础

朗诵提示：

这则寓言故事告诉我们：遇到问题时，不懂就是不懂，不要不懂装懂，不要盲目听从别人的意见，应该一切从实际出发，敢于尝试，虚心求教，实事求是。朗诵这则体现不懂装懂的寓言故事时，语言要富有形象感，不但要轻松幽默，而且要有画面感，这样的表达才能形象、立体、生动。

思考题

1. 朗诵《谦虚过度》时，要用亲切的语气，但又不能过分亲昵，需要适当夸张但又不能装腔作势，你能把握吗？

2. 《支公养仙鹤》讲述了中国古代贤士爱惜动物的故事。那么，朗诵时该如何表现支公从圈养到放飞的心路历程和情感变换呢？

3. 《农夫与蛇》情节简单，易于朗诵，你能把它表演出来吗？

4. 《伯牙绝弦》的高潮在什么地方？怎么处理高潮部分的语气语调？

5. 《被同伴驱逐的蝙蝠》中多次出现蝙蝠虚伪的口气，该如何来表达呢？

6. 《猴吃西瓜》既能够单人朗诵又适合集体表演。如何通过声音塑造和语气变化表现出不同人物的性格特征？

第五节　电影台词片段朗诵（配音）

一、电影台词片段朗诵（配音）的基本要求

电影配音和朗诵一样是一门语言艺术，是为影片里的各种人物加入配音

演员创作的声音的过程。

电影中的对白是一部影片所有声音中最重要的内容。对白不仅为电影故事情节的发展和人物性格的塑造提供关键信息，还十分讲究叙事的层次性和逻辑性。因此，学习经典电影台词朗诵（配音）可使老年学员进一步提高语言的表达技巧。

因为电影配音演员通过不同的声音来让观众感受电影中人物喜怒哀乐和性格特点，所以老年学员通过学习电影台词片段的朗诵（配音）能更深入体会朗诵时的情感内涵，通过不同类型声音的塑造来更好地表达不同人物的内心情感，提高自己朗诵的表现力和感染力。

1. 要按照电影人物的思想、情感来朗诵（配音）

学习电影台词片段朗诵（配音）时，根据手中的台词文本直接朗诵不能算是真正的配音，而是需要根据台词的文字资料去深入了解电影中对应人物的思想、情感和性格，并把台词中含有的潜台词（内在语）弄清楚并表达出来，这样的表达才能算真正意义上的配音。

优秀的配音往往是一部电影生命力和活力之所在。人物的思想、情感和性格要通过配音演员用声音把它们塑造出来，观众也要能从声音中判断角色所处的环境和当前所处的状态。朗诵者通过学习配音来掌握这样的技能，把台词中这些内在的情感通过声音表达出来，无疑能对朗诵的技能和语言表达能力的提高起很好的促进作用。

2. 要按照台词"四要素"来朗诵（配音）

学习电影台词片段朗诵（配音）一定要遵循台词四要素，具体如下。

（1）目的：要清楚这句话是出于什么动机说的。

（2）状态：要清楚这句话是以什么情绪说的。

（3）地点：要清楚这句话是在什么场合说的。

（4）对象：要清楚这句话是对什么人物说的。

人物的思想情感是朗诵（配音）的基础，四要素是朗诵（配音）语气、节奏的依据。在朗诵（配音）的过程中，四要素中的地点、对象、目的一般在电影的剧

朗诵艺术基础

本或台词的文本中都能找到,但状态这一要素却不能在剧本中直接找到,需要朗诵者根据台词的内容和剧情进行揣测、理解和发掘,并把它变成自己的认识,用以指导自己的朗诵(配音)。好在我们学习朗诵(配音)的电影台词片段在电影中已经由配音演员作出示范,许多老年朋友现在或年轻时可能都看过这样的电影,这对我们理解电影中人物的状态能起到很好的借鉴作用,并通过模仿来进一步把握电影中人物的状态,使朗诵(配音)能更真实地表达人物的情感。

二、电影台词片段朗诵(配音)作品训练

1. 电影《剩者为王》经典台词片段

扫码听朗诵

父亲

(配音:熊风)

我之所以跟你约出来单独谈呢,因为我相信,你会有自己的判断,你会作出最平衡的决定……

我是她的父亲,三十几年前是她来了,才让我成为一个父亲……

她不应该为父母结婚,她不应该在外面听什么风言风语……

我觉着我都能想象得出那一幕,她比着胜利的手势让我跟她妈妈看,那个表情多骄傲啊……

以上是电影《剩者为王》中父亲约女儿的男朋友出来谈话时的一大段独白中四个自然段开头的一句话,以便读者以此为索引从互联网上找到原文并下载,然后用手机扫描本教材第八章第五节中"二、电影台词片段朗诵(配音)作品训练"标题旁的二维码,听取录音示范后练习配音技巧。

朗诵(配音)提示:

《剩者为王》是一部2015年上映的国产都市爱情影片。电影讲述了年届30岁的女性盛如曦在寻找真爱的过程中遇到了年轻的新同事马赛的故事。影片中的父亲有一大段脍炙人口的独白,很受配音爱好者青睐,这段晓之以理、动之以情的倾诉,表达了天下做父亲的对女儿深深的爱。

朗诵(配音)要求:气息通畅,语意准确,抑扬顿挫,一气呵成。配音时,

要表达出一位父亲满满的无私的爱。

2. 电影《我不是药神》经典台词片段

我想活着

（配音：蓝玫）

老奶奶：领导，求你个事啊。我，我就是想求求你，别再追查印度药了，行吗？我病了三年，四万块钱一瓶的正版药我吃了三年，房子吃没了，家人被我吃垮了。现在好不容易有了便宜药，你们非说它是假药！那药假不假我们能不知道吗？那药才卖五百块钱一瓶，药贩子根本没赚钱！谁家能不遇上个病人？你就能保证这一辈子不生病吗？啊！你们把他抓走了，我们都得等死！我不想死！我想活着！

朗诵（配音）提示：

《我不是药神》是一部 2018 年上映的国产影片。电影讲述了一位药店店主为了逐利而游走于法律红线，从印度贩药敛财，之后良心发现，成为电影中用走私药来挽救他人性命的"药神"的故事。

这是电影中一位身患重疾的老奶奶的台词，老奶奶为了劝服曹警官停止对售卖仿制药的追查，声泪俱下地向他表达了一位患者的心声。

朗诵（配音）要求：朗诵（配音）这段台词时，要声情并茂、如泣如诉，仿佛是从心底发出的声音，倾诉衷肠。配音时，要表现出老奶奶渴望"活着"的期待。

3. 电影《佐罗的面具》经典台词片段

亲生父亲

（配音：蓝玫　熊风）

女：你好，博纳多。

男：你好，尊贵的小姐。

女：你的声音如此平和。

男：这马性情暴烈，需要用声音安抚。

女：是的，我明白，你为阿利亚多先生当差多久了？

男：有时候连我自己都说不清楚，对不起，我不该这样讲。

女：没关系，博纳多，我不会告诉他的。我真猜不透阿利亚多先生，有时他好像傲慢无礼，目空一切，不过他看我时的眼神，还有他跟我跳舞时的样子，又让我觉得简直判若两人。

男：你长得像你母亲。

女：你怎么会知道。

男：因为，因为我在你身上看不到拉斐尔先生的影子。

女：我知道父亲希望我的举止像母亲，非常高尚，她是一个完美无缺的女人。

男：这是拉斐尔说的吗？

女：是的，可有时我并不相信他。

男：你母亲更像你。

女：可能吧，那样更容易了解她。我的保姆曾经对我说，去世的人能在月光下看见你。所以我小时候常常在夜里爬窗溜出去，骑上马穿过安娜多西亚，一边骑一边招手，好让她能认出我来。

男：你母亲怎么死的？

女：生我时难产。

男：哦！

女：父亲很少说起她，我想他一定很痛苦。

男：是的，哦，我也尝到过失去亲人的滋味。

女：你？

男：一个女儿，很久以前，看到你我就想起了，作为一个父亲当时的心情，我敢说你母亲一定为你感到骄傲。

女：谢谢，博纳多。我必须问一下，我们以前见过面吗？

男：啊，没有，你为什么那么想？

女：不知道，我也奇怪，不过你的声音我听着很熟。

男：从你出生到现在我就没去过西班牙。

女：那当然，总之，你的声音很动听。

男：谢谢！

女：再见，博纳多。

女：再见，艾琳娜。

朗诵（配音）提示：

《佐罗的面具》是1998年上映的美国影片。该影片获得了第56届美国电影电视金球奖。该影片讲述了为替妻子报仇并解救被拐走的女儿而越狱的蒙面侠佐罗，将青年农民阿莱桑德罗训练成了新一代佐罗，并和他并肩战斗的故事。

朗诵（配音）要求：这是一段父女对白，应由两名朗诵（配音）者来完成。佐罗的女儿，已经长大成人的艾琳娜非常美丽动人，但她对自己的身世一无所知，一直视仇人蒙特罗为生父。在这段对话中，艾琳娜不知道佐罗就是她的亲生父亲，而佐罗知道艾琳娜就是自己的女儿。因此，在对话时，女儿的朗诵（配音）要表现出真挚、善良、天真的情感，而父亲的朗诵（配音）要表现出欣慰、忧伤、含蓄和关爱的情感。两个人的朗诵（配音）需要默契配合。

4. 电影《白雪公主和七个小矮人》经典台词片段

巫婆毒害公主

（配音：蓝玫）

巫：只有你一个人在家？

白：是啊，不过……

巫：那几个小矮人都不在？

白：不，不在。

巫：做派呀？

白：对呀，草莓派。

巫：只有苹果派，才能叫人垂涎三尺，而且最好是用这种苹果。

白：看起来好像很好吃。

巫：对呀，你为什么不尝一口呢？亲爱的，试试看啦，快呀，快咬一口！对我这个老太婆那么友善，就让我来告诉你一个秘密。这不是一个普通的苹果唷，这是个能许愿的苹果。

白：能许愿的苹果？

巫：对呀，只要咬一口，你的梦想就会实现了！

白：真的吗？

巫：是的，亲爱的，你先许个愿，然后再吃。在你那小心肝里，一定有个愿望吧，也许有个你心爱的人。

白：额，是有一个。

巫：果然没错，果然没错，哈哈哈哈哈！我可是个过来人，听我的准没错，许个愿吧！

白：我希望，我希望……

巫：对了，继续继续。

白：可以直到永远……

巫：好，好，咬一口吧，别让你许的愿望都老了。

白：啊，我是怎么了？

巫：停止呼吸！

白：啊！啊！我……

巫：血液凝固！

白：啊！啊！

巫：哈哈哈哈哈哈哈哈，我终于是世界上最美丽的女人了，哈哈哈哈哈哈哈哈。

朗诵（配音）提示：

《白雪公主和七个小矮人》是1937年迪士尼制作的美国动画电影。作为叙事电影，它将格林兄弟作品《白雪公主》的写作初衷表现得淋漓尽致，为观众展现了美貌、衰老、权力诸事物之间的纠结。最终，我们还是看到了所期待的结局,那就是邪恶的皇后受到了惩罚,善良的公主得到了她应有的一切。

朗诵(配音)要求:根据故事情节,要朗诵(配音)出白雪公主的那种美丽、善良、友爱和纯真,要朗诵出巫婆的那种丑陋、妒忌、残忍和毒辣。巫婆和白雪公主的朗诵(配音)最好由一人完成,学习用不同的声音形式来形成人物的鲜明对比和声音的反差对比,以训练和提高自己的朗诵(配音)能力。

5. 电影《穿普拉达的女王》经典台词片段

女总编米兰达

(配音:蓝玫)

米兰达:我不明白为什么确认一个约会会有这么困难!我对你无能的细节问题一点儿都不感兴趣!

告诉西蒙,我不同意他为巴西版选的那个女模特,我要干净、有活力、会微笑的,那个女孩又脏、又累,还有肚子。

我答应参加迈克尔·康斯的晚会,让司机九点半送我到那儿,九点四十五接我,准时。

打电话回绝食品公司的纳塔莉,我都回绝几十次了,我不喜欢蛋白酥皮奶油卷,要水果奶油蛋糕。

然后,通知我前夫参加达尔顿学校的家长会,再打电话给我丈夫,请他到我和马西莫一起去过的餐厅共进晚餐。

另外,我看了理查德为那篇女伞兵的文章配的图片,一点儿都没有吸引力!难道他真的没有办法找到一个可爱又苗条的女伞兵吗?我的要求真的那么苛刻吗?不至于吧!

还有,我要看奈杰尔给格温妮斯第二套封面照准备的所有服装,不知她生了孩子以后体重减了没有?

她是谁呀?看来我必须得亲自面试她,因为你前面选的两位完全不称职。

让她进来,就这样。

朗诵(配音)提示:

朗诵艺术基础

《穿普拉达的女王》是 2006 年上映的美国时尚电影。电影讲述了一位刚离开校门的女大学生安迪,进入一家顶级时尚杂志社当主编米兰达的助理。女总编待人尖酸刻薄,安迪发现她的工作简直是噩梦。安迪的工作态度从开始时的得过且过,到后来主动换上在时尚圈子里的衣服,完美地完成她的工作。但最后,安迪发现自己得到了工作,却放弃了家人和朋友,并且为了工作上的进步,还要将别人打压下去,于是她毅然离开了杂志社,并寻回了自己失落的幸福。

朗诵(配音)要求:这是电影《穿普拉达的女王》里顶级服装杂志社女总编米兰达边走边说的一段话。这位被称为时尚女魔头的总编具有追求完美、心细如针、尖酸刻薄、敏锐善变的个性,是一位让人望而却步的工作狂、女王。朗诵(配音)这段台词,要充分体现人物的性格,要用坚定的语气、语调来表述她对工作的要求和命令。而她对员工工作的不满则要用尖酸、刻薄的语气来表达。

6. 电影《简·爱》经典台词片段

简·爱(下)

(配音:蓝玫 熊风)

男:哼,你在这儿已经住惯了。

女:我在这儿很快活。

男:你舍得离开这儿吗?

女:离开这儿?

男:结婚以后我不住这儿了。

女:当然,阿黛尔可以上学,我可以另找个事儿。我要进去了,我冷。

男:简。

女:让我走吧。

男:等等。

女:让我走!

男:简。

女:你为什么要跟我讲这些,他跟你与我无关。你以为我穷、不好看就没有感情吗？我也会的。如果上帝赋予我财富和美貌，我一定要使你难于离开我，就像现在我难于离开你。上帝没有这样，我们的精神是同等的，就如你跟我经过坟墓，将同样得站在上帝面前。

男：简。

女：让我走吧！

男：我爱你，我爱你！

女：不，别拿我取笑了！

男：取笑？我要你！布兰奇有什么？我对她不过是她父亲用于开垦土地的本钱。嫁给我，简！说你爱我！

女：是真的？

男：唉，你呀。你的怀疑折磨着我，答应我，答应我吧！

男：上帝饶恕我，别让任何人干扰我。她是我的，我的。

朗诵（配音）提示：

《简·爱》是2011年上映的美国爱情电影。影片改编自英国女作家夏洛蒂·勃朗特的同名小说，讲述了一位从小变成孤儿的英国女子在各种磨难中不断追求自由与尊严，坚持自我，最终获得幸福的故事。

朗诵（配音）要求：这是一段两个角色的配音，男主人罗切斯特先生第一次露面时与简·爱相识于堕马事故，随着他们慢慢熟悉，罗切斯特先生感觉到简·爱的与众不同，并渐渐地爱上了她，简·爱亦受到罗切斯特先生的强烈吸引。但是大宅夜晚总会发生一些怪事，他们的爱情似乎蒙着一层阴影。两个角色的对白要根据剧情的发展，跌宕起伏、触目伤怀、不能自已。要在不同的情境、不同的心境下，用不同的语气、语调说不同的话。

7. 电影《茜茜公主3》经典台词片段

这跟殿下没关系

（配音：蓝玫　熊风）

茜茜公主：巴恰尼伯爵为什么不来打猎，他说了吗？

朗诵艺术基础

安德拉希：说了，陛下。

茜茜公主：他说什么？

安德拉希：他说得很婉转，陛下知道为什么。

茜茜公主：不，我不知道！

安德拉希：革命失败以后，巴恰尼的父亲和其他十三位将军，被皇帝陛下下令处决了，所以他的母亲让他发誓不跟皇帝陛下说话，也不向陛下表示任何敬意。

茜茜公主：连对皇后也要敬而远之吗？

安德拉希：当然不会，可他是个叛乱分子，很顽固，他的实力非常雄厚，是匈牙利最大的敌抗组织的领袖。

茜茜公主：那我更要和他谈谈，我相信我们之间可以互相理解。

安德拉希：可是陛下，他会拒绝您对他的邀请。

茜茜公主：那就请他到你的城堡去，我在一个中立地带和他会面。

安德拉希：陛下真的愿意屈驾，到我的城堡来做客？

茜茜公主：当然真的，不过最好随便一点，奥地利宫廷里什么都挺复杂，听说你们匈牙利不这样，你们的民族最豪放。

安德拉希：嗬，是的，陛下，不过匈牙利人一开宴会，结果总会变成莫拉恰。

茜茜公主：你说什么？

安德拉希：莫拉恰，陛下，这跟陛下没关系……

朗诵（配音）提示：

《茜茜公主3》是1957年上映的奥地利电影。影片讲述了奥地利年轻的皇后茜茜，熟练地协助皇帝处理国家大事和婆媳关系的故事。

朗诵（配音）要求：看过这部电影的人会有所感觉，骨子里茜茜公主和安德拉希伯爵是一类人物，他们都很叛逆、坚强，不为传统所束缚。他们彼此欣赏，互相吸引，却又不能进一步发展两人之间的感情。朗诵（配音）时，要认真把握安德拉希伯爵是以一种谦恭的态度爱着茜茜公主，茜茜公主则以对他怀着深深的依恋之情面对，但又时刻不忘自己皇后的身份。对白语句要处理得含蓄、内敛、深情、友爱。

1. 配音的语言状态与朗诵语势有区别吗？

2. 电影中配音起着什么样的作用？

3. 如果给两段经典电影台词片段配音，你将如何选择并完成配音？

第九章 微视频配音

　　随着中国老年大学教育事业的蓬勃发展，选择学习朗诵的老年学员与日俱增。同时，随着手机和家用摄像机的普及，拍摄微视频的学员也越来越多。如何为自己拍摄的各类微视频配音成了许多学习朗诵的老年学员的追求。老年学员学配音，除了学习影视剧的人物配音外，更多的是想为自己拍摄的反映自己老年生活情趣的作品配音。他们的目的是想用声音和画面完整地记录自己夕阳年华美好的生活，为自己留下难忘的影像与声音记忆。本章我们主要介绍如何对老年朋友自己拍摄的，记录老年生活中的旅游景点、博物馆参观、民风民俗、健身、美食等的微视频进行配音。

第一节　微视频配音的相关知识

　　人类能看到活动画面是从电影发明开始的。电影的活动画面是利用人类的眼睛具有视觉暂留特性和高速摄影技术来形成的。用高速摄影技术做成的摄影机把外界活动事物的影像以每秒24幅照片的速度拍摄记录在胶片上，然后用电影放映机以每秒48帧（每幅照片放映2次）的速度重放拍摄的24幅照片，人们就能重新看到原先的活动事物。如果在拍摄过程中同时记录声音，放映的同时还原声音，那么原先活动事物的声音和影像就能被真实地还原出来。

　　电视、视频都是从电影发展而来的，也都应用了人类眼睛具有视觉残留这一原理，所不同的是记录影像的媒体进化了。电影记录影像的媒体是胶片，电视记录影像的媒体进化成了磁带，而视频记录影像的媒体又进化成了磁盘、存储卡等。由于记录影像的媒体进化了，记录的格式和播放设备也同时进化、发展和多样化了。随着电脑技术的发展，目前电影、电视、视频都能在电脑上播放。因为手机实质上是应用了电脑技术，所以电影、电视和视频也都能在手机上播放。

无论是电影还是电视，在它们的产业发展过程中都产生过微型化的节目形式，它们被称为微电影和微电视。同样，视频出现后，微型化的视频节目也很快出现了，这就是微视频。

电影、电视和视频都有配音问题，它们的微型化节目同样存在配音问题，所不同的只是配音的规模大小、技术要求不同而已，配音的本质目标是相同的。本节所要介绍的就是与微视频配音有关的一些知识，为学习微视频配音打下基础。

一、微视频配音的定义

自从电影发明后，配音逐渐形成了一种职业，也成了一门语言艺术。

从广义来说，为各种形式的电影、电视和视频加入声音的创作活动都称为配音。其内容包括语言的替换、音乐的选配、解说、台词的录制与合成，以及对各种声音要素的艺术加工等，内容非常丰富。

从狭义来说，配音是指配音演员替电影、电视中的角色配上声音，包括语言的转换和替代、对白等语音替代等。

微视频配音则是特指对不同格式、不同形式和不同内容的短小视频进行声音艺术创作活动，包括对白、旁白、独白、内心独白、解说等语言创作，以及配乐、声音要素的加工、合成和后期配制等。

目前，各种内容和形式的微视频大多数都用智能手机或家用摄像机来拍摄，其记录的视频格式与手机的操作系统有关。采用安卓操作系统的手机，其拍摄的视频为 MP4 和 AVI 格式；苹果手机是 iOS 操作系统，其拍摄的视频为 MOV 格式。对配音来说，无论什么格式的微视频，对其配音的方法和过程都是相同的。

二、微视频配音与朗诵的用声异同

1. 配音与朗诵用声的相同之处

配音与朗诵属于语言艺术创作的两个分支。简单地说，朗诵是朗诵者有感情地将文字语言转化为有声语言的艺术创作；而配音则是配音演员用自己的声音和语言塑造他人语言形象的有声语言艺术创作。配音与朗诵的相同之处是两者均为有声语言的创作艺术，不同之处是它们的应用范畴和目标不相同。

既然两者都为有声语言的创作艺术，那么两者在用声方面就有许多相同之处，主要体现为以下三点。

（1）创作活动均以普通话为工具。配音和朗诵一样，都必须使用标准的普通话，且都讲究声音的优美、洪亮和清晰。

（2）科学发声方法相同。配音和朗诵发声时，都运用胸腹式联合呼吸法，即用胸腔、横膈肌、腹肌来联合控制气息，以达到呼吸量大、操纵声音能力强的目的。

（3）语言表达时的发声都需要有高超的内外部技巧。语言表达的内部技巧主要是指情景再现、内在语、对象感；语言表达的外部技巧主要是指停连、重音、语气、节奏。配音与朗诵一样，也需要应用语言表达的内外部技巧，才能使塑造出来的语言形象达到预期的要求。

配音与朗诵除了用声有许多相同之处外，在备稿的步骤方面也大体一致，需要阅读文稿、划分层次、确定主题、联系背景、找出重点和确定基调。对配音演员来说，同样还要有文化、艺术和生活经验的积累等。

2. 配音与朗诵用声的不同之处

由于配音与朗诵的应用范畴和目标不相同，它们在用声方面也存在着一些差异，主要体现为以下三点。

（1）朗诵的用声音量较大，而配音的用声音量偏小。

（2）朗诵的声音塑造虚实明暗变化多样，而配音的用声偏实。

（3）朗诵气息控制强弱对比明显，而配音的气息控制平稳、变化幅度小。

三、微视频配音的创作特点

微视频配音创作与朗诵创作的特点不相同。朗诵创作的朗诵者可以根据文稿的内容,有较大的自由发挥空间,而微视频配音创作则受到许多方面的制约,其创作特点有以下几点。

1. 受多度创作的制约

朗诵属于二度创作,即在朗诵文稿的基础上进行有声语言的再创作。而配音则属于多度创作。以电影为例,电影剧本是在小说文本基础上的二度创作,拍成的电影是在电影剧本基础上的三度创作,而配音则是在拍成的电影基础上的四度创作。电视、视频和微视频的配音也一样,也是在前面几度创作的基础上进行有声语言的再创作,因此配音的创作必然受到前面几度创作的制约,其创作的自由度不如朗诵大。

2. 必须适应节目的整体性要求

各种类型的电影、电视和视频都必须具有整体和谐的美学特征。整体和谐是指节目的画面和语言等诸多方面都必须与节目的主题保持一致。微视频配音也必须遵循这一原则。配音往往是最后一道创作程序,只能在拍摄好的视频和有关文稿所提供的语境或意境中进行创作,因此在创作时必须主动去适应节目的整体性要求。这不仅要做到配音的时间长短要与微视频的片长一致,配音风格统一,基调、语速掌握得当;配音的内容创作还要努力做到与节目主题一致,并依据文稿的风格、题材、体裁创作出符合整体要求的配音或解说。

3. 需要掌握一些特定的技能技巧

微视频配音的发音除了要掌握内外部技能外,在创作过程中还要掌握一些特定的技能技巧,主要是贴合画面的技能和话筒的使用技巧。

贴合画面的技能有两层含义:一是指配音或解说如何与镜头的运动方式、场景相适应的技能;二是指人物配音时配音演员的发声口型如何与画面人物口型吻合的技能。这项技能具有一定的难度,需要配音创作者通过大量实践、反复体会才能逐步掌握和熟能生巧。

微视频配音不但要求配音者有扎实的语言基本功和丰富的语言表现力,

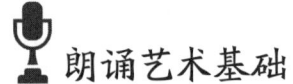

而且要求配音者掌握丰富的话筒运用技巧。首先,要了解配音者所使用的话筒类型与特点。不同类型的话筒灵敏度和频率响应有很大区别,适应的使用场合也不相同。一般来说,在没有隔音条件的场合创作配音,使用灵敏度偏低的动圈式话筒比较合适;在录音棚中创作配音,则使用灵敏度高、频率响应宽的电容式话筒更为合适。其次,还要了解话筒的指向性。话筒的指向性用来表示话筒对来自不同角度声音的灵敏度。常见的有全指性话筒和单一指向性话筒两大类,其中单一指向性话筒又分为心型指向性话筒和超心型指向性话筒等。对配音人员来说,常用心型指向性话筒来创作配音。心型指向性话筒对来自话筒前方的声音有最佳的收音效果。最后,要找到使用话筒的最佳方位,即在不同的情感变化和环境下嘴和话筒的最佳距离和最佳角度。话筒的方位适当,能有效地控制声音的大小、高低、强弱、远近、明暗、虚实的变化。

四、微视频配音的内容种类

老年朋友学习配音主要是学习如何为自己拍摄的各种类型的微视频进行配音,配音的内容题材不同,配音的语言样态也各不相同。那么,什么是语言样态呢?语言样态是指我们在做微视频配音时,根据不同类型、不同配音文本,在特定的语境下为达到一定目的而进行的有声语言创作活动中所表现出的表达方式和语言风格。语言样态把握恰当,微视频的配音效果就会相得益彰。

1. 人文历史类题材

人文历史类题材的微视频内容涵盖文学、音乐、神话、宗教等,是老年朋友喜欢拍摄的内容。例如,宣传一位历史著名人物,介绍一种市井文化特色。这类题材的微视频以讲解人物生平和文化特色为主,所以配音所采用的语言样态多以"一对一"的富有对象感的解说为主。

2. 民俗风情类题材

民俗风情类题材的微视频以纪录国内各地民风、民俗、民情为主要内容,具有浓郁的地域特征。配音所采用的语言样态多以平铺直叙、娓娓道来、自然抒发为主。

3. 旅游纪实类题材

老年学员国内、国外旅游实地拍摄的风光、景色、著名地标建筑等均为旅游纪实类题材的微视频。配音所采用的语言样态可根据拍摄后撰写的脚本风格来定，或明快，或深沉，或激昂。

4. 养生健身类题材

养生健身类题材的微视频涵盖范围很广，常见的养生类题材有各季养生常识和个人的养生方法、经验等；健身类题材有打太极拳、跳广场舞、游泳、散步等。这类题材的微视频配音所采用的语言样态以自然亲切、舒缓的语气为主，用"说"的方式来表述会更亲切一些。

5. 美味美食类题材

老年群体里有相当数量的人对烹调美食感兴趣，能一展身手，做出各种美味佳肴，并拍摄成微视频与众人分享。这类题材的微视频配音所采用的语言样态以介绍实际操作程序为主。需要注意的是，在微视频后期配音合成时，语言与画面要同步，做到相辅相成。

第二节　微视频配音的技巧

微视频虽然短小，但也要做到声画并茂。微视频配音不是简单地加入声音就能完事的，而是要结合画面的内容进行配音，要达到声画互为补充、互为延伸的效果，从而创造出更加生动、感人、完美的传播意境。

在微视频配音的过程中，配音演员要不断地调整好生理、心理、气息、声音、感情和技巧的状态，把握好主观与客观、配音与观众的关系。配音是用自己的声音和语言塑造他人的语言形象，因此在配音过程中，要努力把自己从本色转换到角色，就是要放弃本色表现，而进行符合微视频角色要求的性格表现和塑造。也就是说，配音要符合微视频的风格要求，而不是满足配音演员自己的风格要求。所以，配音演员在配音中要做好"四个适应"和"五个表现"。

一、配音要做好"四个适应"

"四个适应"是指配音要适应微视频类型的需要，要适应微视频意境的需要，要适应微视频目的性的需要，要适应微视频观众群的需要。

1. 适应微视频类型的需要

如果对微视频节目类型进行细分的话，可以分为纪实类、风光类、人物类、历史类、文艺类、生活类、体育健身类等。不同类型的微视频配音风格是不同的，在运用气、声、字、调、情、意、形、态等技巧方面也各有独特的变化。因此在配音之前先要弄清楚需要配音的微视频属于哪种类型，这样才能在配音时把握好配音风格，使气、声、字、调、情、意、形、态的应用和变化适应所配音的微视频节目的类型。

2. 适应微视频意境的需要

微视频的意境是通过画面、声音、声音与画面的配合来营造的。其中，声音包括配音、音乐和音效。所以，配音前要认真阅读和理解文稿，要观看和体味微视频中的画面语言，要聆听和感受音乐的旋律，然后调动自己的修养积累与创作激情，这样才能在配音时较为准确地表达出传播意境。对纪录类、文艺类等微视频来说，创造意境尤其重要。

3. 适应微视频目的性的需要

从大的方面来说，任何微视频节目都有传播和宣传的目的，也都有其舆论导向性。所以，在对微视频进行配音前，必须先要搞清楚其传播目的是什么。弄清楚了它的传播目的和宣传目的，配音时的语境和语态就容易把握了。

4. 适应微视频观众群的需要

不同的微视频节目包含的文化、知识、情趣、品位、风格各不同，所定位的诉求对象即观众群体也不一样。因此，配音前一定要弄清楚所要配音的微视频服务于什么观众群，还要对这个群体中男女比例、年龄层次、文化水平、兴趣爱好等情况有所了解，这样才能在配音时用适合这一群体的配音风格进行配音，以达到满足这一观众群对文化、知识、品位等需要的目的。

二、配音要做好"五个表现"

"五个表现"是指配音要表现出时代特征，要表现出风俗习惯，要表现出审美趣味，要表现出自然亲切，要表现出多样化形态。

1. 要表现出时代特征

不同的时代对声音的审美和欣赏是有区别的。所以，微视频配音要根据实际情况，把握好时代特征因素，使配音尽量贴近时代的流行特质，更要体现时代的主流价值观。

2. 要表现出风俗习惯

微视频具有特定传播面，所以，配音时就要关注传播面的特点。不同的地域、不同的民族都有其特有的语言表达方式和习惯，要尊重这些习惯，并努力在气、声、字、调中把这些风俗习惯表现出来。

3. 要表现出审美趣味

凡被称为艺术的都有令人倾心、让人陶醉的地方，这就是艺术的魅力和审美价值。不管哪一类微视频都不可忽视传播语言的艺术性。同时，不同的微视频题材，无论欢乐、悲伤，永远不能放弃它的教化作用。所以，在配音中也必须牢记向观众传递正能量，用积极向上、催人奋进的精神激励观众，给人们带来高雅的审美情趣。

4. 要表现出自然亲切

自然轻松、平和亲切是微视频配音所要追求的效果，要达到这样的效果，配音演员在情感上不能高高在上，不能与观众距离遥远，否则配音不可能达到良好的效果。所以，配音时语言节奏的强弱、重音的把握、语调的舒缓、感情的宣泄，都不应是配音演员的自我陶醉，在配音的过程中要一直考虑贴近观众，要亲切自然、真实可信。

5. 要表现出多样化形态

在微视频的配音中,有些词语、句式可能会反复出现。在这样的情况下,也要力求让这些反复出现的语句有一些变化,以减少观众的审美疲劳,这样才能达到最佳的传播效果。

艺术源于生活,却又高于生活,讲的是忠实和创造的辩证统一。如果只有忠实,没有创造,那是自然主义。如果没有忠实,只有创造,那一定是"空中楼阁",缺少存在的根本。微视频配音亦是如此,既要忠实于文稿、忠实于语言创作基本原理,又要结合画面、结合自己的理解和感悟,创造出配音艺术新境界。

三、如何为微视频配乐

在微视频配音完成后,还有一个重要环节,就是给微视频选配背景音乐。那么,如何来选配背景音乐呢?

1. 理解感受乐曲的情绪

不同类型和不同内容的微视频所用的配音风格和配音基调是不相同的。所以,微视频必须选择与配音基调相近的乐曲来配乐,这样才能使配乐与配音的情感保持一致,具有统一的风格。

音乐也有自己的情绪标签,那么,怎样理解乐曲的情绪色彩呢?理解乐曲的情绪主要是靠听和体验音乐的旋律、速度和节奏来唤起情绪的变化,因为音乐对人的情绪有明显的煽动作用。如果听了一首乐曲后唤起了你快乐的情绪,那么这首乐曲的情绪就是快乐的。音乐情绪还有抒情的、悲壮的、激昂的、忧伤的等,这些都可以被不同旋律和节奏的音乐唤起。

对于大型乐曲,首先要理解主旋律的情绪色彩。因为大型乐曲往往由若干个乐段组成,每个乐段的情绪色彩都会有相应的变化,乐曲的开始、中间及结束,如先是舒缓的,中间部分是抒情的,结束部分是欢快的。选择配乐曲目时,关键是要抓住整部乐曲的主要情绪色彩。

其次,可合理地赋予音乐某种情绪色彩。有很多乐曲是无主题的,听觉上感受不到有什么特殊的情绪色彩,但恰恰就是这种类型的乐曲比较适合做某些微视频节目的背景音乐。因为配音依据文稿的文字语言来进行有声语言创作,所创作的有声语言也带有某种情感基调。如果选用的配乐乐曲与配音的情感基调能和谐搭配,这时乐曲会在有声语言情感基调的暗示、牵引下显露出与配音情感类似或相同的情绪色彩。也就是说,配音的情感赋予了配乐某种情绪色彩,其条件是选用的乐曲能与配音和谐搭配,乐曲没有明显的情绪表现。

2. 运用多首乐曲的组合来配乐

为微视频节目配乐常常会遇到单曲音乐满足不了需要的情况,这就需要采用多首乐曲拼接的方式来实现配乐。

选择多首乐曲拼接也要考虑音乐情绪与配音情感基调匹配的问题。如果配音有明显的分段或内容有明显的转折,可根据不同的配音段落或内容变化分别选择配乐曲目,这样既解决了一首乐曲不够用的问题,还能使配乐与各配音段落更加融洽。

不同曲目的音乐在拼接时要进行适当的处理,这种处理是利用音频处理软件或视频处理软件来实现的。最常采用的处理技术为淡入淡出。淡入淡出是指两首乐曲结合处设置的音量过渡。这种过渡表现为前一首乐曲结束前几秒音量开始渐小渐弱,而后一首乐曲开头前几秒声音渐大渐强。淡入淡出的加入使两首乐曲之间实现了自然过渡。这一点已在第五章中细致讲过。

3. 选择配乐的乐器种类

为微视频节目配乐选用什么乐器演奏的音乐也很重要,一般应注意以下几点。

(1)要根据微视频的类别、风格选取不同的乐器配乐。例如,反映水乡古镇风光的微视频节目可选取古琴、古筝演奏的优雅音乐来配乐。再如,反映民俗、民风的人文类微视频节目,可选取具有地域文化色彩的民间丝竹音乐来配乐。有委婉、抒情、悲伤色彩的微视频则可选取弦乐来做配乐,而表现豪放、喜悦情绪的微视频则可选用管乐来配乐。

(2)选取的乐器的音色要有背景式的烘托效果,这是微视频选取背景音乐所用乐器首先要考虑的问题。常见的钢琴、小提琴、二胡、笛箫、古筝、古琴等乐器音色各不相同，应根据微视频的内容和配音风格、情感基调来选择具有烘托效果的乐器。

总之，微视频配音的语言样态是多种多样的，有平铺直叙的，有娓娓道来的，有细腻委婉的，有豪放喜悦的，有庄重大方的，等等。选取配乐时，乐曲的情绪一定要与之匹配，格调一定要统一。

第三节 微视频配音的创作要求和实例

掌握微视频配音的技巧，需要大量的实践和反复的练习，才能从经验的积累中实现从量变到质变，达到娴熟地掌握语言技巧的境界，提高对语言的驾驭能力。具体训练要求用以下四句话来概括：熟读配音脚本，做好备稿工作。熟悉画面形象，找准配音基调。细致揣摩音乐，选好配乐曲目。通篇把握全貌，注重细节处理。

一、微视频节目配音的创作要求

微视频节目的配音是要根据微视频节目的类别和内容来创作的。尤其是人文历史、民俗风情、旅游纪实、养生健身、美味美食类的微视频节目，会涉及较多的介绍性语言，因此在配音前先要进行解说词的写作。

配音解说词的写作总体要求是要把微视频节目拍摄的纪实性内容充分地表达出来，所用文字不仅要体现亲切、自然、亲民的人文理念，还要兼顾与微视频画面节奏的合拍以及与背景音乐烘托效果的贴合。此外，配音解说词的写作还要注意以下问题。

1. 语言内容要与党和国家的宣传口径一致

这一点十分重要，因为微视频也是一种媒体形式，具有传播性，所以传播的内容不能与党和国家的宣传口径相左，能传播什么不能传播什么都要与党和国家正式的传播媒体保持一致。

2. 知识介绍要有科学依据

人文历史、民俗风情、旅游纪实、养生健身、美味美食类微视频节目中涉及许多知识的介绍，这些知识既涉及政治、经济、文化，也涉及宗教、历史、民族习惯、科学和技术。在进行解说词写作时，必须确保概念正确、数据正确和用词用句正确。绝对不能凭主观想象且不经查证就下笔撰写，以免出错后形成不良后果。

3. 语言文字应用要符合法规

解说词的写作还必须注意文字应用的规范性问题。写作解说词所用的语言和文字必须符合《中华人民共和国国家通用语言文字法》的规定。相关法律规定，我国的通用语言和文字就是普通话和规范汉字。并有专门的条文规定"应当以国家通用语言文字为基本的用语用字"，其中包括广播、电影、电视，当然微视频也属于这个范畴。

具体来说，规范使用语言文字还包括正确用词、用句和正确使用标点符号以及汉字的正确发音。国家有明文规定，那些网络语言以及网络用字、用词不允许出现在出版物和各种媒体中。微视频也是媒体的一种形式，必须严格遵守。

4. 语言表达要丰富多样

微视频节目涵盖的内容题材广泛、形式多样，这给配音也提出了相应的要求，即配音的样式也必须多样化，不能千篇一律。例如，人文历史、旅游纪实类微视频可采用书面语体与口语语体相结合的方式进行配音，民俗风情、美味美食类微视频则可采用丰富多彩的口语语体来配音。总之，不同类型的微视频节目，根据它们的语境差别，配音所用的语言表达方式应该丰富多样。

二、微视频节目配音的创作实例

本节通过两个微视频配音的实际案例来介绍如何为微视频节目配音。这两个微视频节目都是用家用摄像机和智能手机拍成的，读者可以通过扫描对

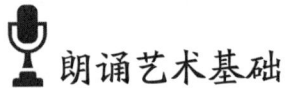

应的二维码来观看这两个节目的配音效果,并通过下面的解说词来体会文稿的撰写技巧。

1.《南京梅花节——赏梅》

(1)配音解说词全文

扫码听朗诵

位于南京中山陵景区,有"天下第一梅山"之称的南京梅花山,面积已经达到了1533亩,共有梅树3.5万余株,品种多达350种。其中,被国际登录的梅花品种就有120种。

这座普通小山,海拔只有55米,还曾有过一段辉煌时期。公元252年,因东吴大帝孙权病故,葬于此地,陵寝史称"蒋陵",葬处得名"孙陵岗"。后来,因岗上多植梅花,民间渐渐约定俗成,将其改为了梅花山。

尤其孙中山先生葬于中山陵以后,当时的国父陵园管理委员会决定,在孙陵岗建纪念性花木区,扩大栽培大片梅花。此后,梅园面积不断扩大,品种逐年增多,也就成了南京老百姓赏梅胜地。

1983年,南京市正式确定梅花为市花。南京首届国际梅花节是从1996年开始的,经过几年的打造与完善,南京梅花节已由单纯的踏青赏梅活动发展成集探花赏景、休闲娱乐、歌舞演出、文化展览、商贸交流等于一体的全市性的狂欢盛会。

你看这儿红、白、绿、墨各种梅花都已开始进入盛花期,万株梅花竞相开放,层层叠叠,满山暗香浮动,花影婆娑,绿肥红瘦,争奇斗艳,蔚为壮观。在斑斓的色彩里,曲径中穿梭的人群勾勒出一幅幅春意盎然的赏梅胜景。徜徉在梅海中,闻着涌动的梅香,让人真切地感受到春天的气息。

有"天下第一梅山"美誉的南京梅花山,山景花海相融合。早春二月,六朝古都赏梅踏青真是别有一番风情。自古以来,许多诗人墨客在此乘兴作赋吟诗,抒发他们的情怀,留下了许多脍炙人口的诗篇。

江梅

唐·杜甫

梅蕊腊前破,梅花年后多。
绝知春意好,最奈客愁何?
雪树元同色,江风亦自波。
故园不可见,巫岫郁嵯峨。

咏红梅花(《红楼梦》诗摘)

曹雪芹

疏是枝条艳是花,春妆儿女竞奢华。
闲庭曲槛无余雪,流水空山有落霞。
幽梦冷随红袖笛,游仙香泛绛河槎。
前身定是瑶台种,无复相疑色相差。

徜徉在诗意浓浓的梅海中,流连忘返的赏梅踏青人沉醉其中,你看朱砂梅、跳枝梅、杏梅、宫粉梅、垂直梅等上百种梅花宛如少女柔顺的秀发,温婉婀娜,美不胜收。让我们期待明年的梅花节再相会。

(2)配音脚本撰写的思考

微视频的特点是片长短小精悍,一般时长为3—8分钟。微视频《南京梅花节——赏梅》的片长即为5分46秒。根据这部微视频的内容特点,我们在配音脚本写作过程中进行了以下思考。

① 开门见山,直奔主题

南京市每年都举办梅花节,因此梅花节成了南京的赏梅文化、休闲旅游活动的一个综合标志。为了吸引更多的人来游玩,笔者在脚本开头就直奔主题,把梅花山的地理位置、梅花种植的面积、梅花种类及"天下第一梅花山"的称号直截了当地介绍出来,结合微视频的前几个画面,使观众对微视频的内容一目了然。

② 言简意赅，通俗易懂

言简意赅、通俗易懂是各种类型微视频配音脚本写作的总要求。《南京梅花节——赏梅》的配音脚本也是按这一原则进行写作的。在写作过程中，笔者特别注意了文字的精练，尽可能地用最少的文字把事情表达清楚。对所用词语进行反复推敲、甄别取舍，尽量选用适合听觉理解的词语来撰写脚本，尽量避免使用冷僻字、难懂字，这样能使观众听了就能明白。

③ 朗朗上口，富有美感

在《南京梅花节——赏梅》微视频配音脚本写作中，笔者采用了边写边读的方式，以感觉文字是否流畅通顺，是否符合听觉效果，发现不适合听觉理解的语词及时替换。同时，笔者注意运用了普通话的韵律美，力争使写成的配音文字朗朗上口、行云流水，富有美感。

在写作过程中，笔者几次亲临梅花山赏梅，并在赏梅过程中反复朗读配音脚本。因为写好的配音文字是否具有普通话的韵律美，必须上口练习才能真切体会到。通过反复朗读可以发现问题，一旦发现有拗口的地方，应及时调整。

《南京梅花节——赏梅》微视频还选取了两首赏梅古诗，这不仅提升了微视频的文化和历史蕴含，古诗富有韵律美感的文字还淋漓尽致地表达了作者写作配音词的初衷。

④ 使用文字，注意交流

在《南京梅花节——赏梅》微视频配音脚本的写作中，笔者还注意使用了拉近与观众距离的语言，让观众在观看微视频时有"一对一"的双向交流感。例如："你看这儿红、白、绿、墨各种梅花都已开始进入盛花期，万株梅花竞相开放，层层叠叠，满山暗香浮动，花影婆娑，绿肥红瘦，争奇斗艳，蔚为壮观。""你看这儿"的使用就是要把观众的听觉、视觉同步引入微视频的画面中，这样才富有交流感。还有结束语"让我们期待明年的梅花节再相会"，都有异曲同工之妙。

（3）配音语言样态取舍的思考

脚本写好后，就要为微视频正式配音了。配音使用什么语言样态是首先要考虑的问题。

在具体确定不同画面配音讲解的语言样态前,首先要了解配音画面的语境和场景状态。但配音一般都是在微视频制作的后期进行的,配音员都是在录音棚或电脑前面对着话筒或手机配音,已经脱离了拍摄的实际语境和场景。这时可以借助微视频的画面,通过回忆并调动自己的想象力,仿佛自己就置身于拍摄现场,面前出现的人群就是正在听讲解的观众。配音员的脑海中只有具备了这样的配音语境和场景,才能根据画面语境和场景的变化选择最合适的语言样态进行配音,并产生一对一交流的亲切感。

对《南京梅花节——赏梅》微视频的配音来说,先是介绍南京梅花山的由来和概况,画面配以南京标志性的貔貅和航拍的南京玄武湖、中山陵、梅花山等。根据这部分内容的场景,配音时采用亲切自然、娓娓道来的解说语气来表达南京"天下第一梅山"的历史积淀和梅花山的由来最为合适。

接着,场景是孙陵岗、孙中山塑像、航拍中山陵以及梅花山等五彩斑斓的梅花,这样的内容就需要用有一定抒情色彩的平叙来表达最为合适。

2分12秒至2分53秒是配音员仔细赏梅的特写镜头和边走边看梅花的画面。在这近40秒的画面里,都以梅花为主角,展示了人们赏梅的兴致,并从不同视角展现了梅花盛开的胜景。这样的场景和语境采用有赏梅场景描述和有交流语感的语言样态是最合适不过的。这段画面的配音是这样的:"你看这儿红、白、绿、墨各种梅花都已开始进入盛花期,万株梅花竞相开放……"这样的解说不仅自然流畅,体现了观众赏梅的交流感,还达到了借景抒情的渲染效果。

2分54秒至3分27秒的配音是这样写的:"有'天下第一梅山'美誉的南京梅花山,山景花海相融合。早春二月,六朝古都赏梅踏青真是别有一番风情。自古以来,许多诗人墨客在此乘兴作赋吟诗,抒发他们的情怀,留下了许多脍炙人口的诗篇。"这样写是为了引出后面的诗朗诵。所以开头几句的介绍要有引入感,让情感心绪非常自然地进入赏梅、颂梅的畅快语境中,而后语气、语调自然过渡到古诗的朗诵。

3分28秒至4分58秒是颂梅古诗朗诵画面。朗诵的语气、语调既要展现七言律诗的平仄、对仗的韵味，又要抒发作者的赏梅心绪，使配音与咏梅、颂梅、赏梅浑然一体，与画面和谐统一。

5分至5分40秒是配音的结束语。结束语所用的配音语言样态所要达到的效果不仅要把人们的心绪带入赏梅后的愉悦和内心情感的自然抒发，还要把来年梅花山再相会的美好期许传递给观众，这样才能做到配音与画面和谐统一。

2.《走进云锦天衣馆》

（1）配音解说词全文

扫码听朗诵

外景出镜解说： 阳春三月，迎着温暖和煦的春风，我们今天来到了南京江宁织造府云锦天衣馆。生活在六朝古都的南京人都知道云锦已经入选世界非遗项目。那么云锦的发展由来、云锦的发展过程是怎样的呢？接下来，请跟随我的脚步，一一向您作介绍。

主持人： 今天来到博物馆听我们的讲解员作了介绍，南京的云锦和四川的蜀锦、苏州的宋锦并称为中国的"三大名锦"。云锦始于吴国，那么"云锦"二字的含义是什么呢？下面，请讲解员给我们作讲解。

讲解员： 说起"云锦"，就是指在南京生产的，以锦缎为主的各种提花丝织物的总称，代表了我国丝织工艺的最高成就。后面这里看到的视频说的就是南京云锦，其内容就是南京云锦由官办织局和众多的民间机坊织就后，有的送入皇家，有的行销四方。朝廷还将其赏赐给蒙古、西藏等内外藩属，深受喜爱。

讲解员： 南京云锦的源头最早可以追溯到1600多年前东晋时期官办的"斗场锦署"，它的繁荣和发展是从元代开始的，元世祖忽必烈在南京设立了专为皇室以及百官织造的东、西织染局。直到清朝光绪年间，前后600多年，南京一直都是全国丝织业的中心。

配音员： 谢谢讲解员。接下来，大家边看展览边听我向您简略介绍南京云锦的发展情况。

配音员： 云锦的发展是从元代开始的。当时大量发行纸币，吸收黄金，统治者为了体现自己的身份地位开始用金箔装饰织物。现在您看到的两边展柜中展示的便是从内蒙古挖掘出的元代织金缎残片。

配音员：这是元世祖皇后彻伯尔身穿金锦镶边的朝服。

配音员：到了明代，创造了"妆花"织造技法，把我国彩色织锦缎的配色技巧和织造技术发展到了极致。

配音员：现在您看到的是一件织金孔雀羽妆花纱龙袍料。它是根据北京定陵出土的明朝万历皇帝国朝盛典冕服复制而成。在这件匹料上，整条龙是用孔雀羽线制造而成。孔雀羽线在云锦中是一种非常珍贵而又特殊的材料，它是用孔雀尾巴上的翠绒精心加工而成。这件袍料是由南京云锦研究所花了五年才复制成功，被专家学者誉为复制品中的国宝。

配音员：这是一件皇帝的吉服袍。

配音员：到了清代，南京云锦发展到了全盛时期，清代在江南地区设有江宁、苏州、杭州三织造，江宁织造署督造的云锦是专为皇家所使用的，地位远高于苏、杭两地。

配音员：这里复原了清代南京城南地区沿秦淮河商业街的场景，前面是清代光绪年间南京城南夫子庙一带的景象。

配音员：清代，南京云锦丝织业是南京最大的手工产业，鼎盛时期有近3万台织机，30万人以此为生。

配音员：南京云锦在民国时期因清王朝灭亡，云锦的需求大大减少等原因开始走向衰落。

说完南京云锦的发展历史，您一定想知道云锦的织造工艺吧！南京云锦种类众多，主要分为库缎、织金、妆花、库锦四大类。库缎是清代御用贡品。织金又叫作库金，就是织物上的花纹全部用金线织出。妆花是云锦中最复杂的品种，其特点就是色彩极其丰富，一块匹料上可以用到十几种甚至三十几种的颜色，至今也无法用电脑机器替代。2009年，南京云锦织造技艺被联合国教科文组织列入了《人类口述和非物质文化遗产保护名录》。库锦，又被称为两色金库锦，就是花纹全部是用金、银两种线织出来的。

朗诵艺术基础

配音员：这是织机的构造。在《天工开物》中就有记载：一台织机由1924个零件构成，搭建起来就需要3个月的时间。

配音员：这是织造云锦所使用的木机，织造时需要两人上下配合，上面的称为拽花工，下面的称为织手。两位熟练师傅密切配合，每天工作8小时，也只能织出5—6厘米长的云锦，所以有"寸金寸锦"之说。

配音员：您现在看到的这幅是身披铠甲的《乾隆皇帝大阅图》，身穿的就是云锦龙袍。云锦在古代，不只是一种高档的衣料，更是权力地位的象征，还是古代等级制度的集中体现。

配音员：这里是清代文官补服。

配音员：这里是明代武官补服。

配音员：这是一件云锦装裱的唐卡。普通唐卡是用矿石染料来绘制的，云锦唐卡最为华贵，它由皇室定制。

配音员：大家看这幅抢眼的"万寿中华"云锦，是南京云锦研究所在中华人民共和国成立60周年的时候向国家献礼的作品，上面一共有56只仙鹤，象征着我们国家56个民族，寓意着我们国家民族团结，同样也代表着人类社会和自然社会的和谐发展。

了解了从古至今的云锦发展历程，欣赏了琳琅满目的国粹之宝，真心为我们中华民族精湛的织造工艺感到自豪而骄傲。

（2）配音脚本撰写的思考

老年大学学员在微视频拍摄的选材上有较多选择，如全国各类博物馆。如何把这类题材的微视频拍摄、制作好需要解决两个问题：一是如何避免微视频全程都是博物馆讲解员在讲解；二是如何从专业讲解员讲解自然过渡到用通俗语言进行讲解。《走进云锦天衣馆》就是一部以世界非物质文化遗产项目——云锦为拍摄对象的博物馆藏品微视频节目，这部微视频采取了哪些技巧来解决上述两个问题的呢？

① 配音的语言样态多样化

克服微视频全程都是博物馆讲解员讲解的问题，从专业语言讲解过渡到普通语言讲解,可采用配音角色多样化和语言样态多样化的方法。虽然配音是同一个人,但在不同的场景和语境中,同一个人可以扮演不同的角色,采用不同的语言样态进行讲解。

《走进云锦天衣馆》配音脚本写作首先构思了如何变换角色和语言样态。根据这部微视频的内容、拍摄对象和拍摄地,配音员以主持人、记者和解说员的角色出现最合适。这样可使这部微视的配音有三个配音角色,使用三种不同的语言样态进行讲解,实现了配音的语言样态多样化。由于天衣馆馆内讲解员一般使用专业语言讲解,而主持人、记者和解说员通常用通俗语言进行讲解。随着角色的转换,讲解所使用的语言也顺利地从天衣馆馆内讲解员专业语言过渡到通俗语言。

《走进云锦天衣馆》开头以主持人的身份进行外景出镜解说,用谈话语体向观众介绍时间、地点、参观的目的,接着用"接下来,请跟随我的脚步,一一向您作介绍"的自然引入方式带着观众"走进云锦天衣馆"。

当把观众引入天衣馆后,配音的角色转换成了主持人,并以主持人的身份采访博物馆讲解员。通过讲解员回答主持人的提问,以自然过渡的方式凸显双重角色的语言样态的变化,单调的被动参观变为主动参与并引领全程。

② 处理好馆内讲解员讲解与自主解说的关系

《走进云锦天衣馆》微视频除了配音员的声音外,还有一个声音是馆内讲解员的声音。如何合理安排馆内讲解员的声音和配音员的声音是这部微视频声音是否和谐的关键。解决的办法是把馆内讲解员的专业性介绍作为引言,而随后需要详细讲解的内容则由配音员旁白自主解说。这样处理不仅摆正了馆内讲解员的声音位置,还为配音解说留足了空间。《走进云锦天衣馆》整部微视频从观众进入正常参观通道后的解说都采用了这样的方式,顺利地解决了展品涉及的专业性术语多、云锦种类繁杂,而讲解的文字语言又要通俗易懂的矛盾。

(3) 配音语言样态取舍的思考

由于《走进云锦天衣馆》这部微视频的配音设置了多重角色,因此在实际配音时要根据不同的角色采用适合这一角色的语言样态进行配音。

从微视频开头至30秒的画面，配音员要用平民的视角和语调讲述参观云锦天衣馆的初衷。解说要力求朴实自然，用贴近老百姓生活的口吻和兴致勃勃的叙说方式把参观者的兴趣激发出来。

40秒至1分07秒是配音员已转换成了主持人与馆内讲解员对视的交谈画面，用采访的语言样态热情地诚邀馆内讲解员作介绍。

1分08秒至2分09秒是馆内讲解员讲解的画面。

2分10秒至2分21秒是配音角色转换承上启下的链接画面。配音员首先感谢了馆内讲解员开头的介绍铺垫，然后自然地对后续内容进行解说。

2分22秒至4分48秒的配音是以解说员的身份介绍云锦历代发展过程。从元代开始到清代，各朝代的云锦服饰，最珍贵的云锦复制品等，解说词与画面做到了一一对位。讲解型解说要采用声小而实、节奏平缓、语气舒缓、声调平和的语言样态。解说除了要达到介绍、提示、说明的目的外，还要为观众的理解和思考留足空间。解说所用的语言不仅要稳、实，还要有兴味感。

4分49秒至6分42秒主要介绍云锦制造工艺，这是解说中分量较重的内容。博大精深的云锦制造技艺至今也无法用电脑机器替代。因此在2009年，南京云锦织造技艺被联合国教科文组织列入了《人类口述和非物质文化遗产保护名录》。在这部分内容的配音中，要对展示的库缎、织金、妆花、库锦四大类云锦的工艺流程、织机构造、木机织造操作技艺等进行讲解。讲解上述内容的语言样态应比"说"的语言样态规范些。由于解说的内容解释性强，所以语言一定要规范、平稳，语言起伏虽然不能太大，但也要有一定的韵味，以达到声、画和谐统一的效果。

6分43秒至7分33秒的画面解说是对云锦馆展示的主要实物进行串联，主要目的是让观众欣赏国宝精粹。采用的语言样态要有具体感、交流感和解释感，要与画面浑然一体。

7分34秒至7分59秒的画面展示了南京云锦研究所在中华人民共和国成立60周年时向国家献礼的作品《万寿中华》。这部分内容配音的语言样态声调应稍扬,以激发观众的自豪感,借景抒情要与盛世中华的恢宏场面相呼应。

8分至8分15秒是微视频结束的配音画面。结束语采用的语言样态要充分利用语气、语调的自如变化,把参观的满满收获和观众发自内心的情感彰显出来。

1. 微视频配音的创作要求是什么?
2. 微视频配音创作中需要注意的问题有哪些?
3. 您能掌握讲解型解说配音的用声技巧吗?尝试练习一下。

后记

《朗诵艺术基础》是协作委第四次全体成员会议表决通过的教材编写、出版计划之一。共有8所老年大学派出了8位教师参与编写，但实际认领写作任务的是7位教师，详见下表。

章节序号	章节内容	参编学校	参编教师	资质
第一章	朗诵概论	中国科学院老年人大学	刘继红（笔名：蓝玫）	主任播音员
第二章	朗诵的基础训练			
第三章	朗诵的表达技巧			
第四章	舞台朗诵态势语			
第五章	朗诵配乐			
第六章	朗诵的舞台展现	江苏青春老年大学	孙汉锟	硕士
第七章	朗诵节目主持人			
第八章	作品朗诵训练			
第一节	诗歌朗诵	上海市退休职工大学	李洁	播音员
第二节	散文朗诵 1—5	镇江市老年大学	王旭峰	高级电子商务师
第二节	散文朗诵 6—10	江苏青春老年大学	孙汉锟	硕士
第三节	小说朗诵	合肥老年大学	鲍远明	主任播音员
第四节	寓言故事朗诵	苏州市老年大学	许康洁	中级记者
第五节	电影台词片段朗诵（配音）	中国科学院老年人大学	刘继红（笔名：蓝玫）	主任播音员
第九章	微视频配音	金陵老年大学	李树华（笔名：李千）	主任播音员

后记

《朗诵艺术基础》的主编单位是中国科学院老年人大学,主编为刘继红(笔名:蓝玫)。本教材是在刘继红主编的中国科学院老年人大学校本教材《老年朗诵基础入门》的基础上,经本教材编委会集体讨论、补充和修改后形成的。由于原校本教材《老年朗诵基础入门》以及《老年朗诵与欣赏》(1—4册)在中国科学院老年人大学经过了数学期的教学,教材的内容已经有了相当坚实的基础。而参加《朗诵艺术基础》一书编写的教师又都是长三角地区主要城市老年大学教学一线的优秀教师,7名教师中有4名(刘继红、鲍远明、李树华、李洁)是电台、电视台播音员出身,其中鲍远明还是安徽省朗诵艺术学会的副会长;1名(许康洁)是记者出身;1名(孙汉锟)是硕士研究生;1名(王旭峰)是镇江市京口区曲艺工作者协会的副主席。他们除了有丰富的业绩外,在当地都有一定的知名度,从事老年大学朗诵教学也已多年,具有丰富的教学经验。在这样一群优秀教师的共同参与下,使编出的《朗诵艺术基础》中的内容既更适合老年人的学习需求,也更适合各地老年大学朗诵教学班的教学。

由于朗诵是一门实践性很强的课程,为了配合学员课后练习,本教材的第八章(作品朗诵训练)为每一个训练作品配置了朗诵示范。学员只要用手机扫描教材中的二维码就能进行学习。训练作品的朗诵者大多数是本教材的参编教师,还邀请了3位专家为部分作品进行了朗诵示范。其中,肖玉是中央广播电视总台央广著名播音员主持人、中国播音主持金话筒奖获得者;梁言是北京人民广播电台体育台著名主持人、中国播音主持金话筒奖获得者;熊风是海天工作室配音导演、配音演员。

在此向3位专家对老年教育事业的支持表示感谢!

  《朗诵艺术基础》在编写过程中还得到了许多热心朋友的帮助。其中,江旭为本教材绘制了插图;符晓天、刘昆为本教材第八章的朗诵和配音示范录音、录像进行了电脑合成,在此一并表示感谢!

长三角地区老年大学教材编写协作委员会

2022年5月

图书在版编目（CIP）数据

朗诵艺术基础 / 刘继红主编. — 上海：上海教育出版社，2022.11（2023.8重印）
ISBN 978-7-5720-1802-2

Ⅰ.①朗… Ⅱ.①刘… Ⅲ.①朗诵－语言艺术 Ⅳ.①H019

中国版本图书馆CIP数据核字(2022)第229974号

总 策 划　赵忠卫
责任编辑　袁　玲　赵忠卫
封面设计　王　捷

朗诵艺术基础
刘继红　主编

出版发行	上海教育出版社有限公司	
官　　网	www.seph.com.cn	
地　　址	上海市闵行区号景路159弄C座	
邮　　编	201101	
印　　刷	上海叶大印务发展有限公司	
开　　本	787×1092　1/16　印张 17.5	
字　　数	260千字	
版　　次	2022年11月第1版	
印　　次	2023年8月第2次印刷	
书　　号	ISBN 978-7-5720-1802-2/G·1644	
定　　价	58.00元	

如发现质量问题，读者可向本社调换　电话：021-64373213